e Yasu
Lisa con Moto

Das Leben ist ein Permakultur-Waldgarten!

Teil 1 · Der Anfang

1. Auflage März 2021

Verleger: Motohisa Watanabe, Gottfried-Schaider-Straße 19, 63075 Offenbach

ISBN: 978-3-9822886-1-1

Rechtlicher Hinweis: Dieses Buch ersetzt keinen Arzt- oder Hebammenbesuch. Die Autoren geben in diesem Buch ihre eigenen Erfahrungen weiter. Die mitgeteilten Gedanken, Methoden und Anregungen bieten keinesfalls Ersatz für das beratende Gespräch mit Personen, die zur Ausübung von Heilberufen zugelassen sind. Jede Leserin, jeder Leser soll auch weiterhin für sein eigenes Tun und Handeln verantwortlich sein. Sie/Er soll weiter ihren/seinen eigenen Weg gehen. Insofern ist eine Haftung für eventuelle Schäden, die aufgrund der Informationen in diesem Buch entstehen könnten, ausgeschlossen. Bitte achten Sie stets auf Ihre Intuition und wenden Sie sich im Zweifelsfall an einen Arzt und/ oder eine Hebamme.

Text: Lisa und Motohisa Watanabe (*lisaconmoto.com*)
Lektorat: Lisa Watanabe
Inspiration und Motivation: Yasuki Watanabe
Umschlagdesign, Layout und Satz: Larissa Spindler (*larissaspindler.de*), verwendete Grafiken von *freepik.com*
Schriftarten: Food Truck Std Signage, Food Truck Std Outline, Cambria
Illustrationen: Lisa Watanabe, Lydia Ward, Norbert Nickol, Elke Anders, Keiko Watanabe-Nickol, Kyana Dietzmann, Yasuki Watanabe
Druck und Bindung: voice-design (*vegan-druck.de*)
Papier: Circle Offset White (100 % Recyclingpapier, Blauer Engel)

Vegan gedruckt in Deutschland

Wir widmen dieses Buch unseren Müttern, die auf ihre besondere, liebevolle Art uns Kinder immer wieder nähren und behüten. Dank Euch dürfen wir auf dieser wundervollen Erde sein und unser Seelenpotential ausleben.

Liebe Florence,

♡-liche Geburtstagsglückwünsche zu deinem 30.!

Schön, dass es dich gibt!

Alles Liebe für dich!

Lisa, Yasu & Moho

Mögen während und nach der Lektüre dieses Buches
Zuversicht und Freude eure treuen Begleiter sein.

INHALT

VORWORTE

Durchatmen

Fitte Menschen auf einem grünen Planeten – das ist die Vision und gemeinsam erreichen wir die Mission für alle Menschen um ihre Gesundheit durch #VeganPower auf das nächste Level zu bringen.

Dafür setze ich meine Kraft ein, denn in erster Linie bin ich fürsorgender Ehemann und Papa von zwei bezaubernden Prinzessinnen, für die ich auch in den nächsten Jahrzehnten noch eine grüne und gesunde Umwelt gewährleisten möchte.

Lisa und Moto sind Pioniere. Während meines Besuches in Frankfurt in ihrem Permakultur-Waldgarten lernte ich sie als sehr offene, liebenswerte und lebensfreudige Menschen kennen. Zu Motos Geburtstag hatten sie ganz viele Menschen eingeladen und ein Open-Air-Rohkost-Buffet vom Feinsten gezaubert. Abgerundet wurde das ganze mit einem kleinen 1€-Flohmarkt und dem gemeinsamen Aufbau der Jurte.

Lisa und Moto wissen: Die meisten Menschen haben dem natürlichen Leben abgeschworen und sich zu stark von der Natur entfernt. Nahezu alle Bereiche unseres Lebens – Natur, Gesellschaft, Gesundheit, Schulwesen, Finanzwelt, Wirtschaft und Politik sind von Turbulenzen ergriffen. Wir spüren: Etwas ist im Wandel und es dauert nicht mehr lange bis es uns auch betrifft. Doch zu einfach und zu warm ist die wohlige Decke unter der wir uns so lange eingekuschelt haben. Doch mit jeder Minute tickt wertvolle Zeit. Zeit, die Lisa und Moto jetzt nutzen. Sie konzentrieren sich auf den Reichtum der Natur und sich selbst und zeigen in dem vorliegenden Werk wie das jeder für sich selbst umsetzen kann.

Der positive Nebeneffekt: Das Herz öffnet sich weit und macht das Denken stark. Lisa und Moto entwickeln immer mehr neue Fähigkeiten, auch durch Improvisation, und werden so zu mehr selbstbestimmten Menschen. Ihr innerer Kompass lotet sie durch das Leben und die Natur.

Wenn ich zu Ihnen in den Permakultur-Waldgarten komme, bleibt die Zeit stehen. Es ist alles still, der Geist, die Seele kommt zur Ruhe. Es ist ein Durchatmen. Ein Fallenlassen. Ein Sehen, was kommt. Das Leben genießen! Statt höher, schneller und weiter, bedienen sie sich wieder unserer Natursinne riechen, hören, sehen, fühlen, schmecken ...

In vielen Dingen sind sie mir damit ein Vorbild. Sie sehen jung und gesund aus, strahlen und haben ein gesundes Kind. Ist es nicht das, wonach wir uns alle sehnen? Ich habe größten Respekt vor Ihrem Leben und ihrem Wirken und sie sind auch für mich Lebensvorbilder. Danke, dass es euch gibt und ihr so viel für die Menschen tut.

Euer mr.broccoli
www.christian-wenzel.com

Zeit der Besinnung

Was soll ich sagen? Ich bin immer noch ganz angetan von der wunderbar-achtsamen Energie dieses kleinen Buches. Ich freue mich sehr, dass hier eine so umfassend nachhaltige Lebensweise aufgezeigt wird. Impulse für Jedermann.

Besonders beeindruckt hat mich, natürlich neben der rein pflanzlichen Lebensweise, der Respekt vor den Meinungen anderer. Das behutsame Erklären des eigenen Weges … immer mit viel Humor und der Fähigkeit, über sich selber lachen zu können.

Es ist außerdem so wichtig, das „Königreich" der anderen nicht zu betreten, d.h. andere mit der vermeintlich „richtigen" Lösung und erhobenem Zeigefinger zu bedrängen. Das passiert hier wunderbarer Weise überhaupt nicht. Stattdessen wird der eigene Weg mit allen Schwierigkeiten – aber immer im Vertrauen auf Lösungen – dargestellt.

Ich finde es schön, dass Lisa und Moto mit Yasu die Fülle des Lebens sehen und dies auch in der aktuellen Pandemiezeit. Für mich ist es ohnehin eine Zeit der Besinnung auf meine eigenen Werte, auf den Schatz, den die Natur bietet und die Frage, inwieweit man hier naturschützend tätig werden kann. Und da gibt es glücklicherweise für jeden genug zu tun. ;)

Dafür liefert in meinen Augen auch die Permakultur einen sehr ganzheitlichen Ansatz. Es ist so wichtig, wieder in Kreisläufen des Lebens zu denken, die Vielfalt in jeglicher Hinsicht zu fördern. So können viele Bereiche wieder gesunden. Man sagt, nach 7 Jahren Permakultur stellt sich ganz natürlich ein Kreislauf ein.

In unserem kleinen naturnahen Garten unserer Kräuterpension am Wald konnten wir das bereits beobachten. Es ist so schön, jedes Jahr neue Pflanzen und Tiere in unserem kleinen Reich begrüßen zu können. Von Jahr zu Jahr summen mehr Wildbienen, fliegen Schmetterlinge oder es schaut mich ganz überrascht eine Erdkröte an. Dieses Wunder können wir selbst fördern, indem wir uns wieder auf Natur einlassen … und besonders auch auf die Insekten.

Sehr schön sind auch die beigefügten, einfach in den Alltag einzubauenden Rezepte. Vielen Dank dafür! Ich wünsche Euch bei der Lektüre dieses wertvollen Buches ganz viel nachhaltige Erkenntnisse für Eure eigene Potentialentfaltung!

Alles Liebe, Eure Heidrun
www.kraeuterpension-am-wald.de

P.S. Mit Kräutern – auch Gundermann – kann ich in jedem Selbstversorgergarten aushelfen. ;)

Unsere Definition eines Permakultur-Waldgartens

Ein Permakultur-Waldgarten ist ein paradiesisch anmutender Lebensraum mit den verschiedensten Pflanzenarten, in dem alle Wesen sich gegenseitig unterstützen und in vollkommenem Einklang mit dem Universum leben,

ein für alle nutzbares Ökosystem, welches sich stetig weiterentwickelt und sich selbst erhalten kann;

ein zeitloser Ort der Fülle, Freude & Besinnlichkeit.

Lisa con MOTO

Einleitung

Etwa zwei Wochen vor unserem dritten Hochzeitstag beschloss die Bundesregierung für eine Weile ihren Laden zu schließen und uns allen eine Auszeit zu gönnen. Das war der Beginn einer wundervollen Ferienzeit, wie wir sie bisher noch nie erlebt hatten. Just als die Wirtschaft aufhörte zu wachsen, fing das kollektive Bewusstsein an sein vollstes Potential auszuleben und das Beste aus uns herauszuholen.

Un(ter)bewusst hatten wir uns schon einige Jahre auf diese besondere Zeit vorbereitet und uns ideale Rahmenbedingungen geschaffen. Unseren täglichen Nachrichtenkonsum reduzierten wir auf ein Minimum, dafür stieg die Quote der aus der Stadtbibliothek ausgeliehenen Sachbücher und Dokumentarfilme. Regelmäßig wiederstanden wir der Versuchung unser altbewährtes Kabeltelefon mit Anrufbeantworter durch einen WLAN-Internet-Telefon-Anschluss zu ersetzen. Dadurch, dass wir uns von einigem Krimskrams wie Fernseher, Handy und Kreditkarte erleichterten, erhielt die als „Intuition" bekannte kleine Frau im Ohr mehr Gelegenheiten von uns erhört zu werden. Alle Versicherungen, bei denen die Möglichkeit bestand, wurden gekündigt und unser Universums-Vertrauenskonto wurde aufgestockt. Wir investierten einen Großteil unserer Freizeit und unserer finanziellen Mittel in die Förderung unseres körperlichen, geistigen sowie seelischen Wohlbefindens und modifizierten entsprechend unsere Ernährungsgewohnheiten, erweiterten unsere körperlichen Aktivitäten und wurden achtsamer in unserer Kommunikation. Zudem kauften wir ein Stück Land, pachteten einen Garten und begannen uns ein Leben in einem Permakultur-Waldgarten auszumalen.

Im Prinzip nichts Ungewöhnliches, wenn wir nicht in einer Zeit und in einer Gesellschaft geboren worden wären, in der es üblich war immer mehr zu konsumieren und zu besitzen. Aber dadurch, dass wir erleben durften, wie das weltweite Bestreben nach Wirtschaftswachstum und Globalisierung seinem Höhepunkt entgegensteuerte, haben wir jetzt unsere Freude dabei, die neuesten Entwicklungen hinsichtlich eines nachhaltigen Lebens zu entdecken und mitzugestalten.

Wir sind Lisa, Yasu und Moto, eine Kleinfamilie aus Offenbach-Bürgel. Und wir erzählen Euch hiermit unsere Geschichte, wie wir die wirtschaftliche Auszeit und den damit einhergehenden kollektiven Bewusstseinswandel miterleben durften und wie alles dazu kam.

O.F.C.
KICKERS
1901 · E.V.
FC BAYERN MÜNCHEN

25.4.

HausGeburtstagsparty

Unser Sohn Yasuki erblickte an einem herbstlichen Sonntagmorgen in unserem Wohnzimmer die Welt. Es war eine unkomplizierte und kurzweilige Angelegenheit. Nachdem gegen halb drei Uhr morgens bei Lisa die Wehen einsetzten, begannen wir mit den letzten Vorkehrungen für die Ankunft unseres neuen Erdenbürgers. Das Wasser im Geburtspool wurde eingelassen, die Heizungen wurden aufgedreht, die Kerzen angezündet und der Tee wurde gekocht. Eine Pause zwischen zwei Wehen nutzte Lisa dafür, drei Engelchen aus einer Bio-Tee-Probier-Packung zu basteln. Halb Sieben war dann eine gute Zeit, um unsere Hebamme Michelle anzurufen. Wir wollten ihr noch etwas Schlaf gönnen. Hätten wir gewusst, dass sie schon seit 3 Uhr morgens wach war und Serien angeschaut hatte, haha.

Während unser Fruchtwasserwesen die erste Hälfte des Geburtskanals gemächlich durchrutschte, verweilte Lisa im Geburtspool und atmete in den einzelnen Wellen nach der Hypnobirthing-Methode. Mit unterschiedlichen Körperhaltungen und Positionsänderungen unterstützte Lisa die Rutschpartie. Im Hintergrund lief Mantramusik von Snatam Kaur. Moto hatte die ehrenvolle Aufgabe, immer wieder Lisas Kreuzbein mit den Handflächen zu drücken. Währenddessen wurden wir sehr rücksichtsvoll von unserer Hebamme betreut. In regelmäßigen Abständen überprüfte sie die Herztöne und gab uns stets die Zuversicht, dass alles gut verlief. Wir hatten dann auch noch den Luxus, dass mit Melanie und Sarah zwei weitere Hebammen hinzukamen. Somit hatten wir zu den gebastelten drei Engelchen auch noch die Originale als Unterstützung dabei.

In der zweiten Hälfte der Geburtskanalreise erhöhte sich der Wellengang. Hierfür stieg Lisa aus dem Pool, um es sich auf der vorbereiteten Matte unter unserem Hängesessel gemütlich zu machen. Die Geburtsbegleitmusik wechselte von sanften Mantragesängen zu den mehr rhythmusbetonten Popliedern von Lisa Stansfield und Gabrielle. Frauen-Power pur! Die Abstände zwischen den Wehen wurden kürzer und auch der Umgangston wurde ruppiger (O-Töne Lisa: „F...!", „Das mach ich nie wieder!"). Moto hatte weiter die ehrenvolle Aufgabe Lisas Kreuzbein mit den Handflächen zu drücken.

Um 9:13 an einem Novembertag im Jahr 2018 war es dann soweit. Lisa hielt sich am Hängesessel fest und kniete auf dem Hochzeitstuch mit

Herzausschnitt, durch das Moto sie genau 20 Monate vorher getragen hatte. Moto kniete vor Lisa auf dem Boden mit geschlossenen Augen und war gerade dabei eine meditative Entspannungsübung anzusetzen, um alle Sorgen rund um die Geburt loszulassen. Dann machte es flutsch und es war da! Aus Unerfahrenheit entschied Lisa sich letztendlich doch für das Pressen, um den Geburtsvorgang zu beschleunigen. Im Nachhinein wäre sie gern noch etwas geduldiger gewesen. Die Geburt hätte dann noch sanfter verlaufen können. Vielleicht hätte damit auch der Dammriss vermieden werden können, der sie noch eine Weile nach der Geburt in ihrer Beweglichkeit beeinträchtigte. Nichtsdestotrotz war es der wundervollste Moment für Lisa und ihren Körper.

Moto durfte dieses glitschige Knäuel zuerst in die Arme nehmen, welches sich dann sehr bald mit kräftigem Begrüßungsschrei zu einem Baby entfaltete. Die Übergabe des kleinen Wesens mit Meister-Yoda-ähnlichen Gesichtszügen an Lisa erfolgte relativ schnell, zumal Moto mit so viel Verantwortung auf einmal zu diesem Zeitpunkt etwas überfordert war. Leicht blutverschmiert ruhten dann farblich passend Mutter und Kind eine Weile auf dem rot-schwarzen Eintracht-Frankfurt-Handtuch. Zur Begrüßung unseres konfessionslosen Erdenkindes läuteten im Hintergrund die Kirchenglocken.

Im Nachgang leistete uns noch die Plazenta Gesellschaft. Wir warteten ab, bis unser neuer Herr im Haus den letzten Tropfen Blut aus seiner treuen Fruchtblasengenossin ausgesaugt hatte, bevor Moto voller Ehrfurcht die Nabelschnur durchtrennen durfte. Als Dank für ihre aufopfernden Dienste aßen wir frisch gebackenen Eltern noch eine Woche lang ein Stückchen von ihr. Einmal pur und die weiteren Male vermischt im Frühstücks-Smoothie verzehrt, sollten diese Leckerlis u.a. die Abwehrkräfte gegen Wochenbettdepressionen stärken. Ein weiteres Stückchen wurde für die Herstellung von Plazenta-Globolis verwendet, welche künftig als heilpraktische Erinnerungskügelchen für unseren heranwachsenden Sohnemann an seine Weggefährtin dienen sollten. Der Rest wartet noch in der Gefriertruhe darauf, bald an einem schönen Platz vergraben zu werden, um darauf einen Baum für unseren neuen Erdling zu pflanzen.

Nachdem die wesentlichen Formalien, wie etwa Großeltern, Tanten und Onkel anrufen sowie das Wiegen (3380 Gramm) und Messen (54 cm), erledigt wurden, konnte die Hausgeburtstagsparty richtig beginnen. Lisa hatte extra für dieses Event eine Cashew-Käse-Torte zubereitet. Unsere Hebammen und alle unsere Besucher in der ersten Woche erhielten ein Stückchen von diesem Geburtstagskuchen. Hier das Rezept welches wir bei der *Nakurapie Akademie* von Nicole und Florian erhalten haben:

***Boden**:*
200 g Mandeln, 50 g Kokosflocken
150 g Medjoul-Datteln (9-10 Stück)
gemahlene Vanille, Prise Salz

Für den Boden die Mandeln in der Küchenmaschine zu Nussmehl verarbeiten. Anschließend die Kokosflocken hinzufügen und kurz vermengen. Dann die Datteln zugeben und so lange laufen lassen bis ein leicht klebriger Teig entsteht. In eine Springform füllen und sanft andrücken.

***Füllung**:*
300 g Cashewkerne (mindestens 2 Stunden eingeweicht)
400 ml Kokosmilch
150 ml Zitronensaft, Abrieb von einer Zitrone
100 g Kokosnusssirup
1 EL Flohsamenschalen
1 Msp gemahlene Vanille
38 g Lecithin (geht auch ohne)
150 g Kokosöl

Für die Füllung alle Zutaten außer dem Lecithin und dem Kokosöl in der Küchenmaschine zu einer glatten Masse verarbeiten. Im Anschluss das Lezithin untermengen, dann das Kokosöl. In einem Hochleistungsmixer muss das Kokosöl nicht geschmolzen werden. Die Füllung auf den Boden gießen und im Kühlschrank fest werden lassen. Sollte der Teig noch nicht fest genug sein, für 1-2 Stunden in den Gefrierschrank geben.

Am Geburtstag an sich gesellten sich noch die Großeltern mütterlicherseits zu uns. Dabei betrieb der Großpapa ein Event-Hopping der besonderen Art. Heute mit seinem neuen Enkelkind gefeiert, am nächsten Tag schon auf dem Flug nach Hawaii, um dort den Marathon zu laufen. Die Großeltern sorgten auch gleich dafür, dass die weiteren Verwandten benachrichtigt und mit Fotos versorgt wurden, zumal sie im Gegensatz zu uns auch mit modernster Smartphone-Technologie ausgestattet waren. Abschließend wurde noch etwas mit der Gitarre musiziert. U.a. wurde das Lied *Kind der Erde* vom Papa und *Wie schön, dass Du geboren bist* von der Großmama gespielt und gesungen.

Dank einer hervorragenden Betreuung durch das Team der *Milla-Hebammenpraxis* aus Frankfurt Bockenheim durften wir somit eine wunderschöne Geburt in unserem vertrauten Wohnzimmer erleben. Es war ein emotionaler Höhenflug mit leichten Turbulenzen und einem sanften aber dennoch imposanten Flutsch durch den Zielausgang. Ein unvergessliches Ereignis, wovon wir sicher noch unseren Urenkeln erzählen werden. Für uns war es zudem ein gelungener Start in ein neues Leben zu dritt. Wir waren unendlich dankbar für diese enorme Bewusstseinserweiterung. Voller Zuversicht und Vorfreude erwarteten wir all die vielen Abenteuer sowie Herausforderungen die uns bald bevorstanden. Yasuki übrigens ist ein japanischer Name und lässt sich zu Deutsch übersetzen als „friedvolle Lebensenergie". Wir rufen ihn „Yasu" (sprich Jassu).

Hier noch eine Erläuterung zum Begrüßungslied *Kind der Erde*. Im Original wunderbar besungen von Gila Antara, gehört es zu den schönsten Liedern von Amei Helm, die mit ihren Heilreisen alle Menschen einlädt zwischen Himmel und Erde wirklich zuhause zu sein. Mit ihrer freundlichen Genehmigung haben wir hier den Liedtext sowie die dazugehörigen Gitarrenakkorde wie Moto es spielt (Kapo: 3. Bund) abgedruckt:

Ich bin ein Kind der Erde, ich bin ein Kind des Himmels (G/Em/C/D)
geborgen und frei zugleich (G/D/Em)
ganz einmalig und einzigartig und doch ein Teil des Ganzen (C/D/G/Em)
Ich bin ein Kind von Himmel und Erde (C/D/G)

Ich bin ein Kind der Erde, ich bin ein Kind des Himmels
Jeder Atemzug erinnert mich daran,
dass ich mit allem verbunden bin, im großen Gewebe des Lebens
Ich bin ein Kind von Himmel und Erde

Wenn wir Yasu dieses Lied vorspielen, singen wir die Zeilen auch in der Du-Form. All die wunderschönen Werke von Amei Helm in Form von CDs und Büchern sind beim *Labyrinth Verlag* (www.labyrinth-verlag.de) erhältlich.

Ach ja, hier noch drei Empfehlungen von Büchern, die uns kurz vor der Geburt noch eine Extraportion Selbstvertrauen für eine natürliche Hausgeburt gegeben haben: Für eine positive Grundeinstellung lieferte Joe Dispenza mit seinem Buch *Ein neues Ich* sehr praktische Meditationsanleitungen. Für eine bessere spirituelle Verbindung zu unseren Kind fanden wir viele Anregungen in den Büchern von Neale Donald Walsch (*Gespräche mit Gott*) sowie von Anne und Daniel Meurois-Givaudan: *Die neun Schritte ins Leben*, in dem auch beschrieben wird, wie Kinder bereits vor der Geburt oder gar vor der Zeugung, ihre zukünftigen Eltern bei ihrer eigenen Namensauswahl auf die Sprünge helfen. In unserem Fall ist der Erstgeborene in einem Traum von Moto etwa zwei Monate vor der Zeugung, als Sechsjähriger aufgetaucht und hat sich als „Yasu" vorgestellt. Das Klavier an dem Vater und Sohn im Traum saßen steht jetzt bei uns im Wohnzimmer.

Musik spielte in unserer bisher jungen Familiengeschichte schon von Anfang an eine bedeutende Rolle. Relativ bald nachdem wir uns kennenlernten, hatte Moto von seinem Bruder eine Gitarre geschenkt bekommen. Seitdem übt er fast täglich, sei es auch nur für fünf Minuten. Sehr effektiv waren die Gitarrenstunden bei einer Studienkollegin von Lisa in Bornheim gewesen. Mit einem gut durchdachten Übungskonzept hatte sie Motos Gitarrenspiel in relativ kurzer Zeit auf Vordermann gebracht, so dass er bereits zur Hochzeit Lisa etwas Klangvolles vorspielen konnte.

Mit den einfachsten Akkorden ausgestattet, fing er dann auch schon früh an, bekannte Lieder umzudichten. Das erste Lied, dass Yasu bereits im Bauch von Mama fast täglich vorgespielt bekam, hatte die Melodie von Whams *Last Christmas* und den folgenden Text samt Gitarrenakkorden:

> *(D) Neues Leben, Du bist in uns erwacht. (Bm) Unser Herz geht auf, wenn wir Dich erspüren. (Em) Tief aus dem Bauch lässt Du alles erblühen. (A) Unsere Liebe ist mit Dir und wir singen voll Freude:*
> *Hallo Erdling, die Welt ist schön. Sie erfüllt das Leben mit all ihrer Pracht. Glück und Freude sei immer mit Dir. Lächle mit dem Herzen und singe mit Mut:*
> *Hallo Freunde, ich bin jetzt da! Ein Kind der Liebe und voll Energie. Jeder Tag ist ein Freudentanz. Mama lässt mich wachsen und sie singt ganz lieb:*
> *Neues Leben, Du bist in mir erwacht. Mein Herz geht auf, wenn ich Dich erspür. Tief aus meinem Bauch lässt Du alles erblühen. Meine Liebe ist mit Dir und wir singen voll Freude: Hallo Erdling, die Welt ist schön!*

Nach seiner Geburt haben wir dann die erste und letzte Strophe noch etwas angepasst mit:

> *Lieber Yasu, jetzt bist Du hier bei uns. Unser Herz geht auf, wenn wir Dich sehen. Mit jedem Lächeln, lässt Du die Welt erblühen. Unsere Liebe ist mit Dir und wir singen voll Freude: ...*

Wir können schwer abschätzen, welche Langzeitfolgen dieses Lied für Yasu haben wird. Wir hoffen, dass er damit klarkommt, dass jedes Mal rund um Weihnachten bei fast allen Radiosendern diese ihm altvertraute Melodie mit einem Text gesungen wird, der nichts mit ihm zu tun hat.

Das Känguru-Prinzip

Trotz ET+10 (die tatsächliche Geburt fand 10 Tage nach dem errechneten Termin statt) war unser Kind (wie jedes Kind) im Prinzip eine Frühgeburt. Mit seinem damaligen Entwicklungsstand und den entsprechenden Bedürfnissen wäre er im Mutterbauch für weitere drei Monate am besten aufgehoben gewesen. Hier hätte er unkompliziert weiter die meiste Zeit mit Schlafen und gefüttert werden verbringen können. Da aber aus evolutionären Umständen sein Kopf zu groß für den Geburtskanal gewesen wäre, hat die Natur uns unreife Eltern dazu bestimmt, die besten Bedingungen für ein Nachreifen unseres Neugeborenen außerhalb von Lisas Bauch zu schaffen. Die Rolle der Plazenta haben nun die Brüste von Lisa übernommen. Die schaukelnden Bewegungen in der Gebärmutter sowie deren festumschließende warme Wand werden nun überwiegend mit einem Trage- oder Pucktuch simuliert. Die im Uterus hörbaren Geräusche (rauschendes Blut, Verdauung) werden je nach Situation mit Schhhh-Lauten, Staubsauger oder einer CD mit Regenklängen simuliert. Viele hilfreiche Tipps und Hintergrundinformationen für dieses Känguru-Prinzip fanden wir im Buch *Das glücklichste Baby der Welt* von Dr. Harvey Karp.

Hätten wir zudem *Das Stillbuch* von Hannah Lothrop schon vor der Geburt gelesen und frühzeitiger eine erfahrene Stillberaterin konsultiert, wären wir wohl entspannt und bestens vorbereitet für das sogenannte „vierte Trimester" unseres kleinen Säug- und Traglings gewesen. So durften wir stattdessen wohl die lehrreichsten und intensivsten sechs Wochen unseres bisherigen Lebens verbringen. Eine ungünstige Kombination aus suboptimaler Brustwarzenform, Anfangsfehler beim Anlegen, ungewohnten Schmerzempfindungen und Unsicherheit bezüglich der Stillzeiten hatten in den ersten zwei Wochen zu wunden Brustwarzen sowie einem Milchstau geführt, welche später eine Brustentzündung begünstigten. Als kurzfristig Yasus Gewicht unter einen kritischen Wert gefallen war, haben wir auf Anraten unserer damaligen Wochenbetthebamme bei drei Stillmahlzeiten mit einem Babypulver auf Kuhmilchbasis zugefüttert. Nachdem sich die Muttermilchversorgung mit Hilfe einer Milchpumpe, zusätzlicher Brustmassage, positiven Gedanken sowie einem strikteren Stillzeitplan verbessert hatte, haben wir uns entschlossen, das Zufüttern nicht fortzuführen. Yasu hatte zudem nach dem Zufüttern eine belegte Zunge bekommen und beim vierten Mal ganz die Beigabe von Kuhmilch-Pulver verweigert. Hinzu kamen auch unsere gesundheitlichen Bedenken bezüglich der Kuhmilch im Allgemeinen, die uns aus diversen Studien bekannt waren.

Wir hatten mit unserem Vorgehen eine angemessene Gewichtszunahme von über 200 Gramm innerhalb von 10 Tagen erreicht. Die U2 und U3 sowie die dazugehörigen Laboruntersuchungen von Yasu waren unbedenklich, es gab regelmäßig „Kaka" und „Pipi", leuchtende Augen, gesund wirkende Haut und es wurde schon seit dem 11. Tag immer wieder mal gelächelt. Zwischenzeitlich hatten wir persönlich oder telefonisch stillerfahrene Mütter aus unserem Bekanntenkreis, darunter auch eine Stillberaterin sowie eine Hebamme, nach Ratschlägen und ihrer Meinung gefragt. Die meisten Empfehlungen unterstützten die folgende Aussage aus dem zuvor erwähnten Stillbuch: „Dies [das Zufüttern] ist nur in manchen Ausnahmefällen sinnvoll. Wenn wir zufüttern, kommt die Milchproduktion gar nicht richtig in Gang, im Gegenteil – sie nimmt sehr schnell wieder ab. Zufüttern initiiert eigentlich den Abstillprozess. Anstatt Mütter durch mancherlei Anweisungen zu verunsichern, sollten sie in ihrem Vertrauen gestärkt werden, dass sie ganz sicher ihrem Baby alles geben können, was es braucht." Da wir unserem Kind neben der emotionalen Bindung auch die durch wissenschaftliche Studien belegten gesundheitlichen Vorteile (im Vergleich zur Flaschenernährung signifikant niedrigere Wahrscheinlichkeit von Fettsucht/Zuckerkrankheit/Multipler Sklerose/Krebserkrankungen/plötzlichem Kindstod/Karies/Suchtanfälligkeit etc., höhere IQ-Werte, besseres Sehen etc.) durch das Langzeitstillen gewährleisten wollten, waren wir bemüht, auch durch Inkaufnahme von Schmerzen und höherem Zeitaufwand, die optimalen Bedingungen hierfür zu schaffen.

Leider verschlechterte sich dann stressbedingt die Stillsituation wieder zwischenzeitlich und das Gewicht von Yasu fiel wieder kritisch, dass wir uns auch auf Anraten von zwei weiteren Stillberaterinnen dann doch erneut entschieden ihn zeitweilig zuzufüttern. Unter Rücksprache mit unserem Kinderarzt verwendeten wir zum Zufüttern abwechselnd Muttermilchspenden und eine pflanzenbasierte Muttermilch-Alternative. Die Extra-Portion Muttermilch hatten wir dankbarer Weise von Edwina, einer unserer Stillberaterinnen, sowie von Pia, einer Rohkostfreundin erhalten, die sich ebenfalls in der Stillphase befanden.

Mit dieser Zufütterungsmaßnahme hatten wir bereits nach vier Tagen eine überdurchschnittliche Gewichtszunahme erreicht. Da sich zugleich auch das Stillen wieder deutlich entspannter gestaltete, wurden die fremdbezogenen Milch-Beigaben wieder abgesetzt. Zur milchfördernden Still-Entspannung beigetragen haben dabei unter anderem Aroma-Öle, eine telefonische Emotionalcoaching-Therapie von Katharina Herold, die innere und äußere Anwendung von Kurkuma, Donut-Schutzvorrichtungen für die Brustwarzen, Malzbier, Dill, Kohlwickel, Wärmeente, Heiß-Kalt-Duschen, Yoga, Mantralieder, Massagen, Healing Codes, Fußbäder sowie eine beherzt anpackende Hebamme, die Lisa zeigte, wie man den letzten Rest an Warzenvorhof in Yasus Mündchen bekommt. Ach ja, und der unglaublich wertvolle Hinweis zum richtigen Augenblick von einer guten Freundin: „Ihr macht das schon richtig, lasst Euch nicht verrückt machen!"

Seitdem verspürten wir wieder täglich ein Aufblühen unseres jungen Familienglücks. Yasu nahm kontinuierlich zu und Lisas Brustwarzen wurden immer ansehnlicher sowie schmerzfreier. Auch das windelfreie Abhalten klappte immer besser. Mama und Papa hatten einen Riesenspaß dabei, die großen und kleinen Geschäfte ihres Sohnes über dem Waschbecken zu unterstützen. Es war faszinierend zu sehen wie konzentriert ein so kleines Wesen dabei schon schauen kann und wie sich die Freude über die anschließende „Erleichterung" in einem Babylächeln widerspiegelte.

Wir haben in dieser herausfordernden Zeit sehr viel Unterstützung und Zuspruch in verschiedenster Form durch unsere Familie und unsere Freunde erfahren dürfen. Wir haben alle möglichen Babysachen, angefangen von Babybekleidung bis hin zur Babywiege, geschenkt oder geliehen bekommen, so dass wir außer einem gebrauchten Kinderwagen nichts mehr hinzukaufen mussten. Dazu kamen noch großzügige Geldspenden, die vielen lieben Glückwunschkarten, -anrufe und –emails sowie abwechslungsreiche Besuche. Des Weiteren wurden wir auch reichlich mit nahrhaften Essenslieferungen für Lisas Milchproduktion beglückt. Das alles hat uns sehr geholfen und wir waren allen Beteiligten unendlich dankbar! Es tat so gut, Freundschaften und Familienverbundenheit in dieser Form zu erleben!

Die Still-Versorgung

Seitdem wir (Lisa am 1.11.2014 und Moto Februar 2011) unsere Lebensweise auf vegan umgestellt haben, erweitert sich unser Blick über den Tellerrand stetig. Es scheint so, dass wir einen bis zum Lebensende andauernden Lernprozess in Schwung gebracht haben. Wie eine Reise zu einem fernen Land entdecken und erleben wir immer wieder Ungeahntes und Faszinierendes. Unsere Wissensschatzkammer füllt sich fortwährend mit erstaunlichen Erkenntnissen.

Anfangs waren es noch die banalen und doch recht nützlichen Auseinandersetzungen mit unzähligen Küchengerätschaften. Mittlerweile sind wir sehr versiert mit dem Keramikmesser, kennen die tatsächliche Leistungsfähigkeit eines 2 PS-Mixers, sind routiniert im Entsaften mit dem Slow-Juicer und können aus dem Dörrgerät die mit herkömmlichen Kartoffelchips wettbewerbsfähigen Grünkohlchips zaubern.

Wesentlich tiefgründiger waren unsere Erfahrungen mit Entgiftungs- und Reinigungsmaßnahmen, um insbesondere unser Verdauungssystem wieder auf Vordermann zu bringen. Alle vom Menschen benötigten Nährstoffe, inklusive dem ominösen B12, findet man zu Genüge in der Pflanzenwelt. Meist ist unser Körper aber durch jahrelangen Konsum von tierischer und industriell-gefertigter Nahrung mit Schlacken sowie Schadstoffen so sehr belastet, dass die Aufnahmefähigkeit dieser Nährstoffe fernab von optimal ist. So haben wir die verschiedensten Detox-Maßnahmen, angefangen von einfachen Fastenkuren, Intervallfasten bis hin zur Leber-Gallen-Reinigung ergriffen und teils auch in unseren Alltag integriert, womit wir uns von vielen Altlasten befreien konnten. Ein sehr unterhaltsamer Film zu diesem Thema, den wir uns angeschaut haben, und der bei uns einen nachhaltigen Eindruck hinterlassen hat, war *Fat, sick and nearly dead* von Joe Cross. Da sich in unserem Geist ebenfalls allerlei psychologischer Müll ansammelt, haben wir hierzu auch die interessantesten Methoden durchgeführt und sind auf unserer Entdeckungsreise einiges an Ballast losgeworden.

Relativ bald entdeckten wir auch die roh-köstliche Küche und konnten uns ihrer verführerischen Anziehungskraft nicht entziehen. Hier tauchten wir ein in eine Welt voller kulinarischer Neuheiten. Unzählige essbare Wildpflanzen aus der Umgebung, die geschmacklich erstaunlichsten Fruchtsorten aus den Tropen oder die Vielzahl sowohl an einheimischen als auch exotischen Superfoods haben es uns sehr erschwert eine einseitige Ernährung fortzuführen. Hinzu kommen noch die qualitativ hochwertigen Nahrungsergänzungsmittel, die von der neuen Generation von Rohkostexperten nach den aktuellsten wissenschaftlichen Erkenntnissen konzipiert, hergestellt und vertrieben werden. Diese kleinen Pillen und Tabletten sind insbesondere dann praktisch, wenn man mal, wie rund um Weihnachten, seinen optimal ausgeklügelten Ernährungsplan dann doch nicht mehr so genau nimmt oder gerade in der sonnenarmen Winterzeit einfach auf Nummer sicher gehen will.

Am Anfang unseres Weges war alles noch sehr übersichtlich. Mittlerweile befinden wir uns in einer paradiesischen Dschungellandschaft, in der die Artenvielfalt täglich zunimmt. Die pflanzenbasierte Ernährungsform mit all ihren Facetten bietet mittlerweile für jede Lebenssituation sowie -phase schmack- und nahrhafte Auswahlmöglichkeiten. Bisher hatten wir uns recht wirksam darauf konzentriert unsere eigene Gesundheit und Fitness mit der veganen Ernährung zu optimieren. Mit der Schwangerschaft und Geburt unseres Sohnes haben wir in dieser Hinsicht wieder ein neues Terrain betreten. Hier ging es auch darum den wundervollen Wachstumsprozess von unserem kleinen Energiebündel so bedacht und vollwertig wie möglich zu unterstützen, bis es dann selbst die eigene kulinarische Forschungsreise starten kann. All unsere bisherigen Erfahrungen und Erkenntnisse gingen somit in die Ernährung unseres Säuglings ein.

Eine typische Stillversorgung verteilt über den Tag zwischen 9 und 19 Uhr sah bei Lisa in der Anfangszeit wie folgt aus:

***Detox-Kombi**: Glas warmes Wasser mit lugolscher Jodlösung und Chlorella*

***Vitamin-Booster**: Glas warmes Wasser mit Zitronensaft, B12, Kombucha sowie Vitamin C und Vitamin D3 + K2 Tabletten*

***Green-Smoothie-Bowl**: Mix aus Banane, Birne, Gurke, Brokkoli, frische Wildkräuter oder Grassaftpulver, Baobab, Lucuma, Ingwer, Kurkuma, Pfeffer und Wasser in einer Bowl serviert mit einer Einlage aus Chia-Samen, Goji-Beeren, Rosinen, Berberitzen sowie einer halben Kaki und einem Topping aus Hanfsamen, Kokosflocken und Zimt*

***Protein-Kick**: Durian mit einem Glas Kokoswasser*

***Iron-Mix**: Teller mit getrockneten Aprikosen sowie Pflaumen, Tamarinde, Feigen, Datteln (gefüllt mit Kokosöl, Paranüssen sowie Zimt), Apfel, Mandarinen und Spirulina Tabs*

Vital-Mix: *Große Schüssel voll mit Feldsalat, kleingehacktem Gemüse (Rote Bete, Kohlrabi, Fenchel u.ä.), getrockneten Sprossen (Sonnenblumenkerne, Kürbiskerne u.ä.), aktivierte Walnüsse, Pistazien, Hefeflocken, Wakamealgen sowie Granatapfel und einer abwechselnden Dressing-Mischung aus Oliven-, Avocado-, Sesam-, Lein-, Hanf- sowie Kürbiskernöl, Balsamico, Senf, Tamari, Kurkuma, Pfeffer, Dill und Bockshornklee*

Energie-Kugeln: *Abwechselnd zusammengesetzt aus gekeimtem Buchweizen, gepopptem Amaranth, Erdmandelmehl, Mesquite, Carob, Lucuma, Kokosmus, Chia-Samen, aktivierten Mandeln, rohen Erdnüssen, Haselnussmus, Tahin, getrockneten Sauerkirschen sowie Rosinen, gemischt mit warmem Wasser und eingerollt in Kokosflocken*

Milky-Shake: *Mix aus Banane, Mandelmus, Vanille und Wasser*

Ego-Nahrung: *Rohkostpizza auf Buchweizenbasis mit Cashewcreme und Tomatensauce*

Vitamin-Hupferle: *Kapseln mit Moringa, DHA-EPA-Algenöl und Selen sowie Zinktabletten*

Dazu wurde über den ganzen Tag verteilt viel gefiltertes Wasser und Tee getrunken. Eine Extraportion Magnesium gab es noch durch das Auftragen von Magnesiumöl auf die Haut mit Hilfe eines Sprays. Die B12-Versorgung wurde noch zusätzlich über eine spezielle Zahnpasta gesichert. Der Mineralienhaushalt wurde zudem immer wieder mit einem Spezialelixier aufgefrischt.

Mit diesem Arsenal an täglichen Nährstoffen haben wir zumindest aus der aktuellen ernährungswissenschaftlichen Sicht das Soll für eine optimale Muttermilchversorgung erfüllt. Seitdem wir die anfänglichen Stillprobleme bewältigt haben und nicht mehr zufüttern mussten, legte Yasu täglich im Schnitt ca. 40 Gramm zu. Ein guter Indikator, dass die Muttermilch und die entsprechenden Zutaten was taugen. Aber wie wir es nun oft genug erlebt haben, können sich (z.B. durch ein neues Forschungsergebnis oder neu- oder wiederentdeckte besonderen Nährstoffe) die Ernährungs-Empfehlungen wieder sehr schnell ändern. Also bleiben wir weiter am Ball, verfolgen die neuesten Studien sowie Erfahrungsberichte und versuchen dabei doch gelassen zu bleiben.

Außer Muttermilch erhält unser kleiner Erdling für sein Wachstum natürlich noch viel Aufmerksamkeit, Liebe und frische Luft.

Die Sache mit dem Impfen

Unser süßer Yasu wurde über ein halbes Jahr alt und bereitete uns täglich Freude damit, dass er einfach da war. Mal lachte er über die Lampe an der Decke, mal weinte er, weil er schlafen wollte. Dann kuschelte er sich liebevoll an uns und schreite uns später an, wenn er nicht sofort an Mamas Brust durfte. Er nahm sich ganz viel Zeit für uns, war geduldig und hatte sehr viel Nachsicht mit uns. Er lag viel mit uns im Bett, ließ sich gern tragen und schenkte uns seine ungeteilte Aufmerksamkeit. Wir spürten täglich seine Liebe für uns und das tat uns unheimlich gut. In einer Gesellschaft, die sich im ständigen Wandel befindet und sich rasant fortentwickelt, gab uns unser Junge die nötige Gelassenheit und Energie. Deshalb waren und sind wir sehr dankbar, dass wir in einer Gesellschaft leben, die es uns ermöglicht, unsere Lebensweise selbst zu bestimmen. Wir können selbst entscheiden was wir essen und trinken, was wir anziehen, was wir kaufen, wie und wo wir hinfahren, welche Menschen wir treffen und wann wir schlafen gehen. Wir können uns roh-vegan ernähren, bei der Kleidertauschbörse unser Outfit erneuern, bio und unverpackt einkaufen gehen, so ziemlich überall mit öffentlichen Verkehrsmitteln und/oder Fahrrad hinfahren, uns mit den schrulligsten Querdenkern oder verrücktesten Gegen-den-Strom-Schwimmern treffen und im Sommer noch vor dem Sonnenuntergang ins Bett gehen. Ach ja, und wir können selbst entscheiden wann und welche Impfmaßnahmen wir durchführen. Auch die gesetzliche Masernimpfplicht, da sind wir uns gewiss, wird uns nicht zwingen können.

Karen Duve hat in ihrem unterhaltsamen und zugleich nachdenklich stimmenden Buch *Anständig essen* ein Kapitel geschrieben, das Moto gern in seinen Politikstunden verwendet. In *Die Sache mit der Milch* erklärt sie in schülerverständlichen Worten ihre Schlussfolgerungen, wie die Interessen der Milchindustrie, offizielle Ernährungsempfehlungen sowie der gesellschaftliche Milchkonsum zusammenhängen. Wir wollen nun in diesem Kapitel mit nachvollziehbaren Sachverhalten erläutern, wie wir das mit dem Impfen sehen. Es ist uns wichtig, dass zumindest die Menschen um uns herum unsere Impfentscheidung nachvollziehen können und uns jederzeit mit einem guten Gefühl umarmen können, ganz egal welche Viren gerade unterwegs sind.

Bisher haben wir keine pharmazeutische Impfung durchgeführt, haben aber alle die uns bekannten notwendigen Vorkehrungen getroffen, damit unser Kind vor Infektionskrankheiten ausreichend geschützt ist und auf natürliche Weise eine körpereigene hohe sowie nachhaltige Abwehrkraft entwickeln kann. Allem voran achten wir auf eine gesunde und ausgewogene Ernährung, auf sauberes Wasser sowie auf die Einhaltung der Hygienestandards. Diese Vorkehrungen sind statistisch erwiesen und medizinisch anerkannt die Hauptgründe für den massiven Rückgang von Infektionskrankheiten in unserer Wohlstandsgesellschaft. Zusätzlich achten wir darauf, dass wir uns soweit wie möglich von stressverursachenden schädlichen Umwelteinflüssen wie Elektrosmog, Mobilfunk, Lärm, Massenmedien, Anpassungs-, Termin- und Erfolgsdruck etc. fernhalten und viel in der Natur verweilen. Yasu wird auch solange Muttermilch erhalten, wie er es mag und als nötig empfindet. Somit erhält er noch eine Extraportion an Abwehrstoffen von Lisa.

Bisher konnten wir uns nicht für eine pharmazeutische Impfmaßnahme entscheiden, zumal bis dato von der Wissenschaft kein stichhaltiger Beweis dafür geliefert werden konnte, dass diese in irgendeiner Form wirksam, sicher oder überhaupt notwendig ist. Nach unseren neusten Informationen tendieren wir dazu zu sagen, dass pharmazeutische Impfmaßnahmen eher das Gegenteil bewirken als sie versprechen.

Wir müssen dabei darauf hinweisen, dass wir viele der Informationen bei den sogenannten „Impfgegnern" gefunden haben. Diese werden des Öfteren in der Presse gleichgesetzt mit Verschwörungstheoretikern. Tatsächlich haben wir auch vereinzelte Berichte gefunden, die den Verdacht geäußert haben, dass mit den Impfstoffen bald sogenannte Nanobots in den Körper eingeschleust werden, um die Menschen besser kontrollieren zu können. Eine weitere These besagt, dass mit flächendeckenden Impfungen, die Fruchtbarkeit bei den Menschen gesenkt werden soll, um den weltweiten Bevölkerungswachstum zu stoppen. Wir gehen davon aus, dass niemand uns willentlich mit Impfungen schaden will.

Deshalb haben wir uns nur die Informationen rausgepickt, die uns plausibel erschienen. Viele der impfkritischen Quellen, die wir gefunden haben klingen oft reißerisch, teils zynisch und man kann das Gefühl bekommen, dass manche sich profilieren wollen. Nichtsdestotrotz gehen wir davon aus, dass auch diese Leute niemandem willentlich Schaden wollen. Bei den Aussagen, die wir als plausibel erachten, berufen sie sich stets auf unabhängige Studien, die überprüfbar sind. Unseres Erachtens nach ist es für eine ausgewogene unabhängige Meinungsbildung auch wichtig, sich die Medienvertreter anzuhören, die in der Allgemeinheit nicht so beliebt sind. Hier ein kurzes Resümee unserer Erkenntnisse:

Zur Wirksamkeit

In Deutschland und weltweit gibt es genügend Beispiele dafür, dass viele pharmazeutisch Geimpfte trotzdem die Krankheit bekommen und die Maßnahmen nicht ganz so wirksam sind, wie man es gern hätte. In China z.B. liegt die Durchimpfungsrate aufgrund einer Impfpflicht für Masern bei 99 %. Trotzdem wurden im Zeitraum von 2005 bis 2013 ca. 400.000 Masernfälle und 368 Maserntodesfälle gemeldet. Auch das Robert-Koch-Institut bestätigt, dass Impfungen lediglich die Wahrscheinlichkeit einer Erkrankung verringern können, sie aber nicht ausschließen. Zudem haben wir bisher keine Hersteller-unabhängige Studie gefunden, die die positive Wirksamkeit sprich gesundheitlichen Vorteile von pharmazeutischen Impfungen ausreichend belegt und alle Kriterien für eine wissenschaftlich korrekte Zulassungsstudie erfüllt.

Die zu erfüllenden Kriterien wären:

1. *Vergleichende Studien zwischen Geimpften und Placebo-Geimpften.*
2. *Bewertung des tatsächlichen Gesundheitszustandes und nicht nur die Menge der nachweisbaren Antikörper.*
3. *Verwendung eines echten wirkungslosen Placebos ohne Zusatzstoffe.*
4. *Dreifache Verblindung um eine nachträgliche Manipulation während der Datenauswertung zu verhindern. D.h. die Probanden, die Prüfärzte und die Auswerter wissen bis zum Schluss nicht, welche der Testgruppen welches Mittel erhalten haben.*
5. *Verwendung von repräsentativen Testgruppen, die einen vergleichbaren Querschnitt der zu impfenden Personengruppen wiederspiegeln.*
6. *Zulassungsstudien mit einer Laufzeit von mindestens einem Jahr und ausreichender Studiengröße.*
7. *Transparenz beim Studiendesign und den verwendeten Daten.*

Da es nach unserem Wissen keine Zulassungsstudie gibt, die all diese Anforderungen erfüllt, weiß man nicht, welchen Schutz die einzelnen Impfungen tatsächlich bieten und in wie fern der Placebo-Effekt eine Rolle spielt. Hier gibt es nach unserer Meinung noch einiges an Klärungsbedarf.

Zur Sicherheit

Bei keiner der pharmazeutischen Impfungen kann eine gesundheitsschädliche Nebenwirkung ausgeschlossen werden. Im Prinzip wird eine Garantie, dass der Patient nach der Impfung genauso gesund bleibt wie vorher, ausgeschlossen. Das würde auch gar nicht gehen. Eine Impfung ist immer ein unnatürlicher Eingriff in das Immunsystem. In den Impfstoffen sind schlimmstenfalls Mittel wie Quecksilber, Aluminium, Formaldehyd und Ähnliches enthalten, die alle nicht besonders gesundheitsförderlich sind. Pharmaindustrie-unabhängige Studien deuten zumindest darauf hin, dass die erwähnten Zusatzstoffe bei den Impfpräparaten mit vielfachen Gehirnstörungen zusammenhängen. Die Zahl der vor Gericht verhandelten Impfschadensfälle (z.B. Multiple Sklerose, Autismus) nimmt weltweit zu und einige wurden nach langjährigen Prozessen anerkannt. Wir hoffen darauf, dass in Zukunft ausreichend unabhängige Studien durchgeführt werden, die auch die langfristigen Folgen von Impfungen berücksichtigen. Die derzeitige Datenlage ist unseres Erachtens nach zu gering, um sich bei einer Impfung wirklich sicher zu fühlen.

Zur Notwendigkeit
Ein gutes Beispiel hierfür ist die allseits beliebte Tetanusimpfung. Schätzungsweise gibt es jährlich hunderttausende Kinder die nicht gegen Tetanus geimpft wurden. Und trotzdem gibt es in Deutschland jährlich nur fünf bis zehn Erkrankungsfälle sowie vereinzelte Todesfälle. Todesfälle bei Kindern unter 15 Jahren gibt es seit ca. 30 Jahren nicht mehr. Auch wenn man davon ausgeht, dass alle Tetanusfälle nur bei den ungeimpften Menschen aufgetreten sind, wäre das Risiko, an Tetanus zu erkranken und gar daran zu sterben sehr gering. Auch die zuvor erwähnten Masernfälle in China zeigen, dass die Wahrscheinlichkeit daran zu sterben im Promillebereich liegen. Wenn man sich die relativen Zahlen, sprich die statistische Wahrscheinlichkeit, einer dauerhaften Erkrankung mit Folgeschäden oder gar eines Todes von den Infektionskrankheiten in der heutigen Wohlstandsgesellschaft betrachtet, kann man die Notwendigkeit der empfohlenen Impfmaßnahmen durchaus in Frage stellen. Was passieren würde, wenn alle Menschen sich nicht impfen lassen würden, weiß keiner so genau. Es werden immer wieder erschreckende Prognosen von den Impfbefürwortern dargelegt und auch gern auf vergangene Ereignisse hingewiesen. Es gibt aber auch genug Beispiele, dass Epidemie-Prognosen nicht eingetreten sind. Was in der Vergangenheit passiert ist, muss nicht zwangsläufig wieder passieren, zumal sich die Rahmenbedingungen fortläufig verändern, so dass eine Vergleichbarkeit gar nicht mehr gegeben ist. Somit haben wir keine wirkliche Notwendigkeit für all die derzeitigen Impfmaßnahmen finden können.

Okay, das war wirklich ein kurzes Resümee. Vielleicht sollten wir bei diesem sensiblen Thema doch etwas ausführlicher werden. Eine erweiterte

Zusammenfassung der wichtigsten Einwände warum wir uns bisher nicht dazu entschließen konnten unseren Yasu zu impfen, haben wir durch den Hinweis einer guten Freundin beim *Robert-Koch-Institut* (*RKI*) gefunden. Sehr sachlich und ohne anklagend zu sein, erklärt das *RKI* wie sie die ganze Sache sehen. Und das ist sehr interessant. Überzeugt hat es uns allerdings nicht. Jeder sollte aber selber deren Aussage beurteilen. Die gesamte Ausführung müsste man über folgenden Pfad auf deren Webseite finden: Startseite > Infektionsschutz > Impfen > Bedeutung > *Antworten des Robert Koch-Instituts und des Paul-Ehrlich-Instituts zu den 20 häufigsten Einwänden gegen das Impfen*. Hier findet man alle Argumente, die genau das Gegenteil von unseren Erkenntnissen darstellen.

Das *RKI* bezieht sich bei seinen Gegendarstellungen überwiegend auf wissenschaftliche Studien. Wir sollten uns dabei bewusst werden, dass ein Großteil dieser Studien direkt oder indirekt von der Pharmaindustrie finanziert wurde. Dass die Hersteller die Kosten für Zulassungsstudien übernehmen ist eine gängige Praxis. Entsprechend dürfen sie auch bestimmen, wer diese Studien durchführen darf. Eine Beeinflussungsmöglichkeit kann nicht abgestritten werden. Wir gehen davon aus, dass Impfstoff-Hersteller nur das Beste für alle Beteiligten wollen, sowohl für ihre Anwender als auch für ihre Investoren. Darin sehen wir das Problem.

Laut dem *RKI* werden rund 1 Milliarde Euro pro Jahr allein in Deutschland für Impfstoffe ausgegeben. Diese 1 Milliarde Euro verteilt sich auf wenige Pharmafirmen. Der Markt für Impfstoffe ist, genauso wie die Automobilbranche, ein Oligopol. Moto hat BWL mit Schwerpunkt Finanzen studiert und über 8 Jahre im Investmentbereich gearbeitet. Jedes Mal wenn sich nur der Verdacht einer neuen angeblichen Pandemie wie die Vogel- oder Schweinegrippe angekündigte, haben er und seine Kollegen in die wenigen Pharmafirmen investiert, die Impfstoffe herstellen. Sobald ein Impfstoff zugelassen wird, ist die Gewinnmarge für den Hersteller sehr hoch und die Einnahmen sind langfristig gesichert. In der Betriebswirtschaftlehre gemeinhin bekannt als Cash Cow. Wenn man bedenkt, dass die Impfstoffe dann nicht nur in Deutschland, sondern in der ganzen Welt verkauft werden können, haben wir es mit einem ziemlich großen Goldesel zu tun.

Die Investitionen für die Forschung und Entwicklung sind, wie das *RKI* bestätigt, sehr hoch. Das heißt wenn ein Impfstoff sich nicht verkauft oder gar nicht erst zugelassen wird, ist es für die Pharmafirma ein herber Verlust. Damit das nicht passiert, ist es natürlich notwendig, dass die Ergebnisse von wissenschaftlichen Studien zumindest nicht negativ ausfallen und Impfungen immer wieder durchgeführt werden. Hierfür müssen die Menschen überzeugt werden, dass die Impfungen ungefährlich, notwendig und wirksam sind. Wissenschaftliche Studien sind da immer recht glaubhaft. Somit wäre zumindest der Anreiz die Ergebnisse dieser Studien zu beeinflussen recht hoch.

Hinzu kommt noch ein allgemeiner Systemfehler in unserer heutigen Demokratie und freien Markwirtschaft, welcher die Aussagen von öffentlichen Stellen immer wieder anzweifeln lässt. Solange man die finanziellen Mittel hat, ist es in unserer Gesellschaft nicht besonders schwer, Politiker oder andere offizielle Entscheidungsträger für die eigenen Zwecke zu beeinflussen. Es gibt hierfür ausreichend legale Wege für die großen Pharmaunternehmen. Ausscheidende Politiker dürfen lukrative Beraterjobs annehmen. Unabhängigen Experten, die bei Impfempfehlungen mitarbeiten, ist es auch erlaubt, Vortragshonorare zu erhalten. Hinzu kommen noch Spendengelder und andere Zuwendungen, die an Organisationen bezahlt werden können, denen die Entscheidungsträger nahestehen. Auch Ärzte kann man legal beeinflussen, indem man ihnen einen finanziellen Anreiz gibt. Genauso sind Medienvertreter nicht gefeit gegen rechtlich erlaubte Beeinflussung. In der akademischen Bildung im Gesundheitswesen fließen viele Gelder aus der freien Pharma-Wirtschaft in die Universitäten. Wir verurteilen dieses System nicht, das immer wieder Interessenskonflikte hervorbringt. Wir sind ein Teil dieses Systems und sind somit auch mitverantwortlich für diesen Systemfehler. Entsprechend ist es unabdingbar, immer wieder die Ergebnisse dieses Systems, wie etwa offizielle Handlungsempfehlungen kritisch zu hinterfragen und seine eigenen unabhängigen Entscheidungen zu treffen. Ein guter Ratgeber hierbei ist immer unsere Intuition gewesen.

Nichtsdestotrotz hat das *RKI* bei seinen Ausführungen sehr verantwortungsvoll darauf hingewiesen, dass in den Impfstoffen in der Regel geringe Mengen an Aluminium, Formaldehyd und anderen körperfremden Zusatzstoffen enthalten sein können. Von Allergikern wissen wir, dass der Mensch unterschiedlich auf Fremdstoffe reagiert. Der eine kann literweise Milch trinken und es macht ihm zumindest kurzfristig nichts aus, der andere verträgt keinen Tropfen. Deshalb finden wir auf den Packungen immer den Hinweis für ganz Empfindliche, wenn sich Spuren von Allergenen in Lebensmittelprodukten befinden können. Insbesondere bei Kindern können wir nicht wissen, wie empfindlich ihr Körper auf toxische Impfzusatzstoffe reagiert. Man geht immer ein gewisses Risiko ein. Wir würden gern dieses Risiko soweit wie möglich vermeiden.

Was vom *RKI* und den Herstellern unseres Erachtens kaum berücksichtigt wird, ist der Umstand, dass viele der Fremdstoffe sich im Körper ablagern können. Gerade Aluminium wandert gern bei Kindern bis zum Gehirn, wenn es direkt eingespritzt wird. Die Blut-Hirn-Schranke bei Kindern unter 5 Jahren ist noch unreif und durchlässig für giftige Substanzen. Teile der Industrie haben dieses Problem schon erkannt und u.a. angefangen Deos ohne Aluminium anzubieten. Mit jeder Impfung erhöht sich der Aluminiumbestand in Körper. Hinzu kommen dann all die anderen Aluminiumquellen durch Umweltbelastungen. Unabhängige Studien deuten darauf hin, dass eine erhöhte Konzentration an Aluminium im Gehirn mit Autoimmunstörungen, Autismus aber auch Alzheimer zusammenhängen. Auffällig ist, dass gerade die erstgenannten Krankheiten zunehmend und vermehrt schon bei Kindern auftreten. In der Regel sind Kinder weniger den langfristigen Umweltbelastungen ausgesetzt wie Erwachsene. Eine Aluminiumquelle, die sie schon frühzeitig erhalten sind die Impfmittel. Da Kleinkinder noch unbelastet sind, brauchen sie eine höhere Dosis an Aluminium als Erwachsene, damit sie eine Immunreaktion auf die Impfung zeigen. Der Anteil der Zusatzstoffe müsste auf den Beipackzetteln der Hersteller jederzeit ersichtlich sein. Da Kinder ansonsten aber noch unbelastet sind, können die meisten das verkraften. Aber wie schon erwähnt, nimmt die Aluminiumbelastung mit der Zeit zu. Geringe Spuren von Aluminium nehmen wir wohl alle in irgendeiner Form immer wieder in uns auf. Aluminium ist mit etwa 7 % das dritthäufigste Element in der Erdkruste nach Sauerstoff und Silicium, aber der menschliche Körper an sich kann damit nichts anfangen. Es macht für uns keinen Sinn die Belastungsgrenze von Aluminium aber auch anderer Schadstoffen schon in frühester Kindheit mit Impfungen auszutesten.

Wir haben uns bemüht in dieser Sache sachlich zu bleiben. Wir hoffen Euch damit nachvollziehbar darlegt zu haben, warum uns das Risiko zu hoch wäre Impfungen vorzunehmen und warum wir die Wirksamkeit sowie die Notwendigkeit der pharmazeutischen Maßnahmen anzweifeln. Wer es noch genauer wissen mag, dem können wir das Buch von unserem Arzt Dr. Wulf Splittstößer *Goldrausch – Oder die Frage: Sind Impfungen notwendig, geeignet und zumutbar?* empfehlen. Bereits vor fast über 20 Jahren hat er sich die verfügbaren wissenschaftlichen Studien angeschaut, die sich mit den Auswirkungen der Zusatzstoffe von Impfmitteln beschäftigten, diese analysiert und in seinem Buch dargelegt. Hier haben wir auch nichts gefunden, was sich als Verschwörungstheorie interpretieren ließe.

Nichtsdestotrotz, die Anhängerschaft der Impfindustrie argumentiert gern, dass die Ungeimpften eine Gefahr für die Gesellschaft darstellten, da sie ja die Verbreitung einer Krankheit begünstigen würden. Wie bereits erläutert, gehen wir davon aus, dass die tatsächliche Gefahr von Infektionskrankheiten im Allgemeinen deutlich geringer ist, als es den Anschein hat. Aber sei's drum. Wenn man die Argumentation trotzdem akzeptiert, wäre die Wahrscheinlichkeit durch ein Nicht-impfen jemand anderem zu schaden, großzügig kalkuliert, etwa so hoch wie wenn man regelmäßig mit dem Auto fährt. In Deutschland gibt es jährlich mehr als 3.000 Tote, 65.000 Schwerverletzte sowie 310.000 Leichtverletzte im Straßenverkehr. Aus umweltfreundlichen Gründen haben wir es uns angewöhnt unsere Ente oder bei Bedarf auch Carsharing nur dann in Anspruch zu nehmen, wenn wir keine Möglichkeit haben unsere Fahrräder und/oder öffentliche Verkehrsmittel zu verwenden. Das passiert in etwa einmal im Monat. Auch wenn wir es begrüßen würden, verlangen wir von niemandem es uns gleich zu tun. Wir sind gewiss, dass die meisten Menschen persönliche Vorteile mit dem Autofahren verbinden und das ist auch ihr gutes Recht. Wahrscheinlich würden sie es sich anders überlegen, wenn es bessere Alternativen gibt, wie etwa mehr Fahrradwege, bequemere Anbindungen der öffentlichen Verkehrsmittel oder mehr regionale Einkaufsmöglichkeiten. So ähnlich ist es bei uns mit dem Impfen. Die Impffreiheit ermöglicht es uns, all die bekannten und unbekannten langfristigen Nebenwirkungen von Impfstoffen zu vermeiden sowie weiter unseren veganen Prinzipien treu zu bleiben, ohne ein großes Risiko damit einzugehen. Wenn die Hersteller es schaffen ohne Tierversuche auszukommen, adäquate natürliche Alternativen für all die toxischen Zusatzstoffe zu verwenden und bei der Produktion auf tierische Hilfsmittel wie Hühnereier zu verzichten, würden wir es uns mit dem Impfen auch noch einmal überlegen.

Entsprechend sind wir nicht gegen Impfungen. Wir sind Befürworter einer freien Impfentscheidung. Als verantwortungsbewusste Eltern haben wir uns ausführlich informiert und sind zu dem Entschluss gekommen, Yasu die Möglichkeit zu geben sich auf natürliche Weise zu immunisieren. Wie er das als Erwachsener handhabt ist dann selbstverständlich seine Angelegenheit. Genauso wie es seine Angelegenheit sein wird, ob er *Offenbacher Kickers*-Fan oder *Eintracht*-Anhänger sein will, oder auch beides. Er dürfte sogar die Bayern anfeuern, auch wenn das seinem Papa schon Bauchschmerzen bereiten würde. Trotz allem haben wir die gleichen Interessen wie die Mehrheit. Wir wollen sehr wohl, dass die Gesellschaft vor Seuchenepidemien ausreichend geschützt ist und bleibt. Genauso wollen wir aber auch, dass unsere Kinder gesund sind und frei von toxischen Belastungen bleiben. Wir sind für eine Verbesserung der Rahmenbedingungen, die allen Menschen ermöglicht, auf natürliche

Weise das körpereigene Immunsystem zu stärken und zu erhalten. Um diese Veränderungen voranzubringen, können sowohl die Verantwortlichen als auch wir die Verbraucher einiges tun. Langfristig können wir die oben genannten drei Hauptfaktoren für eine epidemie- und entsprechend pandemiefreie immunstarke Gesellschaft: gesunde Ernährung, sauberes Wasser sowie Hygienemaßnahmen, noch um einiges verbessern.

Es gibt genügend Handlungsbedarf. Allein die Abkehr von der konventionellen chemiebasierten Landwirtschaft und pharmazeutisch aufgeputschten Massentierhaltung hin zu einer ökologischen, nachhaltigen und regionalen Lebensmittelversorgung wäre ein enormer Fortschritt. Die Menschen würden wieder ausreichend natürliche Nährstoffe ohne chemische Zusätze zur Verfügung haben, die Wasserqualität würde sich deutlich verbessern und auch die Luft wäre weniger durch Pestizide u. ä. belastet. Ernährungsgewohnheiten könnten noch mal überdacht werden.

Die jüngsten Ereignisse weltweit haben deutlich gemacht, dass fehlernährte Menschen mit entsprechenden Erkrankungen am meisten von schwerwiegenden Infektionskrankheiten betroffen waren. Motos dichtbesiedeltes Herkunftsland Japan hatte damit weniger ein Problem. Hier leben die meisten vitalen Hundertjährigen. Die Japaner essen traditionell viel frisches sowie fermentiertes Gemüse und konsumieren wenig tierische Produkte und glutenhaltige Lebensmittel. Sie achten darauf, keine großen Mengen zu verspeisen. Anstatt große Portionen zu löffeln, essen sie häppchenweise mit den Stäbchen. Das extreme Gegenbeispiel stellt die USA dar. Als Erfinder und größter Konsument des Fast Foods hatten die Menschen dort am meisten mit den Auswirkungen der jüngsten Infektionserkrankungen zu kämpfen. Ernährung wird immer ein wichtiges Thema für die Gesundheit sein und es ist von Vorteil hier immer am Ball zu bleiben.

Für eine weltweite Verbesserung könnte man anfangen wirklich faire Handelsbedingungen für die wirtschaftlich ärmsten Länder zu schaffen und ihnen die optimalen Bedingungen ermöglichen, selbst die drei Hauptfaktoren für eine epidemiefreie Gesellschaft zu etablieren. Aber auch hierzulande könnten vermehrt die sozialen Missstände aufgehoben werden. All die Sicherheitsmaßnahmen in 2020 haben deutlich gemacht, dass unser System, wenn es darauf ankommt, hauptsächlich auf all die Berufe angewiesen ist, die am geringsten entlohnt werden, wie etwa das Reinigungs- und Pflegepersonal oder auch Erntehelfer. Mit der richtigen Auswahl des Anbieters und der Bereitschaft den entsprechenden Preis dafür zu zahlen, können wir hier als bewusste Konsumenten großen Einfluss nehmen.

Den Ärzten könnte man mehr Zeit und Geld für eine medikamentenunabhängige gesundheitliche Beratung geben. Wer weiß, vielleicht steigt damit auch die Bereitschaft, sich mit den kostengünstigeren pharmazeutisch unbelasteten Methoden wie Meditation, Fasten und Ernährungsumstellung zu beschäftigen, die nach den neuesten wissenschaftlichen Studien beeindruckend belegen, dass diese langfristig und nachhaltig zu einer deutlichen Verbesserung der mentalen als auch körperlichen Gesundheit beitragen. Und das ohne gesundheitsschädliche Nebenwirkungen. Laut dem RKI werden in Deutschland jährlich rund 30 Milliarden Euro nur für Medikamente bezahlt. Wenn man bedenkt, dass die meisten davon nur die Symptome vermindern oder gar verschieben und keine wirkliche Heilwirkung besitzen, ist diese Zahl sehr beachtlich. Hier ist ein enormes Einsparpotential vorhanden. Eine Reduzierung in dieser Hinsicht, würde auch der Wasserqualität zu Gute kommen. Viele nebenwirkungsverursachenden Inhaltsstoffe der Medikamente werden über den Urin ausgeschieden und gelangen somit wieder in den Wasserkreislauf. Wir können heute schon selbst bestimmen, zu welchem Arzt wir gehen oder nicht und welche Medikamente wir noch wirklich brauchen.

Wir sind zuversichtlich, dass viele der Gedanken, die wir in diesem Kapitel geäußert haben sich bald in unserer Gesellschaft durchsetzen werden. Die Veränderung hat schon begonnen. Genauso wie fossile/atomare Energie, Massentierhaltung, Plastikherstellung oder auch Großbanken, können monopolistisch orientierte Systeme die auf reine Profit- und Machtmaximierung, einseitige Informationspolitik und Lobbyismus aufgebaut sind, sich in einer gesunden vernünftigen Gesellschaft nicht lange halten. Vergleichsweise entstehen solche schädlichen Monokulturen in einer intakten Naturlandschaft erst gar nicht. Auch in der Tierwelt gibt es keine Art die solche selbstzerstörerischen Tendenzen langfristig zulässt.

Etwas salopp und provokant gesagt, deutet das darauf hin, dass wir Menschen vielleicht nicht unbedingt die intelligenteste Spezies auf dieser Erde sind. Nun ja, wir sind alle Kinder von Mutter Erde. Wie alle Kinder machen wir unsere Dummheiten und Fehler. Wir können froh sein, dass wir eine ausgeglichene Mutter Erde voll Geduld, Nachsicht und Verständnis haben, die uns sanft und beständig auf unsere Fehler hinweist. Jede andere stressbeladene Mutter hätte uns für alle unsere Missetaten an ihr schon längst mehrmals angeschrien, uns ihrer Liebe entzogen und ins Zimmer gesperrt. Wir würden wohl jetzt ein Kindheitstrauma durchleben. So können wir aber selbst aus unseren Fehlern lernen und Einsicht gewinnen.

Die Zahl der Menschen, die aus diesen zuvor genannten Systemen, wie auch dem pharmazeutischen Impfsystem, austreten, steigt stetig. Gleichzeitig unterstützen und fördern diese Erdenbürger dann die auf Nachhaltigkeit orientierten Projekte und Gemeinschaften, die sich für eine faire Aufteilung der Erträge, achtsamen Umgang mit den natürlichen Ressourcen sowie eine transparente Informationspolitik einsetzen. In Deutschland allein gibt es beispielsweise immer mehr unabhängige Ökostromanbieter, Vereine für solidarische Landwirtschaft, Unverpacktläden, Nachhaltigkeitsbanken oder auch Ärzte die sich der alternativen Gesundheitslehre zuwenden. Es gibt immer mehr Unternehmen, die bereit sind ihre Produkte langlebiger und leicht reparierbar herzustellen und immer mehr Menschen sind bereit, dafür auch einen fairen Preis zu zahlen.

Jede Diskussion über einen Impfzwang führt letztlich dazu, dass, so wie wir, sich die Leute auch mal anderswo informieren und dann vielleicht noch ein Buch über ihre Erkenntnisse schreiben. Die Angebote an impfkritischen Stammtischen bundesweit sowie deren Teilnehmerzahl steigen stetig an. Wir waren auch schon einige Male dabei und durften miterleben, wie Menschen aus den unterschiedlichsten Gesellschaftsschichten konstruktiv Ideen, Informationen sowie Tipps für ein friedliches impfpflichtfreies miteinander austauschen.

Das alles heißt aber nicht, dass wir uns ausgrenzen wollen oder uns gar als besser als andere sehen, die es anders handhaben. Wir respektieren und akzeptieren alle Lebensweisen. Jeder hat seine eigenen Vorstellungen eines glücklichen und gesunden Lebens, hat andere Hintergründe, Vorgeschichten sowie Zukunftspläne. Wir haben für uns entschieden, dass wir in einer Welt leben wollen, voll von innovativen regenerativen Energieformen, mit einer nachhaltigen natürlichen Landwirtschaft, mit der die Bauern, aber auch die Tiere wieder frei und unabhängig leben können und einem Gesundheitssystem, in dem Ärzte fair bezahlt werden, wenn sie mit ihren Patienten wirklich reden und diese gesund bleiben, statt auf die Zuwendungen von Pharmafirmen mittels Medikamentenverschreibungen angewiesen zu sein. Wir wollen in einer Gemeinschaft leben, die jederzeit Güte, Liebe, Toleranz und gegenseitiges Verständnis zeigt. Wir danken dem Universum, dass wir dieses Leben bereits leben dürfen! Ihr seid alle jederzeit herzlichst eingeladen uns in unserer Welt zu besuchen! Wir freuen uns darauf, Euch wiederzusehen oder neu kennenzulernen!

Natürlich frei

Papa Moto ernährte sich in Sommer 2019 21 Tage nur von frisch gepressten Gemüse- und Apfelsäften und fühlte sich blendend. Mit regelmäßigen Einläufen und Cassia Fistula wurde der Darm zusätzlich von Altlasten gereinigt. Mit dieser Saftfasten-Therapie wurde der gesamte Verdauungstrakt auf Vordermann gebracht und der Körper hatte die Gelegenheit all die Giftstoffe, die sich über die Jahre im Gewebe angesammelt hatten, loszuwerden. Somit konnte der Körper dann wieder besser die notwendigen Nährstoffe aufnehmen und unnötige Umweltgifte schneller ausscheiden. Zudem wurde auch wieder eine Leber-Gallen-Reinigung eingeleitet. Wir haben zu dieser Zeit auch angefangen die *Fünf Tibeter* zu praktizieren und in unser Morgen-Ritual einzubeziehen. Das sind fünf einfache Yoga-ähnliche Übungen, die Geist, Seele und Körper in Schwung bringen, indem sie sowohl den Herz-Kreislauf als auch den mentalen Energiefluss anregen. Nach jeder Übung verspüren wir die Verbundenheit mit Mutter Erde. Hierzu hatten wir ein motivierendes Büchlein mit konkreter Anleitung von Peter Kelder in einem öffentlichen Bücherschrank am Kirchplatz Bockenheim gefunden.

Mit der *KonMari*-Methode (Buchtipp: *Die Kunst des Aufräumens*) hatte Mama Lisa zudem in den Sommermonaten unsere Wohnung effektiv entrümpelt und von bisher unbekannten materiellen Altlasten befreit sowie ein System geschaffen, mit dem wir leicht Ordnung halten konnten und schnell alles wiederfanden. Somit hatten wir deutlich weniger Aufwand für die Reinigung der Wohnung und blieben stressfrei. Die meisten unserer aussortierten Besitztümer haben wir weiterverschenkt. Vieles davon haben wir auch an soziale Einrichtungen gespendet, die diese für einen guten Zweck günstig weiterverkaufen oder an Interessenten weiterverschenken, die sie sinnvoll gebrauchen können. Diese Schenk-Ökonomie, die sich innerhalb der Industrieländer immer mehr re-etabliert und die es eigentlich schon immer überall gab, ist etwas Feines.

Mittlerweile haben wir auf dieser Welt schon so viele Alltagsgegenstände produziert, hergestellt, eingepackt und wieder ausgepackt, dass wir für längere Zeit damit aufhören könnten, um Ressourcen zu schonen und den Müll zu reduzieren. Wir müssen nicht ständig in diese Einbahnstraße fahren, die zugleich eine Sackgasse ohne Wendemöglichkeit ist. Produzieren, konsumieren, wegschmeißen, produzieren, konsumieren, wegschmeißen. Hört sich wie eine Endlosschleife an, hat aber leider nichts mit einer verantwortungsbewussten Kreislaufwirtschaft zu tun. Mit diesem Vorgehen pflastern wir gerade jedes Fleckchen Erde mit allem zu, was die moderne Industrie so hergibt. Angefangen von all den neuen Asphaltstraßen, um alles transportieren zu können, all den neuen Betongebäuden, um alles produzieren als auch verkaufen zu können bis hin zu all den Deponien, um alles unbedacht Weggeworfene endzulagern. Wie das dann im extremsten Fall aussehen würde, zeigt der animierte Film *Wall-E* von Andrew Stanton aus dem Jahre 2008. In dieser Geschichte lebt die übrig gebliebene Menschheit in einer vollautomatisierten Raumstation. Währenddessen verweilt ein einziger kleiner Reinigungsroboter auf der vollständig zugemüllten Erde. Voller Geduld und Hingabe presst er jeglichen Abfall in handliche Blöcke und schafft somit etwas Ordnung. Bei dieser Thematik ist es erstaunlich, wie unterhaltsam und witzig der Film ist. Da sieht man wieder „Humor ist, wenn man trotzdem lacht!".

Aber auch hier sind wir voller Zuversicht, dass der Heilungsprozess von Mutter Erde bereits in vollem Gange ist. Unser Glaubensanker ist hierbei das in unserer Umgebung sehr beliebte *natürlich frei* in Mühlheim, stellvertretend für alle engagierten Unverpacktläden deutschland- und weltweit. Mit viel Liebe und Leidenschaft haben Nina und Andres das Konzept eines plastiklosen Einkaufens in ein schickes dörfliches Ambiente mit enorm hohem Wohlfühlfaktor verpackt und führen ihr ausgefülltes Leben. Das heißt für all die alltäglichen Verbrauchsgüter wie Lebensmittel, Putz- und Waschmittel, die noch hergestellt werden müssen, gibt es bereits eine sinnvolle Vorgehensweise, mit der man die unnötigen Umweltbelastungen vermeiden kann.

Lobenswert in diesem Zusammenhang ist auch das schnuckelige Biolädchen *Bioeck* bei uns um die Ecke. Die tapfere Betreiberin Renate mit ihrem engagierten Mitarbeiterinnenteam, stellvertretend für alle unabhängigen Bioläden in Deutschland genannt, hat es mit ihrer Leidenschaft ermöglicht, dass sich das nachhaltig biologische Einkaufsbewusstsein in unserer Gesellschaft fernab von konventionellen Supermarkt-Ketten erhalten sowie weiterentwickeln konnte. Sie wird im Sommer 2020 in ihren wohlverdienten Ruhestand gehen. Wir wünschen ihr auf diesem Weg alles Gute. Sie hat uns immer sehr zuvorkommend bedient und all unsere Sonderwünsche mit viel Verständnis erfüllt.

Neben den besagten nachhaltigen Einkaufsmöglichkeiten erleben wir auch das langersehnte Revival von Großmutters Trickkistenshow. Mit wenigen natürlichen Hausmitteln fangen die Leute wieder freudig an, alle möglichen Pflege-, Kosmetik- und Haushaltsprodukte selbst anzufertigen. Das Buch *Fünf Hausmittel ersetzen eine Drogerie* von *smarticular* ist bereits jetzt ein Klassiker in diesem Bereich. Und für Deutschlands derzeit beliebtestes Gebrauchsgut, das Toilettenpapier, hätten wir auch noch einen Geheimtipp wie man den Verbrauch deutlich reduzieren und gleichzeitig noch was für die Darmgesundheit tun kann. Bei uns ermöglicht, neben einer pflanzenbasierten, ballaststoffreichen Ernährung, eine spreizhockstellungfördernde Fußablage aus Bambus einen ziemlich sauberen sowie streifenlosen Abgang im stillen Örtchen. Mit dieser einfachen Hilfeleistung, womit sich auch das mühevolle hämorridenfördernde Pressen vermeiden lässt, haben wir schon etliche Rollen eingespart und konnten zudem unsere Klobürste schonen.

Bei all den Alltagsgegenständen, die auch unverpackt am Ende ihrer Nutzungsdauer den globalen Müllberg vergrößern, gibt es auch schon sinnvolle Vorgehensweisen. Viele unserer Alltagsgegenstände halten ewig und/oder lassen sich reparieren und/oder kreativ weiterverwerten. Entsprechend gibt es mittlerweile viele Initiativen, die das große Angebot an nicht mehr benötigten Sachen an die Menschen weitervermitteln, die den Bedarf noch haben. Klassische Beispiele sind die kunterbunten Flohmärkte sowie schrulligen Gebrauchtwarenhändler. Hier haben wir auch schon oft unsere Sachen verschenkt. *Oxfam* und Co. sind weitere Beispiele, wo wir immer wieder gern hingehen. Sollten Dinge nicht mehr funktionsfähig sein, ist bei uns allein der Versuch einer Reparatur immer etwas Reizvolles. Durch diese Bemühungen lernen wir stets dazu und verbessern unsere Problemlösefähigkeit. Moto war sehr erfreut, als er eine alte kaputte Schubkarre wieder zum Rollen bringen konnte. Mit alten Rohren und Drähten bastelte er daran herum, bis er eine sinnvolle Lösung fand, wie dieser nutzvolle Gartenhelfer wieder stabil und funktionstüchtig zu machen war. Wenn wir selber es nicht schaffen etwas zu reparieren, gehen wir zu den Spezialisten. Viele dieser engagierten Experten findet man bei den sogenannten *Repair Cafés* die bundesweit organisiert werden. Und wenn die Reparatur tatsächlich nicht mehr möglich sein sollte, fördert das Upcycling unsere Kreativität. Wir achten darauf, dass es nicht überhandnimmt, aber manche Dinge heben wir auf und warten auf eine baldige Weiterverwertungsmöglichkeit. Motos Bruder ist da ein sehr gutes Vorbild für uns. Zuletzt hat er bei sich eine ganze Werkzeugkammer aus Restmüllbeständen zusammengezimmert.

Die Umgewöhnung zu dieser alternativen Konsumform und der dafür benötigte Aufwand haben sich für unsere Familie gelohnt. Letztendlich ist die Schenk-Ökonomie auch eine sehr erfüllende nachhaltige Tausch-Ökonomie. Viele unserer aktuellen Gebrauchsgegenstände, die wir für unsere neusten Vorhaben benötigen, haben wir geschenkt oder repariert bekommen. Wir verleihen und leihen uns auch viele Gerätschaften in unserem Bekanntenkreis, die wir alleine nicht so oft brauchen. So haben wir schon etliche Euros sowie Shopping-Zeit einsparen können und hatten dabei noch einen netten Austausch mit unseren Mitmenschen.

Aus universeller Sicht denken wir auch, dass wir egal in welchem System, immer in Fülle sowie Vielfalt leben werden und Geld keine Rolle spielt. Solange wir den Energie-Austausch-Kreislauf in Gang halten, in dem wir immer etwa ein Zehntel von dem, was wir an finanziellen Mitteln oder anderen Werten erhalten, weiter verschenken, werden wir auch künftig reichliche Zuwendungen erhalten. Für das Universum sind wir so was wie eine festverzinsliche Kapitalanlage in erneuerbare Energien. Wenn diese Kapitalanlage eine beständige Rendite von ordentlichen zehn Prozent verspricht, welcher nachhaltig-orientierte Kapitalgeber würde da nicht investieren? Anfangs mag das zur Verfügung gestellte Kapital noch gering sein. Aber umso mehr man die Coupon-Auszahlungen bestätigt, umso mehr wird das eigene Rating sprich die Bonität steigen. Wenn wir stets bereit sind einen Teil unserer Erträge an andere nachhaltige Unternehmungen des Universums weiter zu geben, werden wir immer bei der Anlageverteilung berücksichtigt werden. Diese einfach zu erklärende Erkenntnis, die sich bei uns in der Praxis fortwährend auf unterschiedlichste Art und Weise bewahrheitet, erhielten wir beim Anschauen eines von Markus Rothkranz produzierten Filmchens zu diesem Thema im Internet.

Damit der Geldfluss bei uns gut läuft, haben wir noch ein Ritual eingeführt, dass wir jedes Mal beim Bezahlen durchführen. Sobald wir der Verkäuferin oder dem Verkäufer bedacht einen Geldschein überreichen, achten wir darauf, dass die Seite mit dem Brückenabbild nach oben zeigt. Ein vielseitig belesener Gesundheitscoach hatte mal diesbezüglich zu uns gesagt: „Das Geld geht über die Brücke und kommt mit seinen Freunden wieder zurück!“ Irgendwie hat uns das beeindruckt. Seitdem vermeiden wir es, Geldscheine mit dem Torbogen-Bild nach oben zu überreichen. Denn hier würde das Geld hindurch verschwinden ohne zurückzukehren. Seitdem sind wir achtsamer beim Bezahlen und haben stets ein mit Scheinen gut gefülltes Portemonnaie. Auf jeden Fall hat unser Informant sowie Bargeldbefürworter es damit geschickt erreicht, dass wir kaum noch mit Bankkarte zahlen. Die Kreditkarten haben wir ganz abgeschafft.

Ein weiterer Aspekt, der unser Leben bereichert hat, war die Entsorgung unserer mobilen Kommunikationsgerätschaften. Wir waren lange Zeit stolze Handybesitzer. Moto war bei technischen Neuheiten und Gadgets schon immer einer der ersten gewesen. Aus seinem Herkunftsland

Japan hat er stets die neuesten Walkmänner und Gameboys mitgebracht. So war sein erstes Handy auch ein schwarzer gewichtiger Knochen mit ausfahrbarer Antenne von Siemens. Es war eines der modernsten Geräte Mitte der Neunziger Jahre, als er mit seinem BWL-Studium anfing. Alle zwei Jahre wurde dann sein Gerät immer kleiner und leichter, bis es 2012 ganz verschwunden war.

2005, ein Jahrzehnt später als Moto, legte sich Lisa ihr erstes Mobiltelefon zu. Sie war da wesentlich pragmatischer als der technikbegeisterte Moto. Das Handy hatte sie erworben, da sie für ihr Musikstudium aus dem Elternhaus ausgezogen war und ein eigenes Telefon benötigte. In den letzten Jahren verwendete sie es überwiegend für die Kommunikation mit ihrem Querflötennachwuchs. Als sie 2018 in Mutterschutz ging, schaltete sie das Handy dann ganz aus und kündigte den Vertrag. Irgendwie hatten wir das Gefühl bekommen, dass es sich lohnen würde, uns eine Weile vom Mobilfunkwellennetz zu entkoppeln. Die Umstellung fiel uns recht leicht. Wir hatten zuvor schon immer öfters die Handys ausgeschaltet gelassen. Wir können auf jeden Fall bestätigen, dass es auch ohne geht. Eine Notfallsituation hatten wir in all den Jahren nicht gehabt. Bei den sehr seltenen dringlichen Fällen konnten wir uns meist damit aushelfen, dass wir uns von jemandem ein Handy ausgeliehen haben.

Ansonsten haben wir den Eindruck, dass unsere Kommunikation mit unseren Mitmenschen über Kabeltelefon mit Anrufbeantworter, E-Mails, Briefe als auch im direkten Kontakt mindestens genauso gut klappt wie vorher. Bei all unseren Verabredungen mit unseren Freunden und Verwandten haben wir sogar das Gefühl, dass diese deutlich entspannter geworden sind als früher. Wir können definitiv sagen, dass diese Entscheidung uns geholfen hat, unsere Intuition besser wahrnehmen zu können und vorausschauend zu sein. Entsprechend hatten wir bisher nicht das Bedürfnis, die Vorzüge eines Smartphones kennenzulernen. Bis jetzt war das auch nie ein Thema bei uns. Mal sehen wie das mit Yasu wird. Er hat jetzt schon angefangen, alle möglichen flachen Gegenstände an sein Ohr zu halten und aufmerksam zu lauschen, ob er freundlich begrüßt wird. Davon werden wir bestimmt irgendwann auch noch ausführlicher berichten.

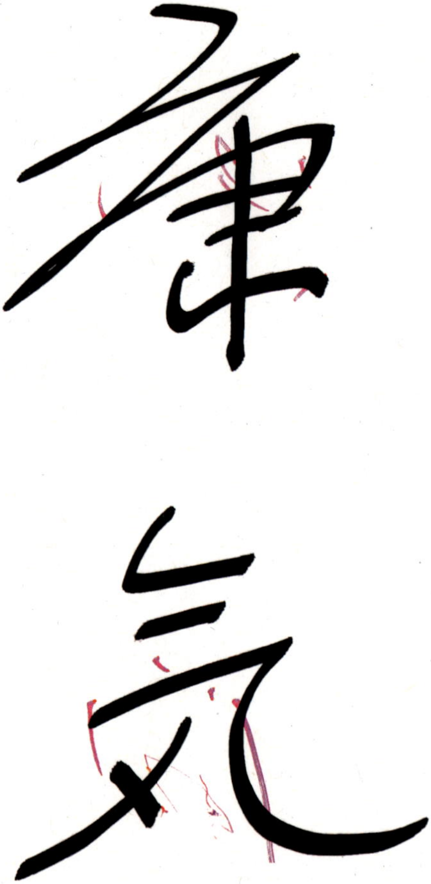

VEGANER ROHKÖSTLING

Anfang der Sommerferien 2019 haben wir die Urgroßeltern von Yasu in Telgte besucht. Dort wurden wir mit frischem Gemüse, Wildkräutern und Kartoffeln aus dem eigenen Garten sowie zwei leckeren Kirschkuchen verköstigt. Wir erlebten dort eine wunderschöne Abschlussklassenfeier der Waldorf-Schule in Everswinkel. Es wurde eine Vielfalt an künstlerischen und musikalischen Beiträgen von sehr aufgeweckten sowie kreativen Schülerinnen und Schülern dargeboten. Auch sonst ist diese von Lisas Tante Christiane mitgestaltete Schule ein herrlicher Lernort mit einem tollen Schulgarten und gepflegtem Tierrefugium.

Im nahe gelegenen Münster haben wir bei einem Tagesausflug die Gelegenheit wahrgenommen uns von der veganen Kochkost zu verabschieden. Es war eine herrliche vegane Schlemmertour! Das Angebot an veganen Verzehrmöglichkeiten in Münster, wie in vielen anderen studentischen Städten, ist enorm vielfältig geworden.

Yasu war sehr begeistert von diesem Besuch bei seinen Verwandten mütterlicherseits. Die Tage in Telgte waren ein wunderschöner Start in die Ferien! Gleichzeitig markierten sie den Beginn eines kochkostfreien Lebens für die kleine Familie Watanabe.

Mit unserem Selbstversuch der Eine-Mahlzeit-am-Tag-Ernährung nach Dr. Nun Amen Ra Anfang 2018 und den vielen Ausnahmen, die wir seitdem bei Besuchen und Feierlichkeiten gemacht hatten, waren wir ein ganzes Stück von unserer Idealvorstellung, ausschließlich rohköstlich zu leben, abgewichen. Dabei hatten die längeren Phasen zuvor, in denen wir uns zumindest 95 % roh ernährt hatten, uns gesundheitlich so gut getan! Nichtsdestotrotz bereuen wir die ganzen Kochkostausnahmen nicht. Vieles davon waren ja extra für uns zubereitete vegane Köstlichkeiten gewesen und wir hatten damit unsere Gaumenfreuden! Ein herzliches Dankeschön an alle, die sich so viel Mühe für uns gemacht haben! Gleichzeitig konnten wir wertvolle Erkenntnisse daraus ziehen, welchen Effekt die Kochkost auf uns hat, da wir uns sonst nur überwiegend roh ernährten. Somit fiel uns auch die Entscheidung leichter, in Zukunft nur noch rohköstlich zu essen. Wir haben u.a. festgestellt, dass wir nicht so schnell von der rohköstlichen Enzymverdauung zur kochköstlichen Gärverdauung umstellen konnten, so dass die Verdauung nach den Kochkostausnahmen eher suboptimal war. Dies führte dazu, dass wir emotional labiler und unsere Schlafphasen weniger erholsam waren. Ein weiterer wichtiger, wenn nicht gar der entscheidende Faktor, der zu unserer Entscheidung geführt hat, war unser kleiner Rohköstling.

Bis auf die gelegentlichen Ausnahmen über die Muttermilch hatte Yasu bis dato nur rohköstlich gegessen. Wir gingen davon aus, dass Yasu ein Jahr lang hauptsächlich und danach maximal 2,5 Jahre ergänzend durch Muttermilch genährt werden würde. Sukzessiv würde der Anteil an fester Nahrung zunehmen. Bekanntlich interessieren sich die Kinder besonders für das, was die Eltern so essen. Bereits damals verfolgte unser Leckermäulchen aufmerksam alles, was wir uns zu Munde führten und freute sich, wenn er auch etwas davon probieren konnte. So hatte er schon diverse Häppchen von grünen Smoothie-Bowls, Rohkostkuchen und -brot, Sauerkraut, Cashew-Joghurt, aber auch viel einfaches Obst sowie Gemüse mit seinen kräftigen kleinen Händchen zerquetscht, genüsslich abgeschleckt und uns nebenbei noch ein kulinarisches Schlachtfeld hinterlassen. Oft hatte er auch seinen Spaß dabei, einfach ein Blatt oder eine Blüte von Wildkräutern in den Mund zu nehmen und darauf herum zu kauen.

Sein damaliges Interesse für die Rohkost wollten wir auch in der Zukunft weiter fördern. Wir waren sehr zuversichtlich, dass diese Ernährungsform, wie wir sie bisher kennengelernt, praktiziert und verinnerlicht hatten, für die physische und psychische Entwicklung unseres Kindes nur von Vorteil sein würde. Allein die damit einhergehende Vermeidung von industriell verarbeiteten Nahrungsmitteln würde das Risiko minimieren, dass Yasu irgendeine der bereits bei Wohlstandskindern weitverbreiteten und derzeit zunehmenden Zivilisationsbeschwerden, wie etwa Allergien, Übergewicht, ADHS, Hautirritationen, Immunschwäche, Karies, Diabetes, etc. erleiden musste. Mittlerweile gibt es eine große Auswahl an positiven Erfahrungsberichten von Rohkostfamilien und eine ganze Reihe an Fachliteratur (Buchtipp: *Kinderernährung – lebendig und schmackhaft* von Dr. Urs Hochstrasser), die die Vorteile einer gut geplanten und ausgewogenen rohköstlichen Ernährung für Kinder beeindruckend belegen. Die in der Rohkost übliche große Auswahl an natürlichen, geschmacklich unverfälschten Lebensmitteln festigt und fördert zudem die angeborene Fähigkeit, die richtige Menge, Art und Zusammensetzung der Speisen zu sich zunehmen, die der Körper gerade braucht und die zu meiden, die eher schädlich sind (Buchtipp: *Somatische Intelligenz* von Thomas Frankenbach). Zudem isst man achtsamer und bedachter, wenn die natürliche Konsistenz der Lebensmittel erhalten bleibt (Buchtipp: *Yoga der Ernährung* von Omraam Mikhael Aivanov).

Sicherlich ist die rohköstliche Ernährung nur ein Puzzleteilchen von vielen für die gesunde Entwicklung eines Kindes. Dafür ist es aber eines, welches großen Einfluss auf die anderen Puzzleteilchen hat. Mit der Rohkost kann man schon von frühauf das angeborene Gespür für alles Natürliche erhalten und weiterentwickeln. Wildkräuter- und Streuobstwiesen, Beerensträucher sowie Permakulturgärten werden beliebte Ausflugsziele für Naschereien sein. Die Empathiefähigkeit des Kindes wird durch den ungetrübten Umgang mit anderen Lebewesen, angefangen von den Säugetieren, den Vögeln bis hin zu den Insekten, aber auch allen Wasserwesen, gefestigt und gestärkt. Wir selbst werden noch mit regelmäßigen Besuchen in Gnadenhöfen, aber auch mit dem Erkunden von Naturschutzgebieten sowie auch unseres eigenen Grundstücks in Gründau, unsere Verbundenheit zu anderen Erdlingen weiter verinnerlichen. Entsprechend kann das Kind seine naturgegebene Intuition, die für alle seine Lebensentscheidungen wichtigste mentale Kompetenz, aber auch seine Kreativität erhalten und weiterentwickeln.

Für die Rohkost-Frühförderung unseres Zöglings war es aber auch wichtig, dass wir als Eltern mit bestem Beispiel vorangehen. Aus Erfahrungsberichten wussten wir, dass jegliche Kochkostausnahmen durch die Eltern dazu führen, dass auch das Kind die Ausnahmen mitmachen will. Einmal auf den Geschmack gekommen, ist es gerade für ein Kind trotz aller Vorteile schwer zu verstehen, warum es sich wieder komplett auf Rohkost umstellen soll. So stellten wir uns der Herausforderung unserem pflanzlich genährten Kraftpäckchen ein Umfeld zu erschaffen, in dem er und auch wir als seine Essensvorbilder jederzeit Zugriff auf leckere rohvegane Speisen haben, so dass wir keine Ausnahmen mehr machen mussten. Wir waren selber gespannt, wie wir dieses Umfeld aufbauen und wie lange es nötig sein würde. Solange Yasu damit gesund, zufrieden und glücklich ist, werden wir unser Bestes geben, dass er die Faszination Rohkost mit allen Sinnen erleben kann. Praktisch hieß es für uns, dass wir vieles vorausplanen und stets in gutem Austausch mit unseren Mitmenschen sein mussten. Dabei konnten wir sehr gut auf unsere bisherigen Erfahrungen hinsichtlich Organisation und Kommunikation zurückgreifen, seit wir selbst unsere Ernährung umgestellt haben.

Anfangs noch sehr aufwendig, haben wir mittlerweile Routine darin, zu Hause rechtzeitig Proviant vorzubereiten, um unterwegs ausreichend versorgt zu sein. Für Feierlichkeiten und Besuche haben wir es uns angewöhnt ein/zwei roh-vegane Essensbeiträge mitzubringen. In der Regel reicht die Menge, dass alle Interessierten etwas probieren können und wir davon satt werden, falls es keine Alternativen für uns gibt. Wobei es selten der Fall ist, dass es nichts für uns gibt. Obst und Frischkostsalate mit einem Essig-Öl-Dressing gibt es fast überall und auch Gemüse-Sticks sind beliebte Buffet-Dekorationen. Zu Hause sind wir küchentechnisch auch für die Gourmet-Rohkost-Zubereitung optimal ausgerüstet und können die Hitparade der beliebtesten Kinderspeisen, angefangen von Nudeln mit Tomatensauce bis hin zu Pizza Hawaii in der Rohkostvariante herbeizaubern. Wir haben stets einen gut gefüllten Kühlschrank sowie Vorratsschränkchen, so dass wir auch für Überraschungsgäste gut gewappnet sind. Mit zunehmendem Alter von Yasu werden wir sicherlich noch ganz andere Vorkehrungen treffen müssen, aber wir betrachten diese als willkommene Entfaltungsmöglichkeit unserer Kreativität und Problemlösefähigkeit. Wir gehen davon aus, dass es für uns ein lohnenswerter Lernprozess sein wird, bei dem wir alle drei unseren Horizont erweitern können.

Uns war natürlich bewusst, dass diese Art der Ernährung für viele Menschen ungewohnt, befremdlich bis hin zu besorgniserregend sein konnte. Aber die rohköstliche Ernährung von Kindern ist gar nicht mal mehr so selten und das öffentliche Interesse daran steigt, so dass sogar renommierte Medien noch verhalten aber positiv darüber berichten. Wie bei allen unseren bisherigen alternativen Maßnahmen, wie etwa der Hausgeburt, Windelfrei, unverpackt einkaufen, Leber-Gallen-Reinigung etc., hatten wir uns auch hier intensiv mit den Hintergründen auseinandergesetzt und uns gewissenhaft auf mögliche Schwierigkeiten eingestellt. Die zwei wohl häufigsten Bedenken waren Nährstoff-Mangel und soziale Ausgrenzung, insbesondere beim Kind. Im Folgenden haben wir unsere Gedanken dazu aufgeschrieben.

Nährstoff-Mangel: Aus eigener Erfahrung wissen wir, dass man bei richtiger Zusammensetzung der Rohkost keinen Nährstoff-Mangel erleidet. Für Erwachsene spielt der Faktor Zeit bzw. Geduld eine entscheidende Rolle bei der Umstellung auf eine optimale Rohkost-Ernährung. Diese Ernährungsform löst zu Beginn immer auch einen Reinigungsprozess im Körper aus. Je nach Vorbelastung durch Industrienahrung und je nach Intensität der Rohkost werden Schadstoffe, die sich über die Jahre im Körpergewebe angesammelt haben, in großen Mengen gelöst und hinausbefördert. Einhergehend mit einem deutlichen Gewichtsverlust kann dies mitunter zu heftigen Beschwerden wie etwa Durchfall, Hautausschlägen, erhöhtem Blasendrang oder auch zu Erkältungen mit erhöhter Schleimbildung führen. Diese Entgiftungsmechanismen helfen dem Körper die gelösten Schadstoffe schnell aus dem Körper zu befördern, bevor es zu einer Rückvergiftung kommt. Erst nachdem der gröbste Reinigungsprozess, welcher mitunter Jahre dauern kann, durchgestanden ist, kann der Körper die lebensnotwendigen Nährstoffe optimal aufnehmen und verarbeiten. Deshalb sind adäquate Nahrungsergänzungsmittel gerade in dieser Phase sehr empfehlenswert, um einem Nährstoff-Mangel vorzubeugen. Der Reinigungsprozess kann zusätzlich mit regelmäßigen frischgepressten Obst- und Gemüsesaft-Fastenkuren und Darmspülungen unterstützt werden. Früher oder später stellt sich dann aber auch der spürbare positive Effekt, in Form von mehr Energie, erholsamerem Schlaf, klarerem Kopf, weniger allergischen Reaktionen etc. ein. Der ganze Verdauungstrakt ist deutlich entlastet und kann durch die sogenannte Enzymverdauung, bei der die nur in der Rohkost erhaltenen Enzyme verwendet werden, alle nötigen Nährstoffe effizient aufnehmen und verarbeiten.

Im Falle unseres friedvollen Energiebündels bedarf es allerdings keiner Umstellung mehr. Sein Verdauungssystem ist noch weitgehend unbelastet und ist ohnehin auf die wesentlich energieschonendere Enzymverdauung eingestellt. Entsprechend hat er keine Probleme, alle seine notwendigen Nährstoffe über die Rohkost zu erhalten. Schon seit geraumer Zeit achten wir darauf, dass wir täglich frisch gepflückte Wildkräuter (Buchtipp: *Wildkräuter* von Ralf Brosius) und sogenannte Superfoods in unseren Speiseplan integrieren, welche eine deutlich höhere Nährstoffdichte als das kultivierte Gemüse aufweisen und oft noch andere wichtige Inhaltsstoffe bereithalten. Mit Stephan Engelhardt aus Bad Camberg haben wir einen liebevoll mit der Natur verbundenen Wildkräuterexperten kennen und schätzen gelernt, der uns in dieser Hinsicht viel wertvolles Wissen vermitteln konnte.

Nichtsdestotrotz haben wir zusätzlich zu den kinderärztlichen Pflichtuntersuchungen auch alternative Kontrollen durchgeführt, um die Nährstoffversorgung zu überprüfen. Mittlerweile gibt es für alle lebensnotwendigen Nährstoffe die entsprechenden veganen Nahrungsergänzungsmittel, sodass wir allein schon bei Verdacht recht unkompliziert vorbeugend einwirken können. Für die B12-Versorgung greifen wir auf eine breite Palette an veganen Quellen und Kontrollmaßnahmen zu.

Soziale Ausgrenzung: Es konnte passieren, dass Yasu außerhalb seines Zuhauses Dinge sieht, die er aus Interesse gern probieren möchte, aber wir ihn nicht lassen. Wir hatten bereits Situationen, in denen er z.B. etwas aus minderwertigem Kunststoff zum Mund führen wollte und wir es ihm weggenommen haben. Bis dato hatte er sich nicht groß beschwert und war meist wieder sehr zufrieden, wenn er dafür etwas anderes wie z.B.

einen Holzlöffel bekam. Wie zuvor beschrieben, gehen wir davon aus, dass wir mit geeigneten Vorkehrungen bei der Essensversorgung für unterwegs solche Situationen weitgehend vermeiden können oder zumindest immer zufriedenstellende Alternativen bieten können. Wir sind zuversichtlich, dass Yasu mindestens bis zu seiner Pubertät sich bei seinen Essengewohnheiten an uns orientiert und uns vertraut.

Die Wahrscheinlichkeit ist hoch, dass wir uns intensiver mit nachhaltigen und roh-vegan orientierten Menschen austauschen werden sowie uns noch mehr mit Rohkostfamilien vernetzen. Gleichzeitig halten wir aber auch den engen Kontakt zu unserer Familie, zu unseren bisherigen vertrauten Freunden, unseren Nachbarn sowie deren Kindern bei. Hinzu kommen noch die Begegnungen mit anderen Altersgenossen bei den diversen Förderungsangeboten wie etwa Babyschwimmen, Babysignal, Windelfreitreffen, Musikkrabbelgruppen etc., die wir bisher wahrgenommen haben sowie weitere Angebote, die wir in Zukunft altersangepasst in Anspruch nehmen werden. Außerdem sind alle Kinder jederzeit in unserem Permakultur-Wald(kinder)garten herzlich willkommen. Bis zur Einschulung werden das wahrscheinlich die wesentlichen sozialen Kontakte von Yasu sein. Diese müssten erst mal ausreichen, um sich an das Leben in einer größeren Gemeinschaft zu gewöhnen. Derzeit tendieren wir dazu, die vorschulische Förderung selbst zu übernehmen. Die finanziellen Mittel, die Zeit und das Selbstvertrauen haben wir. Deshalb freuen wir uns, noch lange die Entwicklung unseres Jungen selbst unterstützen und miterleben zu können.

Wir wollen ihm eine breite Palette an frühkindlichen Bildungsmöglichkeiten anbieten, ohne ihn zu überlasten. Wir werden versuchen seinen Weg so zu ebnen, dass er immer wieder seine innere Ruhe und äußere Gelassenheit finden kann. Der Film *Alphabet* von Erwin Wagenhöfer hat uns in dieser Hinsicht sehr inspiriert. Wir haben auch angefangen, uns in die entsprechende Fachliteratur einzulesen. Wir sind frohen Mutes, dass wir es schaffen, dass unser kleiner Rabauke frühzeitig imstande ist, sich in einer Gemeinschaft positiv einzubringen, zugleich seine Eigenarten beibehalten kann und mit seinen schrägen Eltern klarkommt. Wir sind voller Zuversicht, dass er immer ein Freilerner bleiben wird, der stets seine Freude am selbstständigen Erlernen hat und jederzeit die Verantwortung für seine eigene Potentialentfaltung übernimmt. Im Idealfall wird er früh erkennen, dass es im Leben nicht nötig ist, die gleichen Dinge zu tun oder zu haben wie andere, sondern dass es mehr darum geht alle Mitmenschen mit egal welchen Besonderheiten zu achten sowie seinen eigenen Weg zu finden und zu gehen.

Ein ermutigendes Vorbild für Yasu wird wohl immer sein Onkel Muzius sein. Muzius ist mit seinem abenteuerlustigen Vater Werner um die Welt gereist und ist fernab von jeglichen Konventionen aufgewachsen. Frei von klassischer Schulausbildung durfte er lernen was er wollte. Sein Vater hat ihm früh gezeigt wie man liest und ihn mit einer erlesenen Auswahl an Kinderbüchern versorgt. Wenn er wollte, durfte er bei all den handwerklichen Tätigkeiten seines Vaters mitmachen. Muzius lernte mit Deutsch, Englisch, Französisch und Italienisch, in vier Sprachen fließend zu kommunizieren. Sie waren viel in der Natur und kümmerten sich um Tiere. Hunde und Pferde waren ihre treuen Begleiter. Muzius konnte in dieser Zeit sein Selbstbewusstsein stärken, viele hilfreiche Kompetenzen entwickeln und behielt immer die Freude am Lernen. Spannend für ihn waren auch all die Spontanbesuche, die sein Vater den interessantesten Persönlichkeiten abstattete. Ein besonderes Highlight war wohl das Treffen mit der politisch engagierten Luise Rinser, eine der prominentesten Autorinnen der Nachkriegszeit, die dem kleinen Muzius die spannenden Bücher von Michael Ende schenkte. Eine dieser Persönlichkeiten wurde zu späterer Zeit auf die besonderen sozialen sowie kognitiven Fähigkeiten von Muzius aufmerksam. Muzius wurde sein persönlicher Assistent. Mit Gore Vidal, einem der bedeutendsten Schriftsteller der amerikanischen Geschichte, erlebte Muzius die glamouröse Welt der Hollywoodstars und –sternchen sowie anderer Bekanntheiten und lernte viel über Weltpolitik sowie deren Machenschaften. Er hätte auch länger in dieser Welt verweilen können, aber entschied sich bewusst für einen anderen Lebensweg. Er kehrte zurück zu seinen alten Freunden aus der Jugendzeit und fing wieder an, das zu tun was ihm am meisten Freude bereitet, handwerklich tätig und schöpferisch zu sein. Er kaufte sich ein Häuschen mit großem Garten, heiratete seine Allerliebste und lebt nun mit seinen zwei hübschen Kindern sowie seinen zwei Hunden ein zufriedenes erfülltes Leben in Südfrankreich. Und wir haben das Glück immer wieder wundervolle Ferienzeiten mit Yasus Onkel und seiner Familie erleben zu dürfen.

So wie Muzius werden wir stets darauf achten, dass wir alle drei bescheiden auf dem Boden der Tatsachen bleiben, uns selbst nicht allzu ernst nehmen sowie das Leben in dieser schönen bunten Gesellschaft würdigen und genießen (Buchtipp: *Thrive* von Arianna Huffington). Wir erschaffen uns unsere eigene wunderbare Welt und sind zugleich ein Teil davon (Buchtipp: *Ich bin das Universum* von Kafatos/Chopra).

Bis dahin und auch danach würde noch vieles passieren, was wir nicht vorhersehen können. Wir sind uns bewusst, dass nicht alles richtig sein muss, was wir machen. Wir wollen weiterhin alle unsere Entscheidungen intuitiv, pragmatisch und zielorientiert treffen und dabei flexibel in unserem Handeln bleiben. Mit unserem Buch hoffen wir, dass die Mitmenschen unsere Lebensweise zumindest besser verstehen, uns vielleicht etwas zutrauen und notfalls auch beistehen. Am Ende wollen wir, dass Yasu auch als Erwachsener glücklich und zufrieden sein kann, wie wir es sind (Buchtipp: *Willkommen im Reich der Fülle* von Robert Betz). Wir haben das Glück, Eltern und Stiefeltern zu haben, die immer für uns da waren, uns immer gut genährt haben und uns die beste Bildung ermöglicht haben. Auf ihre Art und Weise haben sie voller Güte und authentisch immer das Beste für uns getan. Dafür sind wir ihnen unendlich dankbar und in ewiger Liebe verbunden! Wir hoffen, dass Yasu irgendwann auch das gleiche über uns sagen kann. Wir sind jetzt schon gespannt, welche Verrücktheiten er dann unseren Enkeln bieten wird.

Huhu...
Hihihi
lalala
♡ 2020
Elke Anders

Frohköstliches Erlebniscamp

In den restlichen Sommerferien 2019 nach unserem Besuch in Telgte haben wir uns weiter sehr gut erholt und zugleich sehr viele neue Erkenntnisse sammeln können. Hinsichtlich unseres Grundstücks in Gründau läuft noch der Befriedungsprozess. Ein kleiner Beitrag dazu ist in der ZDF-Sendung Terra Express zu sehen. Mit dem NABU Main-Kinzig-Kreis haben wir angefangen Schritt für Schritt geeignete Naturschutzmaßnahmen vorzunehmen, um die natürliche Artenvielfalt auf unserer Wiese zu fördern. Dabei haben wir tolle Unterstützung von in der Nähe lebenden Pferdebesitzern erhalten, die uns die Wiese kurzfristig schonend gemäht haben.

Die meiste Zeit der Ferien waren wir Zuhause und haben in Besinnlichkeit gelebt. Wir waren oft im Wasser, sei es im Main bei Mühlheim, im Panoramabad in Bornheim, im Gartenbad in Fechenheim, bei Motos Eltern im Kahler See oder im Planschbecken auf der idyllischen Gartenwiese von Lisas Stiefmutter und Vater. Wir haben viel musiziert, einige Bücher aus der Bücherei gelesen, von denen die meisten im Kapitel „Veganer Rohköstling" als Buchtipps auftauchen, täglich frisch gepressten Obst- und Gemüsesaft getrunken und uns die Sonne auf den Bauch scheinen lassen. Zwischenzeitlich hatten wir das Vergnügen, bei Lottis super cooler Geburtstagsfeier auf ihrem beneidenswerten Familiengartengrundstück mit Streuobstwiese zu zelten. Wir waren auch auf einer Demo von der Tierschutzorganisation *ARIWA* für die Schließung aller Schlachthäuser in Frankfurt dabei und waren freudig überrascht über die gute Organisation sowie die rege engagierte Teilnahme, insbesondere von vielen jungen Menschen.

Moto hatte sich wie schon erwähnt zwischenzeitlich 3 Wochen fast ausschließlich von frischgepressten Gemüse- und Obstsäften ernährt, öfters mit Einläufen den Darm gespült und hat zweimal eine Leber-Gallen-Reinigung durchgeführt. Dabei war er die meiste Zeit erstaunlich fit, zeitweise fitter als mit fester Nahrung. Und wieder kam eine ordentliche Portion an Giftstoffen in Form von alten Kotablagerungen und Gallenausscheidungen zusammen, die ihren Weg hinausgefunden haben. Moto ist seitdem nicht nur körperlich, sondern auch mental sehr erleichtert und vital.

Eine besondere Woche verbrachten wir wieder bei Sonja Watt im Odenwald. Bei ihrem alljährlichen Rohkost-Sommercamp bei dem wir zum dritten und Yasu zum ersten Mal außerhalb von Lisas Bauch dabei waren, konnten wir erneut ein rohköstliches Gemeinschaftsleben der wundervollsten Art genießen. Jeden Morgen erhielten wir durch sanft angeleitete Yoga- und Meditations-Übungen von Heidi den nötigen Kick für den Tag. Mindestens einmal am Tag knüpften wir einen harmonisierenden Gesangsteppich beim Circle Singing mit Corinna Wilden von *Voice Healing*. Hinzu kamen wieder die interessantesten Vorträge und Kursangebote wie etwa Obertonsingen, Gemeinschaftstänze, ganzheitliche Bildung, Augentraining, Selbstversorgergarten, Rohkost-Zubereitung, Feuerritual, Clearing Breath Work mit Nicola, Seelengesang oder auch über DMSO, ein vielseitig einsetzbares, wirksames und kostengünstiges Heilmittel, über das die pharmazeutische Schulmedizin ungern spricht.

Die zahlreichen Kinder auf dem Camp konnten jederzeit sehr aktiv ihre Freizeit gestalten. Wenn sie mal tatsächlich genug davon hatten, sich draußen mit ihren Laufrädern, Wasserpistolen, Bällen oder selbst gebastelten Morgensternchen in der freien Natur auszutoben, konnten sie im Haus Kickern, Kneten, Malen, Rohkost-Power-Bällchen zubereiten oder Tischtennis spielen. Beim *Kamishibai*, eine besondere Form des Theaters mit bunten Bildkarten, konnten sie mit Gabriele Zinngraf ihre schauspielerischen Talente unter Beweis stellen. Es wurden neue Lieder erfunden, im nahegelegenen Kneipp-Becken im Wasser gespielt, auf Alltagsgegenständen getrommelt und bei der Nachtwanderung konnten sie den Sternenhimmel bewundern.

Als jüngster Rohköstling auf dem Camp beobachtete Yasu täglich fasziniert das fröhliche Treiben der größeren Kinder und war sehr glücklich in der Natur zu verweilen. Oft war er damit zufrieden im Gras zu sitzen, die Wildkräuter auszuzupfen und diese zu probieren. Hinzu kamen noch viele beruhigende Spaziergänge in der Trage durch Wald und Wiese. Er freute sich auch immer wieder über die vielen netten Menschen auf dem Camp, die ihm viel Aufmerksamkeit schenkten. Hochverzückt war er, als er einen aus Wiesenblumen geknüpften Kranz aufgesetzt bekam und somit in der Rohkost-Gemeinschaft willkommen geheißen wurde. Nachts hatten wir immer einen angenehmen Schlaf zu dritt in unserem altbewährten Zelt.

Wie die Rohkost selbst, waren auch die Camp-Teilnehmenden aus ganz Deutschland bunt gemischt: freiwillig Angestellte, zwangsläufig Verbeamtete oder zufällig Selbstständige, gemeinschaftsliebende Singles, Alleinerziehende in Freiheit, Patchwork-Familien oder Teilzeit-Großeltern, jeder mit eigenen Vorlieben und Vorstellungen. Genauso vielfältig waren auch die Übernachtungsvarianten, angefangen vom Ein-Frau-Zelt, umgebauten Feuerwehrauto bis zum modernen Familien-Wohnwagen draußen oder auch gut eingerichteten Familienzimmer drinnen. Nichtsdestotrotz erlebten wir ein sehr harmonisches Miteinander, kaum Stress und dafür sehr viele inspirierende Gesprächsthemen rund um nachhaltiges, erfülltes Leben.

Unser Essen haben wir meist selbst in der geräumigen Gemeinschaftsküche zubereitet. Dabei wurden wieder viele neue Rezeptideen, Bezugsquelleninfos, Küchentipps und -tricks sowie Zutaten ausgetauscht. Wir konnten dabei jeden Tag direkt vor Ort Bio-Rohkost-Lebensmittel überwiegend aus der Region einkaufen. Es verweilte auch ein Direktimporteur bei uns, der weitere sonnengereifte Rohkost-Leckereien wie Avocados, Mangos, Sapote Blanco, Duriane, aber auch Nüsse und Oliven überwiegend aus Spanien zu fairen Preisen verkaufte. Das Sommer-Camp gönnte sich auch den Luxus, frische Bio-Kokosnüsse liefern zu lassen, was Groß und Klein sehr erfreute.

Ach ja, hier auch noch eine kurze Zusammenfassung für Interessierte was die Rohkost alles zum Essen anbietet und wie wir vorgehen:

- *Obst (über 40.000 Arten und Sorten weltweit) frisch und getrocknet*
- *Gemüse*
- *Wildkräuter*
- *Algen (Nori, Chlorella, Spirulina, etc.)*
- *Nüsse (in Wasser eingeweicht) und deren Rohmuse*
- *Saaten (Sesam, Hanf, Chia, etc.) und deren kaltgepressten Öle*
- *Sprossen*
- *Fermentationsprodukte (Sauerkraut, Cashewjoghurt, Tamari, Tempeh, etc.)*
- *Gewürze*

Die Auswahl in der Rohkost ist erstaunlich vielseitig, mindestens genauso wie die verschiedenen Bedürfnisse der Menschen dieser Welt. Entsprechend ist gerade für Rohkost-Neulinge die Herausforderung groß, für jede Lebensphase eine zufriedenstellende Zusammensetzung für den eigenen Körper und Geist zu finden. Jeder Rohkostweg ist anders und beinhaltet meist eine intensive sowie spannende Auseinandersetzung mit Lebensmitteln der reinsten Form. Mittlerweile gibt es eine sehr große Auswahl an wissenschaftlichen Studien und Erfahrungsberichten in Form von Literatur, Internetseiten oder Videos. Sehr zu empfehlen in diesem Zusammenhang sind die Webseiten-Projekte *Rohkost.ch* und *diethealth.info* der gemeinnützigen Stiftung für Gesundheit und Ernährung Schweiz, die eine breite Auswahl an Informationen bieten.

Wir sind bisher gut damit gefahren, uns vielseitig zu informieren, alles mal für eine Weile immer mal wieder auszuprobieren, dabei auf unsere Intuition sowie Körpersignale zu achten und mit Freude zu essen. Gerade zu Beginn unseres Lehrpfades hat uns die rohköstliche Verarbeitung in Form von Säften aus einem Slow Juicer, Smoothies und Cremes aus einem Hochleistungsmixer, aber auch Fermentation sehr geholfen, um gleich eine hohe Bekömmlichkeit und effiziente Nährstoffaufnahme zu erhalten.

Beim Rohkost-Camp haben wir uns oft einfach mit einem Korb voll mit frischem Obst und Gemüse auf die Wiese gesetzt. Wir haben dann alle drei nach Lust und Laune ohne großen Zubereitungs- und Abwaschaufwand gegessen, worauf wir Lust hatten. Herrlich, das werden wir wohl immer wieder mal machen! Andererseits hatten wir auch unsere Gaumenfreude durch die Zubereitung von exquisiten Gourmet-Rohkost-Gerichten, wie etwa einer Wildkräuter-Quiche oder einer Buchweizencreme. Hier die Rezepte dazu:

Wildkräuter-Quiche

Zutaten:
400 Gramm Wildkräutermischung aus Brennnesseln, Löwenzahn u.ä.
1-2 Avocados
1 Knoblauchzehe
3 EL Sojasauce
250 Gramm Mandeln (am besten über Nacht eingeweicht)
70 Gramm Leinsamen
3 EL Wasser
Gewürze nach Wahl
eine Hand voll Gänseblümchen oder anderer essbarer Blumen

Zubereitung:
1. Im Mixer die Mandeln und Leinsamen grob schroten und in eine Kuchenform umfüllen.
2. Wasser sowie 1 EL Sojasauce hinzufügen, vermischen und in die Kuchenform als Quiche-Boden mit 1 cm Rand-Höhe drücken.
3. Wildkräuter, Avocado, Knoblauch, Gewürze sowie 2 EL Sojasauce im Mixer pürieren und als Füllung auf den Quiche-Boden auftragen.
4. Mit essbaren Blumen dekorieren.

Buchweizencreme

Zutaten:
250 Gramm eingeweichter (mindestens 2 Stunden) oder gekeimter Buchweizen
100 Gramm Sesam (gerne auch eingeweicht) oder Tahin
300 ml lauwarmes (gefiltertes oder Quell-) Wasser
60 Gramm Carobpulver
je 3 EL Chiasamen und Hanfsamen
1 Banane (oder ohne wegen der Lebensmittelkombination)
5 bis 10 Datteln, je nach gewünschter Süße und Dattelgröße

Zubereitung:
1. Alle Zutaten in einem Mixer fein pürieren.
2. Optional mit Kokosraspeln, Rosinen, Gojibeeren u.ä. garnieren.

Das Rohkost-Sommercamp ist mittlerweile ein fest eingeplantes Sommerferien-Highlight für uns. Hier wurden auch schon die Grundsteine für unsere zukünftigen Vorhaben als Familienband gelegt. Bereits zwei Jahre zuvor hatten wir hier Elke und Sven kennengelernt. Als *Wild & Anders* haben sie sich vorgenommen, mit ihrer Musik die Menschen zu inspirieren. Sven hat Moto neue Entwicklungsmöglichkeiten für sein Gitarrenspiel aufgezeigt und somit seine Übungsbereitschaft gesteigert. Bei einem unplugged Live-Konzert durften wir miterleben, wie positiv und tiefgründig zugleich ihre Musik sein kann. Eines ihrer bekanntesten Lieder ist *Sei das Licht*. Es ist ein aufmunternder Mantrasong mit einer motivierenden Botschaft. Ein Lied, das gleich zum Mitsingen anregt. Die schnell einprägsamen Liederzeilen lauten wie folgt: *Sei das Licht, das Du bist. Lass es funkeln, lass es strahlen. Sei das Licht, das Du bist. Der Schleier fällt, erhelle die Welt!* Begleitet werden die zwei Nachwuchskünstler bei der CD-Version noch von der Querflöte. Für Lisa war das der erste Schritt bei ihrer Neuausrichtung als professionelle Musikerin. Übrigens, das Titelbild zu diesem Kapitel hat Elke gemalt.

Das Sommercamp hat uns somit auch auf musikalischer Ebene weitergebracht und wird sicherlich immer ein Ereignis sein, dass uns bei der Lebensorientierung helfen wird. Wir freuen uns, die wachsende Rohkost-Gemeinschaft jedes Jahr wieder zu sehen. Wir danken der bewundernswerten Sonja Watt für ihr motivierendes Engagement voller Liebe und Enthusiasmus mit der sie unsere Welt aufblühen lässt!

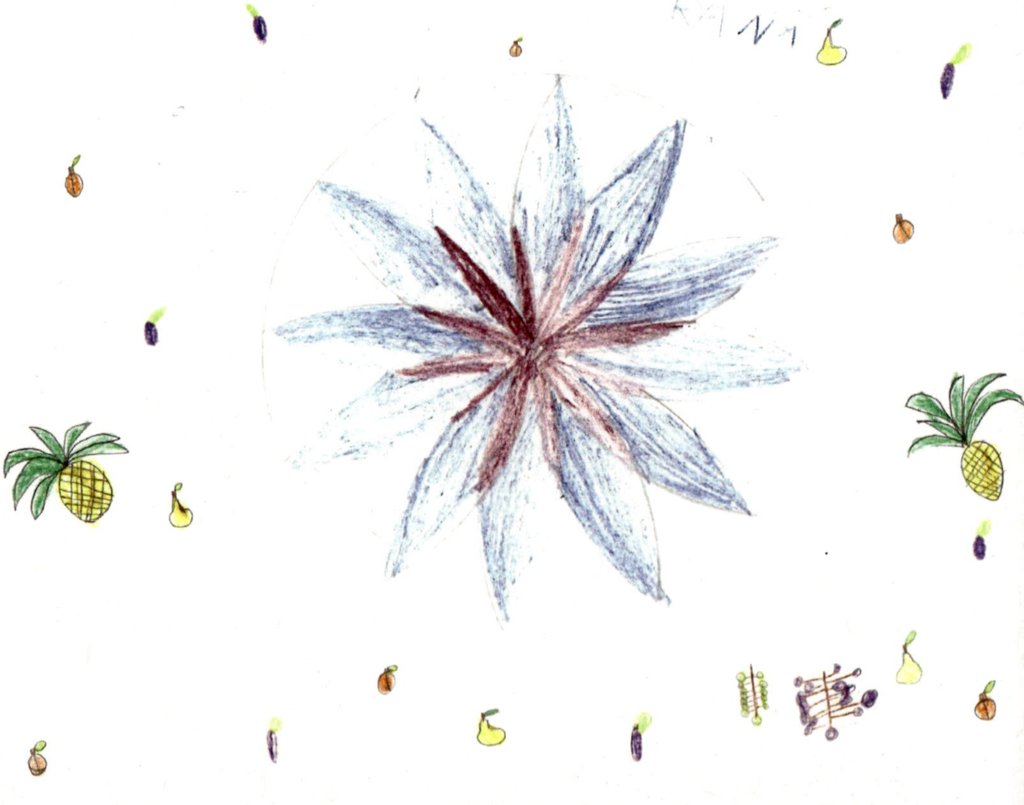

Wild entspannte Familienbande

Neben Ernährung und Bewegung ist auch die Regeneration ein wichtiger Faktor für eine langanhaltende Gesundheit. Mit der freien Marktwirtschaft haben sich in diesem Bereich viele kommerzielle Anbieter von Produkten oder Therapien aus den verschiedensten Bereichen entwickelt. Wellness ist hier das große Schlagwort. Aus Selbstversorgersicht würde es ja hierfür reichen, wenn man immer wieder Ruhepausen an der frischen Luft einlegt, meditiert, Entspannungsübungen aus dem Yoga betreibt, autogenes Training praktiziert, sich ein heißes Bad gönnt und/oder sich gegenseitig die Meridiane massiert, um etwaige Blockaden zu lösen. Da wir aber doch noch immer wieder mal gern in die verführerische Welt des Konsums eintauchen, haben wir aus einer dieser Exkursionen eine Thermal-Akkupressurliege aus Korea mitgebracht. Im Prinzip ist es ein simples Gerät mit motorisierten Jadesteinrollen und Infrarotstrahlern, ausgestattet mit einem Körperscanner sowie diversen Anwendungsprogrammen integriert in einer gepolsterten Liegefläche. Nun muss man auch sagen, dass die Anbieter dieses Gerätes ein fast unverschämtes Marketingkonzept betreiben, wofür man sehr viel Vertrauen in sein eigenes Produkt haben muss. In einer unscheinbaren Ladenecke von Bockenheim ermöglichen sie allen interessierten Menschen ihr medizinisches Produkt aus dem Hochpreissegment täglich für 40 Minuten kostenlos zu testen. Wir nutzten diese Gelegenheit, waren 3 ½ Monate lang fast täglich dort und ließen es uns gutgehen. Yasu erfreute sich dort großer Beliebtheit bei den von uns liebgewonnen Mitarbeitern sowie gutgelaunten Stammkunden. Von der fürsorglichen Mitarbeiterin Frau Park erhielt er stets eine mütterliche Sonderbetreuung. Ziemlich begeistert von diesem großzügigen Rundum-Wellnesspaket betrieben wir auch viel Mund-zu-Mund-Propaganda für diesen Laden. Dies dürfte ziemlich im Sinne dieses gewitzten Marketing-Erfinders gewesen sein. Wenn wir nicht zufällig zu dieser Zeit eine Steuerrückzahlung in Höhe des Kaufpreises erhalten hätten, wären wir vielleicht immer noch fleißige Besucher dieser Institution. So entschlossen wir tatsächlich das Geschenk des Universums anzunehmen und ließen uns die Liege nach Hause liefern.

Zeitweilig stellte sich eine Grundsatzfrage zu unserem angestrebten Selbstversorgertum. Wir waren uns im Unklaren, ob wir mit dieser technischen Errungenschaft nicht etwas von unserer Eigenständigkeit verloren hatten. Ein Stück weit hatten wir uns mit dem Erwerb dieser Liege von unserer Idealvorstellung, weitgehend ohne technische Hilfsmittel auszukommen, entfernt. Aber wir haben gelernt auch mit solchen Unstimmigkeiten umzugehen. Und wenn wir ehrlich sind, tummeln sich noch einige Helferlein bei uns in der Wohnung. Angefangen von Standardgeräten wie Kühlschrank und Staubsauger, haben wir auch diverse Rohkost-Zubereitungs-Geräte, eine sprechende Wasserfilteranlage, einen Dörrautomaten und einen Wasserkocher mit verschiedenen Temperaturstufen. Wenn wir das passende Ersatzteil finden, hätten wir auch eine funktionsfähige Waschmaschine. Zuletzt haben wir auch eine Spülmaschine von Lisas Stiefschwester geschenkt bekommen, was uns schon bei diversen Potlucks und Familienbesuchen den Abwasch erleichtert hat. Die Geräte, die wir haben, werden gepflegt und genutzt. Wir sind immer wieder dankbar für diese technische Unterstützung.

So nutzen wir auch ungezwungen die Liege weiter regelmäßig. Insbesondere nach einer anstrengenden Gartenarbeit sind wir besonders froh, diese einfach durchführbare Regenerationsmöglichkeit zu haben. Um den Entspannungseffekt vollends zu optimieren, haben wir uns noch in der integrierten Sound-Anlage allerlei Audio-Material drauf geladen und lassen uns auch akustisch verwöhnen. Für unsere Klangmassage haben wir eine breite Themenauswahl, angefangen von Tiefenentspannung, Meditation, Chakraöffnung bis hin zur erdenden 432 Hertz-Musik, wie etwa von *Wild & Anders,* unseren lieben Musikerfreunden Elke und Sven aus Altmorschen. Nichtsdestotrotz achten wir darauf, dass wir unsere gegenseitigen Massage- sowie Kuscheleinheiten nicht vernachlässigen. Sollte diese recht robuste Maschine dann doch irgendwann ihren Geist aufgeben, werden wir vielleicht unser Vorhaben aus früheren Zeiten von einer Shiatsu-Kurs-Teilnahme für Paare realisieren und Yasu einen Eltern-Massage-Kompaktkurs finanzieren. Bis dahin wird sie uns sicher noch gute Dienste leisten. Die Liege erfreut sich mittlerweile großer Beliebtheit bei unseren Freunden und Verwandten. Sowohl Tages- als auch Übernachtungsgäste verbinden einen Besuch bei uns öfters mit einer willkommenen Massagekur. So wie auch unser folgender Familienbesuch aus Südfrankreich.

Am Ende der ersten Sommerferien von Yasu konnten wir nun auch die letzten Ecken unserer Vier-Zimmer-Wohnung optimal ausnutzen. Motos Bruder Muzius mit seiner Frau Sandra, den zwei Kindern Kyana und Eryne sowie den zwei Hunden Tao und Angie, hatten sich wieder mal auf den Weg gemacht, quer durch Deutschland zu reisen. Bei ihrem mehrtägigen Zwischenstopp bei uns hatten wir eine Riesengaudi. Wir haben die Spielplätze der Umgebung unsicher gemacht, am Bahnhof gemeinsam musiziert und Yasu wurde mit Extra-Kuschel-und Knuddel-Einheiten beglückt.

Die Treffen mit dieser wilden Familienbande sind immer ein besonderes Highlight für uns. Mindestens einmal im Jahr fahren wir zu ihnen oder sie kommen zu uns. Kyana und Eryne waren schon von Geburt an energiegeladene Wildlinge. Sowohl zur Freude als auch zum Leidwesen von Onkel Moto können sie sich besonders gut und gern mit ihm richtig austoben. Sandra und Lisa sind so ziemlich genau einer Wellenlänge und können, angefangen von Gartentipps bis hin zu den Eigenarten ihrer verbrüderten Männer, über alles reden. Mit dem politisch vertrauten Muzius kann Moto sich stundenlang über die aktuellen Themen moderat austauschen, aber auch hitzige Diskussionen führen. Und die zwei Hunde sind einfach da und wachen mit ihrem guten Gemüt über unser harmonisches Familienbeisammensein.

Wenn man bedenkt, dass Motos Familie lange Zeit nur aus seiner Mutter und ihm bestand, war es dann ein wundervolles Ereignis beim gemeinsamen Familienessen am Kahler See. Hier saßen zum ersten Mal sechs Erwachsenen sowie drei Kinder vergnügt am Tisch. Wie so oft in unserer Familiengeschichte hatten Verkettungen von Missverständnissen sowie falsche Annahmen zu ungewöhnlichen Familienverhältnissen geführt. Muzius wurde im Schlepptau seines Vaters als Einjähriger von seiner Mutter getrennt. Viele Jahre wuchsen die beiden Brüder, ohne sich zu sehen, jeweils als Einzelkinder auf. Erst als Muzius 17 Jahre alt wurde, gab es das langersehnte Wiedersehen. Umso herzlicher und vertrauter ist seitdem das Verhältnis von Moto und seinem Bruder, die so oft wie nur möglich die Zeit gemeinsam verbringen.

Ein paar Tage zuvor hatte Lisa ihren letzten Auftritt mit ihren Freundinnen vom *Flötenspektakel*, unserem Lieblings-(Hochzeits-)Querflötenensemble, bei *Musik im Park* in Rumpenheim. Nach rund 10 unvergesslich schönen, lehrreichen Jahren begann ein neuer musikalischer Abschnitt fern des Übens und Einstudierens. Spontane Klänge, gemeinsames Improvisieren und fröhliches Beisammensein kennzeichneten seitdem ihre Idee von Musik. *Om* singen im Kreis, miteinander Atmen, sich anbinden und Melodien empfangen, gemeinsam im Hier und Jetzt sein, Klangteppiche weben, Familienband – all das und noch mehr erfüllt sie mit Freude.

ばあ！ ばあ！

FRÖHLICHE NACHRICHTEN

Das folgende Kapitel ist ein sogenanntes Flickenteppich-Kapitel. Ursprünglich entstammt dieser Teil einer Rundmail, welche wir unserer Familie sowie Freunden kurz nach dem „Lockdown“ verschickt hatten, um etwas mehr Heiterkeit in die damals ansonsten sehr von Verunsicherung geprägte triste Nachrichtenlage zu bringen. Gut möglich, dass wir mit unserer vermeintlichen Unbekümmertheit manch eine, auch wenn unbeabsichtigt und auf andere Weise, noch mehr verunsichert haben. Schaut mal selbst, wie die folgenden bunt zusammengestückelten fröhlichen Nachrichten-Häppchen auf euch wirken.

Zuvor kommt aber noch eine weitere wichtige Anmerkung. Wir haben im Buch mal hier mal da nur die weibliche oder nur die männliche Form verwendet, obwohl wir beides meinten. Zum Zwecke der Leserlichkeit, aber auch für unsere Zeitoptimierung haben wir das so belassen. Wir weisen hiermit ausdrücklich darauf hin, dass wir mit unserem Buch kein Geschlecht über das andere setzen wollen. Gender spielt im Prinzip keine Rolle für uns. Yasu kann sich seine Kleider und Spielzeuge auswählen, so wie es ihm gefällt. Es gab Phasen, in denen er gern ein Affen-Köstum wie ein Kleid getragen hat, weil es ihm gemütlicher war und es auch noch den Vorteil hatte, damit besser im Stehen pinkeln zu können. Gleichzeitig spielte er unheimlich gerne mit dem Akkubohrer, um damit Verunreinigungen am Boden zu entfernen. Natürlich immer nur dann wenn Papa den gerade für die Ausbesserungen im Garten brauchte. Unser Umgang mit gesellschaftlichem Gendering wird sicher auch ein Thema sein, worüber wir irgendwann mal mehr berichten werden.

So, das war es mit den Hinweisen. Wir wünschen euch jetzt viel Spaß bei der weiteren Lektüre!

Mit Beginn des neuen Schuljahres 2019 in Hessen bis zur vorzeitig vorordneten unterrichtsfreien Zeit vor den Osterferien 2020 konnten wir einige prägende Erfahrungen sammeln. Unter anderem hatten wir wieder eine sehr lehrreiche Windelfrei-Phase von Yasu erlebt, hatten unsere Nährstoffversorgung optimal erweitert, indem wir tiefer in die Kunst des Fermentierens eingetaucht waren und konnten mittels diverser Methoden uns auf geistiger, körperlicher sowie seelischer Ebene weiterentwickeln.

Windelfrei ist in unserem Fall ein klassischer Fall von „nicht immer, aber immer öfter!“. Yasu war bis dato nicht immer windelfrei, oft hat er eine Stoffwindel getragen, manchmal auch eine Wegwerfwindel. Wenn er keine Windel anhatte, hat er nicht immer vorzeitig signalisiert, dass er mal müsste, oft mussten wir Pipi vom Laminat aufwischen, manchmal auch einen nassen Teppich waschen und bei ganz wenigen Fällen (ca. 10 Mal) landete Kaka auf dem Boden statt ins Waschbecken. Aber wir wurden immer wieder von Yasu ermutigt, weiter am Windelfrei-Konzept festzuhalten. Bis auf eine einwöchige Trotzphase (Mitte Januar 2020/ 14. Monat), in der Yasu sich nicht abhalten lassen wollte, hat er uns stets eindeutige Signale gegeben, so dass er seine großen Geschäfte windelfrei erledigen konnte. Trocken gebliebene Nachtwindeln und kleine Geschäfte ins Töpfchen mit vorzeitiger „Pipi!"-Ankündigung häuften sich immer mehr. Wir konnten da schon sagen, dass sich das intensive Auseinandersetzen mit dem Windelfrei-Konzept für uns gelohnt hatte. Etliche Kilo an Wegwerfwindeln wurden eingespart und auch das Waschen der Stoffwindeln hielt sich in Grenzen. Wir hatten auch keine Geruchsprobleme. Sobald Pipi auf einer Stoffunterlage landete, achteten wir darauf, dass es schnell und gut trocknen konnte. Die nassen Stoffwindeln wurden gleich im Freien wie etwa auf unserem Balkon aufgehängt. Teilweise konnten wir die Windel so auch ohne zu waschen wiederverwenden. Praktisch war das z.B., wenn wir einen Ausflug gemacht haben und zu wenig Windeln dabei hatten. Wir hängten dann bei einer Rast die nasse Windel in die Sonne. Der beißende Uringeruch entsteht nur, wenn der nasse Stoff längere Zeit ungetrocknet bleibt. An dieser Stelle möchten wir uns ganz herzlich bei Griseldis von Windelfrei-Frankfurt bedanken, die uns in jeder Windelfrei-Phase fachkundig unterstützt hat. Ihre Kurse sind sehr empfehlenswert!

Wir haben auch tolle Erlebnisse mit Baby-Signalen gemacht. Seitdem wir den Kurs besucht und das Erlernte immer wieder angewendet haben, hat Yasu seinen Handzeichen-Schatz stetig erweitert. Wir zählten zu dieser Zeit rund zwanzig Handzeichen wie etwa „Milch", „nochmal", „Katze" oder „hurra". Wie beim Windelfrei-Konzept lohnt es sich bei der Anwendung von Baby-Signalen beharrlich zu bleiben. Mittlerweile kombiniert Yasu viele der gesprochenen Worte mit den entsprechenden Handzeichen und ermöglicht es uns ihn besser zu verstehen. Damit er später mal weiß was seine ersten 100 Wörter waren, hatten wir auch angefangen seine gesprochenen Wörter aufzuschreiben.

Für unseren Speiseplan hatte unser guter Kumpel Sascha uns neue Perspektiven im Rahmen der rohköstlichen Ernährung eröffnet. Mit seiner Aussage: „Fermente sind wie Nährstoff-Atombomben!" hatte er unsere Neugierde für Sauerkraut und Co. geweckt. Wir wussten zwar vorher schon, dass Fermentiertes gut für die Verdauung ist, aber uns war nicht bewusst, wie sehr man damit auch die Nährstoff-Versorgung optimieren kann. Gerade in der Winterzeit mit wenigen Wildkräutern sind Fermente perfekte Sattmacher und Energielieferanten. Fermentation hat eine lange Tradition und ist sehr abwechslungsreich im Geschmack. Die Zubereitung ist oft sehr simpel. Wir haben mit klassischem Sauerkraut angefangen: 1 kg Weißkohl fein schneiden, 10-15 Gramm Salz dazugegeben, ordentlich aber liebevoll mit den Händen durchkneten, in ein Glas-Gefäß hinein pressen, so dass der Saft nach oben quillt, mit einem Weißkohlblatt fest zudecken, Gewicht drauf und dann ein paar Tage stehen lassen. Später haben wir herausgefunden, wie man auch ohne Salz unkompliziert fermentieren kann. Wie Pflanzen mögen die Fermente es auch, wenn man ihnen täglich etwas Aufmerksamkeit schenkt. Wir schauen immer wieder mal nach, wie sich unsere Fermente entwickelt haben.

Im Laufe der Zeit haben wir uns viele grundlegende Informationen zum Fermentieren besorgt. Wir haben uns aus der *Stadtbibliothek Frankfurt* einige Bücher ausgeliehen und im Internet bei verschiedenen Fermentations-Spezialisten vorbeigeschaut. Relativ schnell hatte sich dann unser Repertoire erweitert. Da die Zubereitung an sich kinderleicht ist und Freude bereitet, probiert man immer mal was Neues. Mittlerweile tummeln sich alle möglichen Fermente bei uns wie etwa Kombucha, Dinkel-Keimling-Trunk, Cashew-Joghurt, Erdnuss-Creme, Rejuvelac, Kimchi, Chilisauce und Ginger Beer. Da durch die Fermentation auch gekochte Bohnen mit wertvollen Nährstoffen wiederbelebt werden, stellen wir unser eigenes Natto und Tempeh aus schwarzen Bohnen her. Die hilfreichsten Informationen und Rezepte findet ihr am Ende dieses Buches im Bonusmaterial: *Fermentieren nach Lust und Laune*.

Passenderweise hatte es die bereits 2016 ins Leben gerufene Biovegane SoLaWi *Guter Grund e.V.* nach vielen Bemühungen geschafft, einen Bio-Bauern zu finden, der sich bereit erklärte, einen Hektar an den Verein zu verpachten. Dieser wird durch die beim Verein angestellten Gärtnerinnen und Gärtner nach bioveganen Prinzipien mit rein pflanzlichen Düngemitteln bewirtschaftet. Die Vereinsmitglieder werden mit frischem Obst und Gemüse beliefert. Hierfür erhält er monatlich ein gesichertes faires Einkommen und tatkräftige Unterstützung von engagierten Mitgliedern. Mit viel Vorfreude erhielten wir dann unsere ersten Lieferungen von Kartoffeln und roter Bete rund um Ostern. Wir fermentierten diese gleich zu Kartoffelsalat sowie rotem Kimchi. Yasu probiert immer mal von allem etwas. Wir durften dabei schon allerlei an amüsanten Gesichtsausdrücken beobachten. Cashew-Joghurt mit Granatapfelkernen war bis dato sein Favorit. Am allerliebsten trank er aber noch an Mamas Milchbar.

Eine weitere Maßnahme, die unser körperliches Wohlbefinden steigern konnte war ein Profi-Vibrationsgerät, das wir uns zwei Wochen lang von David aus der Frankfurter Rohkosteria ausleihen durften und welches wir dann auch recht intensiv genutzt haben. Das brachte unseren Organismus inklusive unserer Verdauung ordentlich in Schwung. Seitdem wurde uns auch wieder klar, wie wichtig Bewegung für unsere Gesundheit ist. Wir achteten wieder mehr darauf, lange Sitzpausen zu vermeiden und den Alltag so aktiv wie möglich zu gestalten.

Wie einflussreich das Sprechen und Denken für unsere geistige und seelische Entwicklung ist, wurde uns durch die Lektüre von *Gewaltfreie Kommunikation* von Marshall B. Rosenberg und *Die vier Versprechen* von Miguel Ruiz bewusst. Alles was wir sagen, bildet die Grundlage dafür, wie wir die Welt gestalten. Alles was wir denken, bildet die Grundlagen dafür, wie wir die Welt wahrnehmen. Es fällt uns zwar noch immer nicht leicht, aber wir versuchen den vier Versprechen entsprechend

- *stets achtsam mit unseren Worten umzugehen,*
- *nichts was man uns sagt persönlich zu nehmen,*
- *keine voreiligen Annahmen zu treffen und*
- *jeden Tag unser Bestes zu geben ohne uns zu überfordern.*

Wir können jetzt auch viel besser verstehen, warum Menschen so unterschiedlich auf bestimmte Situationen reagieren. Jeder sieht die Welt anders und agiert entsprechend. Das gehört zum Erdendasein dazu und macht dessen Vielfältigkeit aus. Für uns ist mittlerweile das Glas immer mindestens halbvoll, mit zum Beispiel leckerem Kokoswasser. Wenn wir einen anstrengenden Gartentag erlebt haben, erfreuen wir uns an der Menge Müll, die wir wieder entfernen konnten und sehen es mit Gelassenheit, dass wir überhaupt so viel Altlasten mitgeerbt haben. Mit dieser Einstellung schreiben wir auch unsere Geschichten. Jeder wird die Inhalte dieses Buches anders aufnehmen. Wir werden immer offen sein für Feedback und werden uns stets Mühe geben, etwaige Unklarheiten oder gar Missverständnisse zu bereinigen. Wie Miguel Ruiz es empfiehlt, haben wir es uns angewöhnt nichts persönlich zu nehmen und keine Annahmen zu treffen. Wir wollen immer achtsam mit unseren gesprochenen sowie geschriebenen Worten sein und wollen unser Bestes geben. So halten wir uns soweit wie möglich an die Regeln der gewaltfreien Kommunikation und

- *beobachten, ohne zu bewerten*
- *fühlen in uns hinein*
- *erkunden unsere Bedürfnisse*
- *und drücken unser Anliegen in Form einer konkreten Bitte aus.*

Dass diese Art zu kommunizieren viel Übung bedarf und trotzdem oft vergessen wird, erleben wir tagtäglich. In uns stecken noch viele Emotionen, die wir insbesondere in der Kindheit aus diversen Gründen nicht ausleben konnten. Wann immer möglich nutzt unsere Psyche die Gelegenheit diese raus zu lassen. Wut und Ärger sind dann diejenigen, die uns besonders leicht in die alten Kommunikationsmuster zurückfallen lassen. Wenn beispielsweise Yasu etwas anstellt, was wir als Eltern in diesem Moment nicht so passend finden und das auch noch öfters in kurzer Zeit passiert, dann kann es passieren, dass der Stresspegel ansteigt und die zuvor genannten Emotionen ihren Weg bis in die Zungenspitze finden. Da kann es schon mal passieren, dass der eine Elternteil zum anderen Elternteil Dinge auf eine Art und Weise sagt, die dem anderen dann nicht so gefällt. Das eine führt zum anderen und während Yasu weiter unbekümmert seine Dinge anstellt, führen Mama und Papa plötzlich eine Grundsatzdiskussion fernab von gewaltfreier Kommunikation. Friede, Freude, Ei-Ersatz-Kuchen ist dann nicht mehr. Aber wir haben gelernt damit umzugehen. Solange wir uns keine Schuld zuweisen, weder uns selbst noch dem Partner, und unsere Emotionen annehmen wie sie kommen, befinden wir uns auf dem richtigen Weg. Bis zur vollkommenen Gelassenheit werden bestimmt noch einige unpassende Worte fallen oder die Tonarten vergriffen sein, aber wir werden es mit Humor nehmen.

Wir denken, dass das tägliche Üben der gewaltfreien Kommunikation eine gute Vorbereitung für die weitere Entwicklung von Yasu sein wird, wenn er bald anfängt seine ersten Sätze zu sprechen. Immer öfter merken wir, dass wir damit die großen Konflikte untereinander sowie mit anderen Mitmenschen vermeiden können. Im Idealfall ziehen wir uns kurz zurück sobald eine negative Emotion hochkommt, atmen tief ein und aus, überdenken die Situation und wenden dann die gewaltfreie Kommunikation an. So konnten wir schon viele unserer Gefühlsausbrüche in ein konstruktives Gespräch umwandeln.

2019 waren wir bei einem Vortrag von Tassilo Peters in Eschborn, der sich auf die gewaltfreie Kommunikation mit Kindern spezialisiert hat. Seit seinen motivierenden Erklärungen hängt bei uns dieses Familiengrundgesetz an der Pinnwand: „Jeder in der Familie hat das Recht, sich wohl zu fühlen. Wenn das nicht der Fall ist, sind alle bereit, sich gegenseitig zuzuhören, darüber zu reden und Lösungen zu finden, die für alle okay sind."

Um auch mit uns selbst besser kommunizieren zu können und den Einklang von Körper, Geist und Seele zu finden, haben wir uns intensiver mit den Themen Intuition sowie Sensitivität auseinandergesetzt. Wir wollten wissen, wie man leichter erkennt, was wir eigentlich wirklich wollen. Hierfür haben wir uns näher mit dem *Seelen-Navigator* von Angelika Gulder beschäftigt und uns den Film *Die Übersinnlichen* von Thomas Schmelzer angeschaut. Die kurzweiligen Übungen aus dem *Seelen-Navigator* sind hilfreich um herauszufinden, warum wir überhaupt auf diese Erde gekommen sind und mit welcher Intention wir unsere Eltern ausgesucht haben. *Die Übersinnlichen* erzählen recht verständnisvoll und glaubwürdig über ihre Erfahrungen mit ihren Fähigkeiten und ermutigen uns, selbst unseren „sechsten Sinn" wieder zu entdecken. Einen sehr hilfreichen Tipp haben wir dabei von Sabrina Fox erhalten. Sie beschreibt die Intuition als die Stimme in uns, die immer wieder mal etwas Ungewöhnliches von uns fordert, ohne aufdringlich zu sein. Je gelassener und entspannter wir sind, desto klarer können wir diese Stimme wahrnehmen. Folgen wir unserer Intuition, gehen wir auch unseren angedachten friedvollen Seelenweg.

Wir haben jetzt schon viele Entscheidungen intuitiv getroffen und haben dabei sehr signifikante positive Veränderungen in unserem Leben wahrgenommen. Eine dieser Eingebungen hatte uns zu einem Bücherschränkchen am Merianplatz geführt, wo wir ein Büchlein von Elisabeth Kübler-Ross entdeckten und so mehr über ihre Forschungen zu Nahtod-Erlebnissen erfahren konnten. Alle ihre Ausführungen verdeutlichen, was für ein besonderer Moment der Tod für die Seele ist. Egal wie man stirbt, der Tod ist ein friedvolles Ereignis, das jeder von uns erleben darf. Deshalb konnte Moto auch den schwer fassbaren Tod einer seiner Schüler bei den tragischen Vorfällen in Hanau ohne Missmut oder Groll akzeptieren und seine Arbeit mit der betroffenen Klasse gewissenhaft sowie mit vollstem Respekt für den Verstorbenen sowie dessen Familienangehörige fortsetzen. Wir sind gewiss, dass auch all die Opfer von solchen und anderen erschreckenden Gewaltakten einen im jeden Sinne würdevollen Seelenweg zurück in ihre spirituelle Heimat voller Sanftmut und Güte erleben dürfen. Mit diesen Erkenntnissen fällt es uns leichter in jeder Situation besonnen zu bleiben und gleichzeitig unser Bestes in diesem wundervollen Erdendasein zu geben.

So beenden wir dieses Kapitel mit einem Zitat von Ghandi: *Lebe, als würdest Du morgen sterben. Lerne, als ob Du ewig leben solltest.*

DEINE WUR
FÜR ZUH

Oh, wie schön ist
Offenbach!

Zaunpfahl aus Indien

Oh, wie schön ist Offenbach-Bürgel! Wir waren mit Fahrrad und Bahn in entfernte Tarifgebiete des RMV-Verkehrsverbundes gereist, um ein geeignetes Grundstück für unseren Permakultur-Waldgarten zu finden. Wie bereits berichtet, dachten wir dieses in Mittelgründau gefunden zu haben. Wir haben all unsere Ersparnisse dafür hingeblättert und sind nun stolze Besitzer eines privaten Luxusnaturschutzgebietes, auch wenn die Nutzungsrechte recht bescheiden sind. Wir sind aber auch um einige Erkenntnisse reicher.

Wie ein Tiger und ein Bär samt getigerter Ente, aber vielleicht auch wie unzählig gesundgebliebene Quarantäner, stellten wir, Mama, Papa, Kind und eine rote Ente, fest, dass man gar nicht so weit reisen muss, um etwas Besonderes zu erleben. In unserem Fall war das Glück nur zehn Minuten Fußweg von Zuhause entfernt.

Bereits vor unserem Sofort-Kauf in Mittelgründau hatte uns Lisas Stiefvater ein 1.700 qm großes Gartengrundstück in Offenbach-Bürgel zur freien Verfügung angeboten. Damals war uns aber nicht bewusst, was man mit so einer Fläche alles anfangen kann. Wir waren noch zu sehr auf einen Hektar fixiert gewesen. Zudem hatte sich auf dem Grundstück ziemlich viel Müll angesammelt. Später nachdem wir den Film *Tomorrow – Die Welt ist voller Lösungen* von Cyril Dion und Mélanie Laurent gesehen hatten, wurde uns klar was man sogar mit noch weniger Fläche alles anstellen kann. Perrine und Charles Hervé-Gruyer bewiesen im Film beeindruckend, wie man mit viel Geduld und Hingabe ein 1.000 qm Brachland in ein kleines Paradies umwandeln konnte. Nachdem wir auch noch eine Wohnung in Offenbach-Bürgel erhielten, nutzten wir eine zweite Chance und nahmen das Angebot vom Stiefvater Anfang 2019 dankbar an.

Nun muss man erwähnen, dass unser neu gepachteter Garten vor gar nicht allzu langer Zeit eine inoffizielle Mülldeponie darstellte. Einen Teil hatte der Vorpächter schon entfernen können, aber im Boden findet man immer wieder Erstaunliches, wie Ruinen aus dem letzten Jahrtausend, Glasscherben wo man sich nur bückt, alte Polaroidfotos, Autoteile, besonders Scheibenwischer, allerlei Spielzeug oder gar ein ganzes Besteckset (gut verteilt, versteht sich). Außerdem steht dort noch ein schrottreifer Wohnwagen, in dem ein polnischer Gastarbeiter lebt, der kaum Deutsch spricht und dem es schwer fällt eine neue Bleibe zu finden. Wir fanden die besten Bedingungen für besonders viel Arbeit vor. Hinzu kam noch, dass wir 2019 wieder angefangen hatten an allerlei regelmäßigen sozialen Aktivitäten teilzunehmen, sodass wir in unserer Freizeit gut ausgelastet waren. Wir schauten zwar immer wieder im Garten rein, aber fanden nicht die richtige Motivation mit unseren ersten Gartenarbeiten anzufangen. Wer weiß, wie das bei uns weitergegangen wäre, wenn nicht abrupt alle Vereine und sozialen Einrichtungen ihre Angebote eingestellt hätten. Wir wären dann wohl weiter fleißig zum Babyschwimmen, zur Musikkrabbelgruppe, zum Eltern-Kind-Turnen, zur Fitness, in die Sauna, zum Fußball, zu Potlucks usw. gegangen, um ja nichts zu verpassen. Aber plötzlich hatten wir nichts mehr zu verpassen. Wie ein Rundumschlag mit dem Zaunpfahl, hatte uns das Universum darauf hingewiesen, dass wir ja noch was vorhatten. Rund ein Jahr nach Pachtbeginn setzten wir den ersten Spatenstich in unserem Garten.

Was seitdem alles passierte, erstaunt uns immer noch. Tagtäglich verändert sich der Garten Stück für Stück, Quadratmeter für Quadratmeter und nimmt permakultige Formen an. Fast jedes Mal, wenn wir im Garten sind, graben wir schubkarrenweise Schutt und Müll aus dem Boden, erschaffen aber gleichzeitig schöne kleine Fleckchen auf unserem Garten-Flickteppich. Wir haben mehrere neue Beerensträucher gesetzt und Erdbeeren gepflanzt. Eine großflächige Kompostecke wurde freigeräumt und zwei Hügelbeete geschaffen. Eine Ruhezone mit Hängematte und Naturschlafplatz gibt es auch schon bereits. Provisorisch wurde eine ansehnliche Komposttoilette eingerichtet.

All das und noch einiges mehr konnte schon innerhalb der ersten vier Wochen realisiert werden, weil wir sofort Unterstützung von den verschiedensten Stellen erhielten. Unsere Gartennachbarin und Lisas Vater versorgten uns mit den wichtigsten Gartengeräten. Freunde und Eltern kamen spontan vorbei und legten Hand an oder gaben uns zumindest moralische Unterstützung. Als besonders tatkräftig erwies sich eine unverhoffte Hilfstruppe, die uns tatsächlich auch noch extra aus Indien eingeflogen wurde. Wir hatten das Vergnügen, dass sich Lisas Bruder, seine Freundin sowie deren Tochter dafür entschieden hatten, bei einer Rückholaktion der Bundesregierung, ihre angeordnete zweiwöchige Quarantäne bei uns zu verbringen. Sie waren zuvor für 7 Monate in Indien und Nepal unterwegs gewesen, um ihrerseits als alternative Familie neue Inspirationen zu finden und ihr Leben spirituell aufzuwerten. Als sie bei uns gesund und munter ankamen, hatten sie außer sehr delikaten Cashewkernen auch noch faszinierende und motivierende Berichte über nachhaltige Gemeinschaften mitgebracht. Sie hatten unter anderem längere Zeit in *Auroville* und *Sadhana Forest* verbracht.

Laut Umweltexperte David R. Browner steht *Auroville* für eines der wagemutigsten und hoffnungsvollsten Modelle, die möglich sind, wenn der menschliche Wille und spirituelle Geist sich in einer gemeinsamen Handlung einen. Bereits 1968 gegründet, leben dort derzeit etwa 2.500 Einwohner aus fast 50 Ländern. Es ist eines der größten fortlaufenden Ökodorf-Projekte weltweit und unsere neuen Mitbewohner waren mitten dabei. Unweit von *Auroville* befindet sich *Sadhana Forest* mit einer offenen Gemeinschaft, deren Hauptziel die Aufforstung von einheimischen Wäldern ist. *Sadhana Forest* gibt es in Indien bereits seit 2003 und weitere Aufforstungsprojekte existieren weltweit oder befinden sich in Planung. Wie alle Besucher erhielten Lisas Bruder und seine Familie dort täglich drei kostenlose, vegane Mahlzeiten. Sie gingen mit Gruppen von Freiwilligen los und pflanzten Bäume an oder pflegten den Wald. Sie erhielten dort viele nutzbare Hintergrundinformationen und leisteten ihren Beitrag für diese nachhaltige Entwicklungsarbeit.

Mit diesem tollen Erfahrungsschatz verweilten sie fast drei Wochen bei uns und wir machten die herzerwärmende Erfahrung eine Großfamilie zu sein. Ähnlich rohköstlich-vegan orientiert ergänzten wir uns perfekt bei der Zubereitung unserer üppigen Mahlzeiten und tauschten unsere Erfahrungen in der Vital-Küche aus. So hatten wir jeden Tag einen Mini-Potluck bei uns. Hübsch zurecht geschnittenes Obst und Gemüse, Rohkostbrote, Bärlauch-Pesto und andere Aufstriche sowie all unsere Fermentationskreationen wurden aufgetischt. Spontan wurden auch Neukreationen wie Zucchini-Flohsamen-Gnocchis oder Gummisüßigkeiten aus getrockneten Aprikosen gezaubert, die bei unseren Kindern helle Naschfreuden auslösten. Wir durften zusehen wie Yasu alles nachzumachen versuchte, was seine vierjährige Cousine so anstellte, die sich wiederum, wie eine große Schwester, immer wieder liebevoll um Yasu kümmerte und ihn unter ihre Fittiche nahm. So konnte Yasu schon erste Erfahrungen in Badminton, Jenga, Puzzeln und Mensch-ärger-Dich-nicht sammeln. Als eine große Lebensgemeinschaft waren wir dann oft im Garten und haben die Quarantäne in freier Natur genossen. Nebenbei packten unsere Mitbewohner kräftig mit an und wir sägten tote Bäume ab, gruben eine Wurzel samt Betonblock aus und pflanzten einen Goji-Strauch von Lisas Vater ein. Als besonderes Geschenk für Yasu grub sein Onkel einen Sandkasten aus, so dass die geliebten Eimerchen und Schaufelchen wieder zum vollen Einsatz kommen konnten. An den Feiertagen war der Osterhase sehr aktiv und versteckte allerlei oval-förmiges Obst wie Mangos,

Birnen oder auch eine Durian, welches ein Ei von einem Dinosaurier sein könnte, in unserem Garten, welche die Kinder mit großer Begeisterung suchten, fanden und verspeisten. Auch die Großeltern ließen es sich nicht nehmen ihre Enkelchen zu besuchen und brachten ihrerseits Geschenke mit, die der Osterhase bei ihnen versteckt hatte. Am Ostermontag haben wir dann noch bei Sonnenuntergang ein kleines Osterfeuer brennen lassen und einen wohltuenden Mantra-Singkreis gebildet. So durften wir in unserem Garten bereits zu Ostern ein sehr friedvolles Familienfest voller Herzlichkeit und Besinnlichkeit erleben.

Mittlerweile dürften unsere Ex-Quarantäner sich wieder in ihrem eigenen Garten in Berlin befinden oder schon auf der Suche nach einem größeren Stück Land sein, auf dem sie ihrerseits eine neue Existenz als Selbstversorger erblühen lassen wollen. Unabhängig von uns, hatte sich diese Idee bei ihnen bereits in Indien entwickelt, wo sie von vielen bereits realisierten Selbstversorger-Projekten inspiriert wurden. Wir sind sehr gespannt wo und was sie finden werden und welche Geschichten sie dann erzählen werden. Und es sieht so aus, das immer mehr Menschen anfangen auf ihre eigene Art und Weise sich in dieselbe Richtung zu bewegen. Viele unserer Bekannten und Freunde haben mit der Grundstückssuche begonnen oder sind schon fleißig beim Gestalten. In unserer Umgebung haben schon die meisten ihre lange vernachlässigten Gartengrundstücke wiederentdeckt und wie wir in relativ kurzer Zeit wieder aufgewertet. Bei unseren Spaziergängen sehen wir kontinuierlich die positiven Veränderungen in unseren Nachbargärten und lernen immer mehr die dazugehörigen gutgelaunten Besitzer kennen, mit denen wir Gartentipps austauschen und ein freundschaftliches Verhältnis aufbauen können.

Zwei dieser besonders gutgelaunten Gartenbesitzer sind Traudel und Olov, die quasi schon alles erreicht haben, auf das wir noch hinarbeiten. Sie leben in einem herrlichen Selbstversorgergarten mit einem großräumigen gemütlichen Holzhaus und wunderschönen Rosen. Sie haben ihren Nachwuchs mit ganz viel persönlicher Fürsorge sowie Verbundenheit zur Natur heranwachsen lassen. Ihre vier Kinder sind gesund, selbstbewusst und eigenständig. Thomas, der Jüngste, pflegt fachmännisch sein eigenes Beet bei den Eltern und ist ein ganz aufgeweckter Waldorfschüler sowie Klavierspieler. Seine drei älteren Geschwister erkunden gerade die Erwachsenenwelt auf ihre besondere Art und Weise. Einmal als angehender Orgelbauer, einmal als Hebamme und einmal als gelernter Öko-Landwirt sowie junger Vater von zwei Kindern. Traudel und Olov verleben nun ein aktives glückliches Großelterndasein. Genauso wie wir, hatten sie in ihrer Familiengründungsphase angefangen ihr Grundstück von Altlasten zu befreien, um der Erde wieder Luft zum Atmen zu geben. Unser Wunsch in einer größeren Gemeinschaft zu leben, in der alle sich gegenseitig helfen und wertschätzen, die gleichen Interessen für den Aufbau sowie Erhalt des natürlichen Lebensraumes pflegen und in der die optimalen Bedingungen für die persönliche Potentialentwicklung jedes Einzelnen gegeben sind, scheint sich schneller als erwartet zu erfüllen.

Mag sein, dass all die positiven Veränderungen in der Gesellschaft, von denen wir in diesem Buch berichten, relativ gesehen noch sehr gering sind. Aber gerade hier ist es sehr hilfreich mehr auf die absoluten Zahlen zu achten. In unserer globalisierten Welt sind absolute Zahlen deutlich beeindruckender als relative Werte. Um eine optimistisch ausgerichtete Denkweise, wie wir sie praktizieren, zu fördern, ist es von Vorteil, bei allen besorgniserregenden Berichten sich die Prozentwerte zu verschaffen und genauer hinzuschauen. Bei motivierenden gesellschaftlichen Entwicklungen wiederum lohnt es sich, mehr die tatsächliche Anzahl zu betrachten und daraus neuen Mut zu schöpfen. Verständlicherweise tendieren konventionelle Medien dazu, ihre Berichterstattung eher nach dem umgekehrten Prinzip zu gestalten. So können sie ihren Nachrichtenkonsumenten etwas Beunruhigendes bieten und sie weiter in ihrem Bann halten. Noch wird auch gern und viel über erschreckende Einzelfälle diskutiert, bei denen etwas nicht geklappt hat oder schiefgegangen ist. Das aber in den meisten Fällen etwas gut gelaufen ist und sich viel Gutes weiterentwickelt, scheint viele Berichterstatter und deren Zuhörerschaft wenig zu interessieren. Vermutlich ist dieses Informationskonzept ein Überbleibsel aus früheren Zeiten, das gewitzte Häuptlinge und Medizinmänner entwickelt hatten, um ihre Arbeit zu erleichtern. Je mehr vermeintliche Gefahren und Unannehmlichkeiten die Untergebenen zu befürchten hatten, desto eher wurde ein Anführer akzeptiert, der sie vor den menschenfressenden Monstern beschützt und desto eher wurden die Anweisungen eines Fachmannes erhört, der die bösen Geister vertreiben kann. Solange die Häuptlinge und Medizinmänner glaubhaft die Sicherheit des Stammes gewährleisten konnten, waren dann auch die Untergebenen zufrieden mit ihrer Situation und wollten keine Veränderung. An sich ist das nichts Verwerfliches und ein probates Vorgehen, um ein gemeinschaftliches Leben zu verwalten. Die Frage ist nur, in wieweit damit die Potentialentwicklung einer ganzen Gesellschaft ermöglicht wird. Ob es nicht auch anders geht, wird sich zeigen, wenn immer mehr Menschen dieses demotivierende Muster erkennen und ihre persönliche Informationspolitik unabhängiger gestalten. Mittlerweile werden viele unabhängige Studien durchgeführt und viele statistische

Daten stehen der Allgemeinheit zur Verfügung, so dass es einfacher ist, sich seine eigene fundierte Meinung zu bilden.

Die relative Betrachtung von Negativereignissen ermöglicht einem auch die tatsächliche Gefahr für einen Selbst sowie für die Gesellschaft besser einschätzen zu können und zu erkennen, dass viele der suggerierten Sorgen unbegründet sind. Deshalb sind Wahrscheinlichkeitsrechnungen ein beliebtes Thema in Motos Mathematikunterricht. Je mehr Menschen sich so von ihren negativen Gedanken befreien können, umso mehr werden sie ihr eigenes Potential entfalten können. Ihre Kreativität wird wieder aufblühen und ihr Schöpfergeist kommt endlich zum vollen Einsatz. Gerade solche Menschen sind in einer nachhaltig orientierten Gesellschaft besonders gefragt und werden großzügig gefördert sowie entlohnt. Solche Entwicklungen können sehr schnell ein globales Ausmaß erreichen. Um damit die Massen zu erreichen bedarf es nur einer kleinen aber hochgradig ansteckenden Idee und einer beeindruckenden Medienkampagne mit spektakulären Einzelbeispielen. Aber so flott und radikal muss es gar nicht sein. Diese ganzen Veränderungen selbst durchzuführen und mitzuerleben ist im Grunde genommen viel erfüllender als nur das Endergebnis auf dem Präsentierteller serviert zu bekommen. Wir könnten alles im Garten von Spezialisten als auch Hilfsarbeitern durchführen lassen, uns zurücklehnen und abwarten bis alles für uns zurechtgemacht wurde. Aber wir genießen tagtäglich unser eignes Schöpfertum und erfreuen uns am Tun und Sein in unserem Paradieschen. Oft ist es nur ein Quadratmeter, den wir im Garten bearbeiten können, aber diese eine Tätigkeit erfüllt uns für den ganzen Tag. Wenn dies dann jeden Tag geschieht hat man plötzlich mehr erreicht als man zuvor gedacht hatte. So ist es auch auf der gesellschaftlichen Ebene. Die positiven Veränderungen finden Schritt für Schritt im Stillen statt. Das zeigen die stetig steigenden absoluten Zahlen der nachhaltigen Projekte und Unternehmungen. Wenn man genauer hinschaut findet man diese schönen Veränderungen auch schon im eigenen Umfeld, man muss nur die eigene Sichtweise den Gegebenheiten anpassen. Mit dieser Art die Dinge zu betrachten fällt es einem dann auch einfacher, gelassen und geduldig mit unseren Mitmenschen zu sein.

Erinnert Ihr Euch noch an *Momo*? Im Nachhinein betrachtet, hat uns dieses wundervolle Märchen von Michael Ende, dass wir als Kinder lesen durften so viele Weisheiten für unser Erwachsenwerden mitgegeben, dass wir nur dankbar sein können. Viele der Gedanken, die wir in diesem Buch niedergeschrieben haben, finden sich auch bei Momo und ihren Freunden wieder. Von Momo wissen wir, dass man Menschen allein schon dadurch glücklich machen kann, wenn man ihnen aufmerksam zuhört. Vom Beppo Straßenkehrer haben wir gelernt, bedacht mit unseren Handlungen sowie Worten zu sein, um einen befriedigenden Arbeitsalltag zu haben. Gigi Fremdenführer konnte uns klarmachen, wie wichtig es ist, sich selbst treu zu bleiben und authentisch zu sein. Wir wurden auch vor den grauen Herren gewarnt, die listig versuchen uns unsere Zeit zu stehlen, indem sie uns immer mehr zu stressvollem Handeln verleiten. Die grauen Herren manipulieren die Menschen, indem sie ihnen Ängste und Sorgen einflössen. Wir konnten aber auch gewiss sein, dass es einen Meister Hora und eine Schildkröte Kassiopeia geben wird, die uns helfen würde, falls wir wieder in Not geraten sollten. *Momo* wurde bereits 1973 geschrieben, ein Jahr vor Motos Geburt. Wir durften auch das Theaterstück sowie den Film dazu mit großem Vergnügen sehen. Jetzt als Eltern, nehmen wir immer mehr wahr, wie schön und pädagogisch wertvoll *Momo* sowie viele andere Kinderbücher sind, die wir damals schon erleben durften.

Gerade jetzt in dieser besonderen Phase, während wir dieses Buch schreiben, werden wir das Gefühl nicht los, dass Meister Hora erneut in Aktion getreten ist. Es scheint so, dass er uns wieder ins eigene Herz blicken lässt und die Zeit angehalten hat. Die vielen Momos dieser Welt können nun die Chance nutzen den Menschen ihre Stunden-Blumen und somit ihre Lebenszeit zurückzugeben.

Wendepunkte

Ein Wendepunkt wird in der Mathematik beschrieben, als der Punkt eines Funktionsgraphen, in dem sich sein Krümmungsverhalten ändert. Dieser Punkt ist dort, wo die Steigung der Funktion am stärksten ist. Denn vorher wird die Steigung immer stärker und hinterher wieder schwächer durch die entgegengesetzte Krümmung. Wenn Moto so seinen Schülerinnen und Schülerinnen diesen Sachverhalt erklärt, haben sie einen Grund mehr sich Sorgen um ihren Fachoberschul-Abschluss zu machen. Mehr Verständnis und entsprechend erleichtert ist die Klasse dann, wenn man es ihnen bildlich erklärt, wie etwa mit einem Höhenflug eines Flugzeuges. Um eine gewisse Höhe zu erreichen, zieht der Pilot seinen Steuerknüppel nach hinten und das Flugzeug fängt an himmelwärts zu fliegen. Ab einem bestimmten Punkt, an dem die Flugkurve nach oben am steilsten ist, lässt der Pilot den Steuerknüppel wieder locker und der Anstieg des Flugzeuges flacht langsam ab, bis die gewünschte Flughöhe erreicht wird. Dieser Punkt, an dem der Pilot quasi aufhört zu beschleunigen, wo sozusagen entschleunigt wird, ist der Wendepunkt einer Flugkurve. Wendepunkte in der Daseinskurve eines Menschen oder einer ganzen Gesellschaft, bei denen eine Entschleunigung beginnt, gehen oft einher mit einer Krise.

Jede Krise ist eine Chance. Eine Chance etwas zu verändern. Sowohl gesellschaftlich als auch auf persönlicher Ebene gibt es immer wieder diese Momente. Es liegt dann an jedem Menschen selbst, in wie weit dieser die Chance für sich nutzen kann. 2020 kam diese Krise für viele Menschen in Form von fast täglichen Medienberichten von vermehrten positiven PCR-Test-Ergebnissen sowie dramatisch dargestellten Todesstatistiken aus der ganzen Welt. Wir sind überzeugt, dass viele Menschen persönlich, aber auch im Kollektiv, diese Chance nutzen werden zu entschleunigen und ihr Leben signifikant zu verändern.

Lisa hatte eine ähnliche Chance bereits im Sommer 2014 auf persönlicher Ebene erhalten. Die Krise für sie kam in Form einer Diagnose die besagte, dass sie unheilbar an der Autoimmunkrankheit Multiple Sklerose erkrankt wäre. Sie hatte für mehrere Tage ein ungewöhnliches Kribbeln im linken Bein verspürt und einen Arzt konsultiert. Die Schulmediziner hatten ihr die schlimmsten Auswirkungen von Multipler Sklerose dargelegt und hatten entsprechende drastische Maßnahmen verordnet. Wie Politiker und Medienberichterstatter üben auch Ärzte in der Regel ihren Job nach bestem Wissen und Gewissen aus. Politiker und Medienberichterstatter erhalten ihr Wissen von ausgewählten Spezialisten wie einem schulmedizinisch geprägten Virologen, Schulmediziner erhalten ihr Wissen von Professoren welche viele Forschungsgelder von Pharmaunternehmen erhalten. Wir gehen stets davon aus, dass jede Berufsgruppe, seien es Jäger oder gar Pharmalobbyisten, immer das Beste für ihre Mitmenschen wollen. Jeder Mensch entscheidet aber selbst, inwieweit er die Verantwortung für sein Wohlergehen einer bestimmten Berufsgruppe überlässt. Für Lisa war das wohl bis dato die wichtigste Entscheidung ihres Lebens. Sie war im Prinzip in einer Lose-Lose-Situation. Würde sie den Anweisungen der Ärzte folgen, würde sie ein Leben lang von Medikamenten und Sonderbehandlungen abhängig sein. Würde sie es nicht tun, dann würde sie laut Schulmedizin bald an diversen Behinderungen leiden müssen. Im Grunde genommen hatte sie also nichts mehr zu verlieren. Also nutzte sie die Chance und entschied sich dafür, die Verantwortung für ihre Gesundheit in die eigenen Hände zu nehmen. Sie wagte es eine andere Meinung einzuholen. Sie wurde für ihren Wagemut belohnt.

Nachdem sie noch trotz Zögern die ersten Maßnahmen unter anderem in Form einer 5-tägigen Cortisoninfusion, einer zweiwöchigen *Copaxone*-Spritz-Tortour und mehrere MRTs sowie dazugehörige Kontrastmittelzugaben samt all ihren Nebenwirkungen brav über sich ergehen ließ, entschied sie sich für eine schulmedizinische Auszeit. So wollte sie nicht weiterleben. Keiner ihrer Ärzte konnte ihr erklären, was die Ursachen ihrer Erkrankung sein könnten. Dass Quecksilber- und Aluminiumbelastungen eine wesentliche Rolle bei der Entstehung von Autoimmunkrankheiten wie Multipler Sklerose spielen, schien keiner der Klinikexperten auf dem Schirm gehabt zu haben. Dabei hatte u.a. der renommierte Professor Yehuda Shoenfeld bereits seit 2011 in mehreren Studien über diesen Zusammenhang berichtet. Lisa hatte in ihrer frühen Kindheit vier aluminiumhaltige Tetanusimpfungen erhalten. Zudem hatte sie quecksilberhaltige Amalgamfüllungen in ihren Backenzähnen. 2012 hatte sie sich auch neomycinhaltige Röteln-Impfstoffe spritzen lassen. Neomycin steht in Verdacht die Giftwirkung von Quecksilber zu verstärken.

Bereits vor der Diagnose hatte Lisa einen Wink mit dem Zaunpfahl erhalten sich wegen ihrer Gesundheit anderswo zu erkundigen. Beziehungsweise von einem Kasten am Zaunpfahl hatte sie bei einer Radtour einen Flyer von einem Yogakurs in ihrem damaligen Wohnort Mainz-Hechtsheim mitgenommen. Im Oktober 2014 war sie dann wirklich bereit ihr Ticket in die Selbstständigkeit einzulösen. Sie begann mit ihren ersten angeleiteten Entspannungsübungen bei Ludmilla und Klaus. Dabei lösten sich mit der Zeit nicht nur ihre körperlichen Blockaden, sondern auch diverse andere Verspannungen auf allen möglichen Ebenen. Sie trennte sich von einer 8-jährigen Beziehung samt Wohnung mit Garten und zog in die Mainzer Innenstadt. Sie unterbrach ein vielversprechendes aber belastendes Musik-Aufbaustudium und wandte sich der natürlichen Gesundheitslehre zu. Sie begann grüne Smoothies zu trinken, Basenbäder zu nehmen, Einläufe zu machen und aktive Atementgiftung zu betreiben. Mit Chlorella, Ackerschachtelhalmtees, Bärlauch- und Korianderessenzen, Mineralien-Zusätzen, Vitaminen, diversen Nahrungsergänzungsmitteln sowie einer fachkundigen Anleitung startete sie eine intensive Entschlackungskur für ihren Körper. Am Weltvegantag, dem ersten November 2014, entschied sie auf Anraten ihres Yogalehrers und trotz aller persönlichen Bedenken, sich eine Weile ausschließlich pflanzlich zu ernähren. Mit dieser Entscheidung gehörte sie zu den glücklichen Menschen, die sofort eine positive Veränderung erleben durften. Nach einer Woche fühlte sie sich so fit und vital wie noch vor ihrer Pubertät. Sie begann Bücher über alternative Heilungsmethoden, wie etwa *The Healing Code* von Alex Loyd und Ben Johnson, zu lesen sowie praktisch anzuwenden. Unter anderem las sie auch ein Buch von Diana Richardson über die heilende Wirkung von *Slow Sex*. Aufgewachsen in einer Gesellschaft, welche nicht offen und ungezwungen über Sexualität sprach, war ihr Verhältnis zu diesem Thema recht einseitig und konventionell geprägt gewesen. Dass man mit der entsprechenden Einstellung und Geduld beim Sex mehr erreichen kann als nur eine kurzweilige Befriedigung war ihr neu. Ihr wurde bewusst, dass die wahre Vereinigung von Frau und Mann in dieser schönsten Form des Schöpfertums fernab von einem Höhepunkt erreicht wird. Eine Erkenntnis, die für ein glückliches Familienleben so hilfreich ist, aber recht wenig thematisiert wird. Ein generationsübergreifender Austausch hierzu würde vielen jungen Menschen eine bessere Orientierung geben. So war es nun für Lisa wichtig eine Partnerschaft zu finden, in der sie eine heilsame Beziehung sowohl für ihren Körper, für ihren Geist als auch für ihre Seele eingehen konnte. Ihr Anliegen wurde recht bald von der Universumsbehörde bearbeitet und im September erhielt sie eine Nachricht von ihrem ersten Match einer Online-Dating-Datenbank mit wohlklingendem Firmennamen. Nach einer langen Such- und Wartezeit hatte Moto sie endlich gefunden. Es folgte eine intensive Zeit des Kennenlernens und Verliebtseins mit all ihren Facetten. Hierzu gehörten neben den schönen Dingen auch all die anfänglichen Unsicherheiten und Missverständnisse. Die Volatilität des Gefühlspegels erzielte in dieser Phase bei uns beiden wohl die höchsten Werte. Das achtsame Ausüben der meditativen *Slow Sex*-Praktiken hatte einen erheblichen Anteil dabei, dass wir unsere innere Gelassenheit wiedererlangten und uns langfristig als ein Paar voller wahrer Zuneigung und Herzensgüte etablierten. Die praktische Ausführung von *Slow Sex* ist einfach erklärt. Man vereint sich körperlich behutsam und verweilt in diesem Zustand. Dabei erspürt man aufmerksam all seine Empfindungen und lässt alle Erwartungen los. Es ist wohl die innigste Form einer Meditation. Die auch als „heilige Sexualität" bekannte Form dieser besonderen körperlichen Vereinigung hilft uns auch heute noch in schwierigen Phasen unsere Mitte als Ehepaar wieder zu finden und passt sehr gut zu einem Familienbett-Konzept. Wir schlafen alle drei gemeinsam in einem Zimmer auf dem Boden. Yasu hat seine eigene kleine Matratze neben unserer. Bei unserer Paarmeditation schläft er stets seelenruhig weiter.

Obwohl sie keine Beschwerden mehr hatte, wurde im Dezember 2015 bei einer Folgeuntersuchung die Diagnose Multiple Sklerose bestätigt und es wurde ihr das neueste Medikament, das es auf dem Markt gab, verschrieben. Ärzte, aber auch Verwandte befürchteten das Allerschlimmste und rieten ihr zur Einnahme dieser Medikamente. Diese Medikamente konnten zwar nicht heilen, aber die möglichen Symptome unterdrücken. Leider hatte das Medikament auch mögliche Nebenwirkungen, die wiederum den Symptomen ähnelten. Nun ja, Lisa blieb standhaft. Sie entschied sich dafür neue Wege zu erkunden und altes Heilwissen selbstwirksam anzuwenden, statt wieder in den alten Trott zu verfallen und fremdbestimmt neue Pillen zu schlucken. Als eine weitere wichtige Maßnahme ließ sie sich unter besonderen Sicherheitsvorkehrungen von einem Spezialisten alle Amalgamfüllungen entfernen. Was dann alles passierte wurde größtenteils in den bisherigen Kapiteln beschrieben. Nichts von dem was von der Schulmedizin befürchtet wurde ist eingetreten. Voller Zuversicht und Mut hatte Lisa angefangen ihr ganzes Potential zu entfalten. Seit ihrem Wendepunkt ist sie eine Lisa, die ihren ganz persönlichen Groove und Rhythmus wiedergefunden hat. Eine Lisa, die mit Freude ihr Lebensrad in Bewegung hält. Seit dem ist Lisa con Moto. Moto ist die musikalische Bezeichnung für Bewegung.

Ach ja, für Moto kam der entscheidende Wendepunkt 2008 zwar weniger dramatisch aber dafür genauso wirksam, als er glaubte, sich unwiderruflich in eine Frau verliebt zu haben, die einen hohen Alkoholkonsum pflegte. Es war wieder eine Lose-Lose-Situation. Entweder ein Leben lang die Folgen einer Sucht zu ertragen oder mit einem gebrochenen Herz sein Dasein zu fristen. Es ist nicht so, dass wir empfehlen bei jeder Krise mit Yoga anzufangen. Aber bei Moto hatte tatsächlich auch ein Yoga-Kurs zu signifikanten Bewusstseinsänderungen sowie damit einhergehendem Lebenswandel geführt, so dass plötzlich keines der beiden Lose-Lose-Szenarien mehr eine Option für ihn darstellte. Mit der Lektüre von Büchern über Sucht-Präventionen, die eigentlich für die damalige Freundin gedacht waren, verlor Moto gänzlich die Lust am Alkoholkonsum und Trennungsängste spielten keine Rolle mehr. Mit der damaligen Beziehung gab er gleichzeitig auch noch den Fleischkonsum sowie ein Jahr später den lukrativen aber unbefriedigenden Job als Fondsmanager auf. Er kaufte eine rote Ente, investierte sein übriges Geld in ein Zweitstudium zum Berufsschullehrer und leitete verschiedene Workcamps von *SCI* und *IBG*, bei der Freiwillige aus aller Welt an sozialen Projekten mithalfen. Es folgten weitere Ausflüge raus aus den Gewohnheiten wie etwa ein Schweige-Meditations-Retreat in Südbayern, drei Marathonläufe oder auch die Teilnahme an und später auch die Organisation von Rohkost-Potlucks, einem monatlichen Treffen von Rohkostinteressierten. Jeder dieser Ausflüge brachte dann Moto immer näher an seine Traumfrau, bis sie schließlich 2015 auf einem Bildschirm in Motos damaliger Schule aufpoppte. Lisa war der letzte Vorschlag für Moto von einer Online-Dating-Seite, bevor seine Mitgliedschaft dort ablief.

Wie *Mr. Broccoli* Christian Wenzel es in seinem Buch *Vegan Transformation* beschreibt, haben wir auch, wie viele seiner Mitstreiterinnen und Mitstreiter, deren Stories im Buch erzählt werden, durch die Veränderung unserer (Ernährungs-)Gewohnheiten eine neue Bewusstseinsebene erlangt. Nach einer körperlichen Umwandlung folgte zugleich auch eine geistige sowie seelische Transformation. Wir haben zudem erlebt, dass wenn man es schafft mit einer bestimmten Maßnahme seine Ängste loszulassen, unverhofft wunderliche Dinge passieren. Auch wenn drum herum vieles beim Alten blieb, veränderte sich durch eine neue Sichtweise unser gesamtes Weltbild. Wir sind gespannt, welche lebensverändernden Maßnahmen die Menschen in 2020 durchführen werden!

Wunderschöne Aussichten

Die Seiten des Buches neigen sich dem Ende zu, aber unsere Familiengeschichte wird weitergehen. Die Transformation unseres Lebens von einer vegetierenden Monokultur mit industriellem Einheitsbrei zu einem blühenden Permakultur-Waldgarten mit einer natürlichen Artenvielfalt ist noch lange nicht abgeschlossen. Die permakulturellen Sehenswürdigkeiten sind bei uns noch rar gesät und auch der Wald im Garten ist noch nicht angepflanzt. Mit den ersten Erlösen dieses Buches wollen wir die Reparatur sowie die dafür notwendigen Ersatzteile unserer noch stark lädierten Jurte finanzieren und den Handlungsspielraum in unserem Selbstversorgergarten erweitern.

Unser Grundstück in Mittelgründau soll noch weiter in ein artenreiches und blühendes Naturschutzgebiet verwandelt werden. Hier stehen wir im engen Kontakt mit unserem guten Kumpel Thomas vom *NABU Main-Kinzig-Kreis*, der uns immer wieder wertvolle Tipps und praktische Anleitungen vor Ort gibt, wie wir dabei am sinnvollsten vorgehen können.

Wir wollen eine Familienband gründen und in einem mobilen Öko-Tinyhouse samt auf umweltfreundlich gepimpter Ente durch die Länder touren. Eine Reise in Motos Heimatland Japan über Landweg gehört auch zu unserer Universumswunschliste. Im optimalen Fall können wir die Berufsschülerinnen und –schüler aus Motos Schule bei vielen unserer Projekte einbeziehen und eine echte Win-Win-Situation erschaffen. Bei Lisas Krankenversicherung bemühen wir uns, ihre Heilung von Multipler Sklerose anerkannt zu bekommen, damit wir wieder den üblichen Beitrag für gesunde Mitglieder zahlen dürfen.

Wir wollen sobald wie möglich regelmäßige Rohkost-Potlucks in unserem Garten veranstalten. Für die kalte Winterzeit und regnerischen Tage suchen wir noch eine geeignete Räumlichkeit von einer Gemeinde. Hierbei ist unsere engagierte Freundin Veronique Wagner aus Mainz unser Vorbild, die schon seit Jahren die bestorganisierten Rohkost-Potlucks im Rhein-Main-Gebiet mit reger Teilnahme anbietet. Wir sind schon des Öfteren extra nach Mainz gefahren, um eines ihrer Events zu erleben.

Wir wollen in Zukunft auch wieder viel mehr mit unserem Frankfurter Partykumpel Jan kooperieren, der mit seinen *Glück ist jetzt*-Feiern den Groove in Offenbach-Bürgel am Laufen hält. Der selbsternannte *Glücksionär, Happy Mess Manager* sowie *Nixtun*-Workshop-Erfinder ist mindestens genauso verrückt wie wir und in unserer Gegend durch die gelben

Glücksblumen bekannter als ein bunter Hund. Mit seinem *Paradies&das ClubGarten* ganz in unserer Nähe hat er die perfekte Location für ein Selbstversorger-Festival frei von jeglichen finanziellen oder politischen Ambitionen, das wir irgendwann organisieren werden.

Viele unserer Erfahrungen mit den neuesten Ansätzen für ein nachhaltiges Alltagsleben haben wir nur angerissen oder gar nicht behandelt. Themen wie zuhause kompostieren (mit einer Wurmkiste) und Lebensmittelrettung haben wir ausgelassen. Auch unsere Immunsystem-Abhärtungsmaßnahmen wie das Kältetraining im nahegelegenen See oder unsere Unter-freiem-Himmel-schlafen-Erlebnisse blieben hier unberücksichtigt. Von unseren schönen spirituellen Erlebnissen mit unserer Schamanin Kati oder wie *The Work* von Byron Katie uns geholfen hat, unsere Bedürfnisse besser zu erkennen, haben wir auch nicht erzählt.

So konnten wir relativ schnell unser Buch fertigschreiben und den Seitenumfang kompakt halten. Unsere Druckerei kann damit ein schickes handliches Aufheiterungswerkzeug in der Printversion anfertigen, das leicht auf klimaneutralen Bahnreisen mitgenommen werden und für faires Bargeld an stressgeplagte orientierungssuchende Mitmenschen verschenkt werden kann. Wir haben wiederum noch genügend Material für weitere Blogs und Bücher, die wir veröffentlichen werden, solange unser Schreibfieber anhält.

Wir hoffen mit diesem Buch alle Leser kurzweilig unterhalten zu haben und all denen, die bereits einen ähnlichen Weg wie wir gehen, eine zusätzliche Bestätigung gegeben zu haben, dass sie das Richtige tun. Bei all denen, die hier ein neues Terrain betreten haben, hoffen wir, verwertbare Anregungen geliefert zu haben, die ihren Alltag sinnvoll ergänzen. Vielleicht konnten wir ja bei dem ein oder anderen gar den Einstieg in ein erfüllendes Selbstversorgerleben erleichtern. Ansonsten hat dieses Buch seinen Zweck schon erfüllt, wenn ihr Familien wie uns, die öko, rohköstlich vegan ernährend, mobilfunkloskommunizierend, mantrasingend, unverpackt einkaufend, barfuß(schuh)laufend, barzahlend, langzeitstillend, plastikwindelfrei, spirituell und heilpraktisch orientiert sind, nun besser verstehen und uns als ein dazugehöriges Puzzleteilchen einer friedvollen multikulturellen Gesellschaft akzeptieren könnt. Wir haben aus unseren anfänglichen Fehlern gelernt und sind nun stets bemüht nicht besserwisserisch oder gar dogmatisch in unserem Handeln zu sein. Wir informieren uns immer wieder auch bei den allgemein üblichen Medien und sehen das Gute in jedem Menschen sowie in jeder Situation.

Wir würden uns freuen, wenn nun unsere Verrücktheiten mit mehr Gelassenheit angenommen werden und der Sicherheitsabstand zu uns abgebaut wird, ohne dabei befürchten zu müssen von uns in jeglicher Hinsicht angesteckt zu werden. ;)

Wir danken euch ganz herzlich für das Kaufen und/oder Lesen unseres ersten Buches! Falls ihr noch mehr Interesse habt, würden wir uns freuen, wenn ihr uns auf unserer Webseite *www.lisaconmoto.com* besuchen würdet. Hier findet ihr unter anderem viele Geschichten aus diesem Buch als Blog-Beiträge wieder, die mit weiterführenden Details, Links und Bildern versehen sind.

Erst kommt der Sonnenkäferpapa

13. 3. 20

Unsere Motivationsquellen

Wie schon erwähnt, haben uns die Erzählungen einer außergewöhnlichen Frau aus Sibirien die grundlegende Idee und den Anstoß für das Errichten und Gestalten eines Permakultur-Waldgartens gegeben. Zudem haben uns zahlreiche andere Bücher und Filme ermutigt, mehr Verantwortung für unser eigenes Leben zu übernehmen. Die Idee von einem selbstbestimmten autarken Leben gab es schon immer und überall. So haben uns Dan Millmanns Bücher vom *friedvollen Krieger*, die *Celestine*-Reihe von James Redfield oder auch die *Gespräche mit Gott* von Neale Donald Walsch verdeutlicht, dass in jedem von uns ein enormes Potential steckt, das Dasein positiv zu beeinflussen. Das Buch *Auf der Suche nach dem verlorenen Glück* von Jean Liedhoff, Bücher von Osho und der Film *Alphabet* von Erwin Wagenhofer vermittelten uns die Erkenntnis, dass eine erfüllende Elternschaft bereits vor der eigentlichen Zeugung des Kindes mit den entsprechenden Vorbereitungen beginnen kann. Gerald Hüther hat uns mit seinem Buch *Etwas mehr Gehirn, bitte* klargemacht, wie entscheidend ein harmonisches Gemeinschaftsleben für die Potentialentwicklung eines jeden Menschen ist. Ralf Otterpohl mit *Das Neue Dorf* und der Film *Tomorrow* von Dion/Laurent haben wiederum gezeigt, dass es bereits viel mehr Lösungen für unsere ökologischen, ökonomischen und sozialen Probleme gibt, als uns bewusst war.

Diese und die im Laufe unserer Familiengeschichte erwähnten Bücher und DVDs haben wir fast alle in den erstaunlich vielfältig ausgestatteten Stadtbibliotheken von Frankfurt und Offenbach entdeckt. An dieser Stelle bedanken wir uns schon mal bei all den hilfreichen und freundlichen Mitarbeiterinnen sowie Mitarbeitern beider Stadtbibliotheken für ihr äußerst wertvolles Engagement. Ihr leistet einen unheimlich wichtigen Beitrag für unser Bildungssystem und fördert mit Eurer Arbeit die selbstbestimmte Wissenserweiterung der Bevölkerung. Dadurch, dass Ihr auch viele unserer ungewöhnlichen Anschaffungswünsche berücksichtigt habt, konnten wir unseren Wissensschatz kontinuierlich erweitern, ohne dabei unsere eigenen wenigen Bücherschränke zu überlasten. Mögen auch die Entscheidungsträger weiter Eure Arbeit würdigen und Euch ein entsprechendes Budget zur Verfügung stellen!

Die intensive praktische Auseinandersetzung und Erfahrungen mit der veganen Rohkost, Fasten, Meditation, Yoga und weiteren alternativen Gesundheitslehren haben uns wieder das Vertrauen in die körpereigenen

Heilungskräfte zurückgegeben. All diese wunderbaren Informationsquellen haben uns die Zuversicht gegeben, dass wir noch viel erreichen können und zu jedem Problem die passende Lösung finden werden.

Nomen est omen, der Name ist Programm. Lange Zeit unbewusst hat uns unser Familienname bereits das Lebensprinzip vorgegeben. *Watanabe* bedeutet im Japanischen „die Umgebung überschreiten". So haben wir immer wieder neue Gefilde betreten und erstaunt festgestellt, wie viel Neues es doch noch zu entdecken gibt. So wie sich unser Erkundungsgebiet ausgeweitet hat, sind wir selbst auch mitgewachsen. Wir durften bereits mehrmals die Erfahrung machen, dass ungeahnte Kräfte in uns erweckt wurden, sobald wir die volle Verantwortung für unser eigenes Tun und Handeln übernahmen. Bei all unseren Projekten, die zuvor als sehr mühselig und langwierig erschienen, erschlossen sich bei uns nach einer gewissen Eingewöhnungsphase neue Energiequellen, so dass unser ganzer Handlungsspielraum stetig zugenommen hat. Unser ganzes Leben ist ein einzigartiger Erkenntnisprozess und wir wollen jeden Moment nutzen uns weiterzuentwickeln, egal wie alt wir sind, egal wie alt wir werden.

Das Leben ist ein
PermakulturWaldgarten
Lisa
Moto
con
e Yasu
www.lisaconmoto.com

für Papa
von Vasia & Mama

Die Kimchi-Vision

Wie bereits beschrieben, hat jeder Mensch eine individuelle Wahrnehmung von der Welt und was dort alles passiert. Das gilt auch für die besondere Situation rund um eine besondere Sorte von Viren. In unserem Fall hat die zeitgleiche Lektüre des Positiv-Denken-Klassikers *Die Macht Ihres Unterbewusstseins* von Joseph Murphy beim Hinterfragen sowie Interpretieren der politischen Maßnahmen eine wesentliche Rolle gespielt. Im Buch wird sehr verständlich erklärt, wie der Inhalt unseres Denkens und Glaubens unsere Persönlichkeit prägt, unser Leben gestaltet und unsere Zukunft bestimmt. Wir beherzigten seine Empfehlungen und so waren wir sicher, dass es egal war, welche Absichten hinter all den Maßnahmen standen, solange wir unserem Handeln und Tun vertrauten. Wir wissen, dass die Meisten von uns sich eine positive nachhaltige Entwicklung dieser Weltengemeinschaft wünschen und erwarten. Viele gehen davon aus, dass die zukünftigen gesellschaftlichen Veränderungen so oder so unser aller Bewusstsein und Achtsamkeit sowohl für uns selbst, unsere Mitmenschen, die Tiere als auch für die Natur weiter zum Positiven entwickeln. Dementsprechend wird es auch so sein.

Wir wollten niemanden provozieren oder verunsichern und hatten vollstes Verständnis für alle Maßnahmen, die bis dato durchgeführt wurden. Wenn ihr dieses Buch bis hier gelesen habt, gehen wir davon aus, dass ihr auch mit folgender unkonventioneller Sichtweise, die wir entwickelt haben, klarkommt.

Aus unserer Erfahrung mit der Fermentation von Lebensmitteln wussten wir, dass alle möglichen Bakterien und Mikroben zu jeder Zeit im Gemüse vorhanden sind. Ist man sorgsam bei der Zubereitung, entsteht z.B. ein schmackhaftes sowie nährstoffreiches Süßkartoffel-Kimchi mit vielen Milchsäurebakterien, das sich ewig hält. Bei Unachtsamkeit kann sich z.B. Schimmel bilden und man würde vermehrt andere Bakterien vorfinden. Bemerkenswert auch: Ein gutes Kimchi schimmelt in der Regel nicht mehr. Deshalb fragten wir uns: Könnte es nicht sein, dass Viren sich nur dann vermehren können, wenn der Mensch ein geschwächtes Immunsystem hat? Bzw. mit welcher Wahrscheinlichkeit kann man ausschließen, dass Viren eigentlich nur ein Auslöser aber nicht die Ursache einer Krankheit sind?

Bekanntermaßen wird das Immunsystem etwa durch ungünstige Ernährungs- und Konsumgewohnheiten, Nährstoff- und Bewegungsmangel, Toxin-, Lärm-, Mobilfunk- und weitere Umweltbelastungen sowie familiäre Probleme etc. geschwächt. Diese Faktoren haben in den letzten Jahren mit der fortschreitenden Technisierung, den Wachstumsbestrebungen sowie dem Wettbewerbsdruck weltweit deutlich zugenommen, insbesondere in den Ballungsgebieten. Parallel entstehen immer mehr physische und psychische Erkrankungen, die in vielen Fällen mit pharmazeutischen Medikamenten behandelt werden, die nur die Symptome beheben, aber gleichzeitig den Körper mit Fremdstoffen belasten. Netterweise hat uns da jemand noch ein sehr ausgeklügeltes körpereigenes Entgiftungssystem mitgegeben, damit wir nicht gleich unter der Last der heutigen Zeit zusammenbrechen. Der Großteil der Toxine, die wir täglich aufnehmen, wird wieder ausgeschieden. Der restliche Teil, den das Entgiftungssystem nicht bewältigen kann, wird an möglichst ungefährlichen Bereichen des Körpers abgelagert. Um diese Ablagerungen abzusondern und wieder Platz zu schaffen, gibt es die verschiedensten Möglichkeiten. Gefastet wurde schon immer, Sauna und Basenbäder sind auch schon länger bekannt, es gibt aber auch angepasst an die neuen Umweltbelastungen neuere Ansätze wie etwa Saft- und Wildkräuterkuren oder Gallen-und-Leber-Reinigungen. Diese zu neudeutsch als *Detoxing* bezeichneten Maßnahmen erfreuen sich einer zunehmenden Beliebtheit und ihre Wirksamkeit wird immer mehr wissenschaftlich untersucht. Gerade beim Fasten ist die Studienlage unseres Erachtens nach ausreichend, um den positiven Effekt zu bestätigen. Die folgenden Erläuterungen aus der Alternativmedizin sind weniger verbreitet, aber erscheinen uns zumindest als überlegenswert. Beurteilt es selbst.

Werden diese Entgiftungsmaßnahmen nicht ausreichend durchgeführt, hat der Körper noch die Möglichkeit sein System runterzufahren und selbst eine Grundreinigung durchzuführen. Je nach Art, Stelle und Dringlichkeit kann der Körper die ungewollten Fremdstoffe durch die Erhöhung der Temperatur (Fieber/Entzündungen) lösen und aus allen Körperöffnungen mittels Sekreten (Husten/Schnupfen/Eiter/Schweißausbruch/Durchfall) hinausbefördern. Krankheit wird somit als ein lebensnotwendiger Heilungsprozess interpretiert. Mit diesem Ansatz kann man erklären warum Krankheiten so verschiedenartig sind und auch zum Tod führen können.

Je nach Lebenssituation ist jeder Mensch anderen Umweltbelastungen ausgesetzt. Wenn ein Organ, wie etwa die Lunge, bestimmten Umweltbelastungen (Smog/Feinstaub/Abgase/Nikotin) kontinuierlich ausgesetzt ist, entsteht eine einseitige Überbelastung, dass System kommt aus dem Gleichgewicht, stößt an seine Grenzen und kann entsprechend auch zusammenbrechen. Im schlimmsten Fall kommt es dann zu einem endgültigen Totalausfall.

Wie passen dann die Viren in dieses Gedankenkonstrukt? Aus der Permakultur wissen wir, dass jeder Organismus einer intakten Natur seinen Sinn hat. All die sogenannten Ungeziefer und Viecher erfüllen einen bestimmten Zweck in der Fauna und Flora eines Ökosystems, damit dieses sich entfalten und selbst erhalten kann. Alles was die Natur so produziert, wird langfristig in irgendeiner Form zersetzt und z.B. in Form von nährstoffreichem Humus der Erde zurück gegeben. Gerät dieser Selbsterhaltungskreislauf aus irgendeinem Grund aus dem Gleichgewicht, führt das zu einer Vermehrung von einzelnen Krabbeltiersorten, Pilzen oder Ähnlichem, die wir Menschen dann gern als Schädlinge klassifizieren. All diese Schädlinge sind aber in angemessener Zahl wichtige Mitglieder des Ökosystems. Würde man eines dieser Mitglieder ganz aus dem System abschaffen, würde das wiederum zu Ungleichgewichten an anderer Stelle führen. Umso mehr man bereit ist bei kurzfristigen Unannehmlichkeiten der Natur die Möglichkeit zu geben langfristig ihr eigenes Gleichgewicht wieder zu finden und weniger eingreift, umso stabiler wird das Ökosystem. Beispielsweise führt eine vermehrte Anzahl an Insekten im Idealfall wieder zu einer Vermehrung von Singvögeln, die uns dann wieder etwas Schönes vorzwitschern können.

Warum sollte dieses recht pragmatische Naturprinzip nicht auch für die Welt der Viren gelten? In geringen Mengen findet man alle möglichen Viren in der freien Laufbahn, aber auch im menschlichen Körper. Viren kommen und gehen unabhängig vom gesundheitlichen Zustand eines Menschen. Das wurde ja auch bei den jüngsten Ereignissen von offizieller Seite bestätigt. Besonders gern bleiben diese Viren aber dann bei gesundheitlich vorbelasteten Personengruppen und vermehren sich dort. Und jetzt kommt unsere Interpretation:

Bei den meisten dieser Personengruppen verläuft die Krankheit ohne Komplikationen. Richtig? In diesem Fall bestätigen die Ausnahmen die Regel. All die Todesfälle und langfristigen Folgeschäden fanden bei denen statt, die schwerwiegende Vorerkrankungen hatten. Interessant wäre zu wissen, wie sich die geheilten Menschen danach gefühlt haben. Da in der Alternativmedizin jede Krankheit zugleich einen Reinigungsprozess darstellt, wären Viren auch nur wichtige Helferlein dieses Selbstheilungs- bzw. Selbsterhaltungssystems. D.h. ein Virus bleibt nur dort, wo er auch „gebraucht" wird. Vorerkrankungen gehen einher mit allen möglichen Umweltbelastungen und Ernährungsgewohnheiten. In solch einem Milieu fühlen sich Viren scheinbar besonders wohl. Sie nähren sich dann von all den toxischen Ablagerungen und können sich vermehren. Wir würden das so interpretieren, dass sie dort viele Leckerlis vorfinden. Gleichzeitig scheint es im Körper aber etwas zu geben, das wiederum die Viren als etwas Schmackhaftes empfindet und sich ebenfalls vermehrt, wie unsere Singvögel. Das müssten dann die sogenannten Antikörper sein, die sich von dem reichhaltigen Angebot an Viren bedienen. Im Idealfall wurde das meiste an Altlasten von den Viren bereinigt bevor sie dann von den Antiviren dezimiert werden. Problematisch wird es dann, wenn die Viren besonders viele Leckerlis vorfinden und sich so vermehren, dass die Antikörper nicht mehr nachkommen.

Wenn man bedenkt, dass gerade in Ballungsgebieten, aber auch im kleinen Rahmen die Familien, jeweils ähnliche Umweltbelastungen vorfinden und einen ähnlichen Lebensstil pflegen, wäre die Vermehrung von einer Sorte Viren sowie den entsprechenden Heilungssymptomen zu gleicher Zeit mit unserer Sichtweise nichts Ungewöhnliches. So sind nach unserer Meinung nicht die Viren an sich das Problem, sondern das Milieu, das wir ihnen anbieten.

Genauso wie wir mit all unseren Eingriffen des Öfteren die Natur aus dem Gleichgewicht bringen, machen wir das auch mit unserem Körper. Nikotin, Koffein, Alkohol, Pharmazeutika, raffinierter Zucker, Transfette, Geschmacksverstärker, Konservierungsstoffe und und und. Die Auswahl sowie die Menge an gesundheitsbelastenden Konsummöglichkeiten haben über die Jahre hinweg in der modernen Gesellschaft immer mehr zugenommen. Bei all den Annehmlichkeiten die uns geboten werden, leben wir auch in einer ziemlich schadstoffüberdosierten Welt. Entsprechend hat sich auch die Zahl der Menschen vermehrt, deren Körper sich im extremen Ungleichgewicht befinden. Für diese Menschen ist dann eine Virusinfektion äußerst belastend.

Hier erscheint es kurzfristig als sinnvoll, diese sogenannten Risikogruppen von den Viren fernzuhalten. Entsprechend widerspricht unsere These im Prinzip auch nicht all den Sicherheitsvorkehrungen, die weltweit vorgenommen wurden. Man könnte im Nachhinein darüber diskutieren, welche Maßnahmen tatsächlich notwendig waren und welche nicht. Wir werden es erst mal lassen. Wir haben damals die Vorgaben so akzeptiert, wie sie getroffen wurden.

Also beachteten wir zu jener Zeit die meisten Regelungen und hielten Abstand von unseren Mitmenschen. Etwas schwer fiel es uns, unsere Freunde und Familie nicht zu umarmen, wenn wir sie in der Öffentlichkeit sahen. Aber wir herzten uns drei dafür noch öfters. Beruhigend fanden wir auch, dass zumindest die Autoritäten mit denen wir zu tun hatten, das Durchsetzten der Maßnahmen nicht allzu strikt vorgenommen haben und unnötige Konflikte vermieden in dem sie auch öfters mal ein Auge zudrückten. Wir hatten aber auch vollstes Verständnis für alle Kritiker der gesetzlichen Maßnahmen, die sich begründete Sorgen um die demokratischen Werte machten und sich für ihre Grundrechte einsetzten.

Da wir uns schon länger mit den Theorien rund um den Sinn und Zweck von Krankheiten beschäftigt hatten, fühlten wir uns sicher und hatten keine Berührungsängste in jeglicher Hinsicht. Nach all unseren Detox-Maßnahmen über die Jahre hinweg, waren wir ziemlich sicher, dass die Viren bei uns nicht viel vorfinden würden, wenn sie sich überhaupt die Mühe machen sollten uns zu besuchen. Eine Vermehrung war eher ausgeschlossen und entsprechend war für uns die Wahrscheinlichkeit minimal, dass wir zu ihrer Verbreitung beitragen würden. So konnten wir all unsere Gedanken weiterhin auf das Hier und Jetzt fokussieren sowie unsere Zeit schöpferisch nutzen. Wir hatten durch die Umstände viel Zeit geschenkt bekommen, welche wir in unsere ersten Gartenarbeiten sowie in das Schreiben dieses Buches investierten.

Wir denken auch, dass durch diesen *Shut down* viele nachhaltige gesellschaftliche Veränderungen stattfinden werden. Eine vermehrte Etablierung von Home-Office wird enorme Ressourcen-Einsparung hinsichtlich Fahrtkosten sowie Raumkapazitäten ermöglichen und die Umwelt entlasten. Die Wirksamkeit von Freilerner-Konzepten im Rahmen von Home-Schooling wird mehr Akzeptanz finden und die gesetzlichen Bedingungen könnten entsprechend angepasst werden. Der Ausbau von Mehr-Generationen-Gemeinschaften könnte gefördert werden, um den älteren Menschen eine Alternative zu den immer größer werdenden Pflege- und Altersheimen zu bieten. Es entstehen mehr Selbstversorgergärten. Einen wunderbaren Artikel zu diesen Zukunftsvisionen hatten wir von Matthias Horx auf seiner Webseite gelesen.

Erstaunlich auch wie schnell und wirksam die Entscheidungsträger etwas gegen die globale Klimaerwärmung tun und die Luftqualität verbessern konnten. Wir freuen uns über jeden Tag, an dem wir einen überwiegend Kondensstreifen-freien Himmel sehen können und dem Vogelgesang ohne Fluglärm zuhören dürfen.

Wir sind recht zuversichtlich, dass sich langfristig eine neue Denkweise etablieren wird. Wie aus zahlreichen Placebo-Studien bekannt, ist der Glaube der allerwichtigste Faktor für eine Heilung. Stellt euch vor, wie sich das Gesundheitsbewusstsein der Menschen verändern würde, wenn sie überzeugt wären, dass Viren niedliche kleine Müllmänner sind, die nur im Notfall dem Körper beim Heilungsprozess helfen, indem sie besonders hartnäckige Altlasten beseitigen und im Grunde genommen nicht bösartig sind. Was, wenn es für alle selbstverständlich wäre eine Überdosierung von Schadstoffen zu vermeiden, sich überwiegend pflanzlich und nachhaltig zu ernähren, auf Erholung und Bewegung sowie Detox-Maßnahmen zu achten, den Erhalt der Natur zu fördern, friedvoll zu kommunizieren, nichts persönlich zu nehmen, keine voreiligen Schlüsse zu ziehen und täglich das Beste zu geben um gesund zu bleiben? Und wenn doch akute Erkrankungen eintreten würden, wäre es da nicht sinnvoll eine eingehende Ursachenforschung beim Patienten zu betreiben und ihn seinen Bedürfnissen angepasste selbstwirksame Entgiftungsmaßnahmen durchführen zu lassen, um eine langfristige Heilung zu ermöglichen?

Wenn man genau hinschaut, findet man diese Denkweise bereits bei einigen renommierten Ärzten sowie bei vielen engagierten Heilpraktikern. Es gibt auch schon ganze Kliniken wie etwa das *Hippocrates Health Institute* in Florida, die mit diesem Konzept arbeiten und ziemlich erfolgreich ihre teils schwersterkrankten Patienten von ihren Beschwerden befreien, indem sie deren Selbstheilungsfähigkeiten fördern. Also leben wir bereits in einer Welt, in der es keine unheilbaren Krankheiten gibt. Um mit dieser Denkweise zurecht zu kommen, bedarf es einer gewissen Eigeninitiative. Die Bereitschaft für diese Eigeninitiative wächst insbesondere in Krisenzeiten. Versteht ihr jetzt, woher unsere Zuversicht kommt?

Entsprechend unserer Interpretation können wir auch ausschließen, dass bei der ganzen Geschichte eine Verschwörung dahintersteckt. Wir denken, dass die Bundesregierung in allen Belangen nach bestem Wissen und Gewissen handelt. Wir verharmlosen auch die ganzen Ereignisse weltweit nicht. Wir nehmen die Sache sehr ernst. Maßnahmen wie das Verbot von Großveranstaltungen könnten kurzfristig hilfreich gewesen sein. Langfristige Erfolge erzielen wir aber nach unserer Meinung erst durch die Verbesserung der gesellschaftlichen Rahmenbedingungen. Solange wir all die Vorerkrankungen, die die ganzen Schwersterkrankungen sowie Todesfälle begünstigt haben, weiter mit vermeidbaren Umweltbelastungen sowie unserem Lebensstil fördern, werden wir ähnliche Situationen auch in Zukunft erleben. Es gibt noch viel Handlungsbedarf, langfristig gesehen, um unsere Abwehrkräfte effizient zu steigern und unsere Gesundheit zu erhalten. Mögliche Impfstoffe werden unseres Erachtens dabei nicht die Lösung sein, eher im Gegenteil. Umso mehr und öfter wir uns impfen, umso öfter und schneller werden neue gefährlichere Virenerkrankungen entstehen. Mit unserer These interpretieren wir Impfungen, insbesondere die mit den toxischen Fremdstoffen, als unnatürliche Eingriffe in unser sonst intaktes Gesundheitssystem, ähnlich wie der vermehrte Einsatz von Antibiotika zur Entstehung von noch gefährlicheren antibiotika-resistenten Erregern sowie deren Folgen geführt hat. Vergleichbar wären Impfungen auch mit den chemischen Pflanzenschutzmitteln, die in der konventionellen Landwirtschaft eingesetzt werden. All die Pestizide, Fungizide, Herbizide und Insektizide führen kurzfristig zu großen Erträgen, aber langfristig werden die Pflanzen so geschwächt, dass diese kaum noch Nährstoffe haben und entsprechend fad schmecken. Jeder nicht auf Masse produzierende Bio-Bauer kann bestätigen, wie widerstandsfähig, nahrhaft und geschmackvoll sein Obst und Gemüse wird, wenn es sich erst mal auf seinem Feld ohne Chemie gegen all die natürlichen Widrigkeiten durchgesetzt hat. Jede Impfung schwächt unser eigenes Immunsystem, das dadurch verlernt, die körpereigenen Abwehrkräfte aufzubauen. So wie der Einsatz von chemischen Pflanzenschutzmittel dazu führte, dass weltweit immer mehr und mit stärkeren Mitteln gespritzt wird, ist auch die Anzahl der vermeintlich notwendigen Impfungen sowie deren Dosis weiter angestiegen. Wenn das nicht mehr ausreicht, geht der Trend in der konventionellen Landwirtschaft dann hin zur Genmanipulation. Wie wird es dann im konventionellen Gesundheitssystem sein?

Bereits 1975, als Moto noch ein nach Muttermilch schreiendes Baby war und sich wenig Gedanken über Umwelt oder Gesundheit machte, hatte sein Landsmann Masanobu Fukuoka für sich erkannt, dass jeglicher Versuch die Natur zu kontrollieren kontraproduktiv ist. In seinem Buch *Der Große Weg hat kein Tor* wird beschrieben, wie er es schaffte, auf seinen Feldern die besten Ernteerträge landesweit zu erzielen, gleichzeitig die Bodenqualität zu verbessern sowie die Artenvielfalt zu vergrößern, in dem er einfach der Vollkommenheit der Natur vertraute. Er besann sich auf die natürlichen Vorgänge von Fauna und Flora. Gleichzeitig verzichtete er bewusst auf den Einsatz von Maschinen sowie Chemikalien. Im Zuge dessen hat er erkannt, dass sein Vorgehen sich nicht nur auf die Landwirtschaft, sondern im Prinzip auf alle Lebensbereiche, wie etwa Gesundheit oder Erziehung, sinnvoll übertragen lässt. Als einer der bedeutendsten Vorreiter der Permakultur-Bewegung, hat er mit seinen Erkenntnissen sowie Veröffentlichungen nicht nur die Landwirtschaft revolutioniert, sondern eine Philosophie kultiviert, anhand der die Menschen glücklich im Einklang mit der Natur leben können. Bezeichnenderweise hat sein radikaler Lebenswandel von einem im Labor arbeitenden Pflanzenpathologen hin zu einen philosophierenden Öko-Bauern damit begonnen, dass er sich als 25-Jähriger eine akute Lungenentzündung zuzog und in eine Sinnkrise verfiel. Seitdem war er bis weit über seine achtziger Lebensjahre als Bauer aktiv, wurde 95 glückliche Jahre alt und hielt noch wenige Jahre vor seinem Tod Vorträge über die natürliche Lebensweise. Wir gehen davon aus, dass Fukuoka-Sensei kein Befürworter von pharmazeutischen Impfmaßnahmen war.

Alles nur unsere Meinung und bevor wir hier noch weiter ausschweifen, wollten wir einfach nur sagen, dass wir uns weitgehend an alle Maßnahmen halten und keine Fake-News verbreiten. Wir haben uns weder einer fremdenfeindlichen Partei, einer freiheitsberaubenden Sekte noch einer ideologischen Gruppierung angeschlossen und sind auch keine Sympathisanten von solchen intoleranten Vereinigungen. Nichtsdestotrotz verurteilen wir niemanden, auch wenn wir dessen Handlungen nicht gutheißen.

Kein Mensch ist bösartig, manche sehen nur nicht was sie anderen antun oder haben sich nicht mehr unter Kontrolle. Viele der gesellschaftsschädlichen Wertevorstellungen haben sich durch eine missglückte Kindheit und/oder Jugend bei diesen Menschen über die Jahre hinweg entwickelt. Wenn Erwachsene Kinder immer wieder in unnötige Stresssituationen zwingen und ihnen wenig Aufmerksamkeit schenken, ist es unseres Erachtens auch nicht verwunderlich, wenn diese dann irgendwelche Psychosen entwickeln. Gerade misshandelte Kinder neigen dazu, als Erwachsene vergleichbare Fehler wie ihre Eltern zu machen. Hinzu kommen dann all die Süchte, von denen sie nicht mehr loskommen. Jeder, der mal an einer Sucht gelitten hat, wird es bestätigen können. Auch wenn man genau weiß, dass es nicht gut für einen und die Umwelt ist, setzt der Verstand aus und man tut Dinge, die man eigentlich lassen sollte. Langfristig kann aber jeder sich von selbstschädigenden Verhaltensmustern befreien, wenn man den Betroffenen immer wieder mit Aufmerksamkeit und Liebe eine echte Chance gibt, aus ihrem Teufelskreis auszutreten.

Entsprechend halten wir uns an den spirituellen Ansatz aller Weltregionen des liebevollen Umgangs mit allen Geschöpfen. Wir sehen die ganzen Veränderungen um uns herum weiterhin als Chance für die Menschheit, umweltschädigende Denkstrukturen aufzubrechen, ein verständnisvolles Miteinander zu kultivieren und gesundheitsfördernde Gewohnheiten zu beleben. Wir hoffen, Ihr könnt uns da ein wenig zustimmen und könnt wie wir hoffnungsvoll in die Zukunft blicken.

F UN749

鳳凰焗
feng huang ju
味菜海蜇頭
wei cai hai zhe tou

Bonusmaterial: Fermentieren nach Lust und Laune

Fermentieren von Lebensmitteln hat eine sehr lange Tradition und passt optimal zu einem ganzheitlichen pflanzlichen Ernährungsplan. Insbesondere in der Winterzeit, wenn es wenig Regionales und Frisches gibt, wird durch den Fermentationsprozess eine Vielzahl von wichtigen Nährstoffen aus pflanzlicher Nahrung generiert und deren Bioverfügbarkeit für den Körper erhöht. Zugleich werden schon im Vorfeld Nahrungsbestandteile, die den Körper eher belasten würden, von den Bakterienkulturen weitgehend beseitigt. Fermente fördern auch die Verdauung und helfen somit, die Darmgesundheit zu erhalten. Fermentieren ist weiterhin geeignet, um überschüssiges Gemüse sinnvoll weiterzuverarbeiten. Das Endprodukt ist lange haltbar und gibt ein schickes Mitbringsel her. Im Prinzip kann alles Essbare fermentiert werden. Die Kombinationsmöglichkeiten und Variantenvielfalt der Zutaten sind unbegrenzt. Man kann da sehr kreativ werden und erhält oft erstaunliche Gaumenerlebnisse. Dennoch ist die Zubereitung meist sehr simpel und erfordert wenig Zeit. In der traditionellen Form verwendet man oft Salz, um Schimmel zu vermeiden. Wer seinen Salzkonsum reduzieren mag, kann stattdessen einen Starter wie den Keimlingtrunk verwenden. Die dafür notwendigen Kombucha-Scoobies werden einem in der Regel von fürsorglichen Scooby-Besitzern übertragen. Kombucha-Scoobies vermehren sich nämlich sehr schnell, wenn man sie regelmäßig füttert und bei Laune hält. Wir hatten damals unseren Scooby von Corinna von *Futuroh* anvertraut bekommen, die viele spannende Kurse rund um die vitale Ernährung anbietet.

Hier noch ein Praxis-Tipp zum artgerechten Umgang mit einem Kombucha-Scooby: Kombucha-Scoobies lieben die Kombination von viel Zucker und grünem oder schwarzem Tee. Um unsere Scoobies fit zu halten und ihnen die Möglichkeit zu geben ihren Fortpflanzungsdrang auszuleben, gönnen wir ihnen immer wieder diese Nascherei. Hierfür kochen wir einen Liter grünen oder schwarzen Tee ohne Aromazusätze und vermischen ihn mit etwa sechs gehäuften Esslöffeln Rohrohrzucker. Bis auf Zimmertemperatur abgekühlt, legen wir einen Scooby vorsichtig mit einem Holzlöffel in dieses Zuckerbad und fügen noch etwa eine halbe Tasse fertigen Kombucha hinzu. Scoobies mögen keine Metalllöffel und brauchen etwas Kombucha, um in die Gänge zu kommen. Wir verwenden als Kombucha-Gehege ein Ein-Liter-Schraubglas und decken es mit einem Tuch ab, das mit einem Gummi befestigt wird. Umso länger man den Scooby bei Zimmertemperatur baden lässt umso mehr verwandelt er den Zucker in darmfreundliche Bakterien und kann selber wachsen sowie sich reproduzieren. Nach zwei bis drei Wochen ist dieser Vorgang beendet. So haben wir dann ein oder zwei kräftige Scoobies, die dann bei der Herstellung vom Keimlingtrunk sehr hilfreich sind. Den fertigen Kombucha füllen wir in eine Glasflasche und stellen ihn in den Kühlschrank. Da der Kombucha ziemlich wirksam ist und sauer schmeckt, trinken wir davon meist zwei bis drei Esslöffel mit lauwarmem Kräutertee. Auch in Fruchtsäften macht sich ein Schuss Kombucha sehr gut. Wir haben in der Regel um die drei Kombucha-Scooby-Bäder in der Küche stehen, die nacheinander angesetzt werden, so dass alle zwei Wochen das Badewasser mit einem neuen Zucker-Tee-Gebräu ausgetauscht wird.

Im Folgenden findet ihr einige unserer Rezepte für Fermentationsgerichte sowie passende Beilagen. Alle Fermente lassen sich leicht in größeren Mengen zubereiten und im Kühlschrank lange lagern. So kann Lisa abends ohne großen Aufwand bunte abwechslungsreiche Potuck-Teller samt Aperitif sowie Nachtisch für unser Familienmahl zaubern.

Alle Rezeptinformationen sind Pi-mal-Daumen-Angaben und sollen den Einstieg erleichtern. Wir haben gute Erfahrungen gemacht, Fermentation nach Bauchgefühl zu betreiben. Alle unsere Fermente sind mittlerweile Unikate und schmecken jedes Mal etwas anders lecker. Die Intuition wird beim Improvisationsfermentieren geschult und das erfinderische Verwerten von überschüssigen Lebensmitteln wird gefördert. Versucht so viel wie möglich die Zutaten mit den Händen zu verarbeiten. Auf der Handoberfläche befinden sich die für Euren Körper wichtigen Bakterien, die sich dann bei der Fermentation vermehren können. Je besser Ihr bei der Zubereitung gelaunt seid, desto besser klappt die Fermentation! Wir wünschen Euch viel Spaß!

♡ ***Keimling-Trunk***

mit freundlicher Unterstützung von Anja, unserer langjährigen Potluck-Freundin, und inspiriert von Adi und Kevin von der Doppelsprosse

Zutaten:
40 Gramm Dinkel- oder Weizensaat + Einweichwasser
1 Liter Wasser
1 Kombucha-Scooby
100 ml Kombucha

Zubereitung:

1. *Saat über Nacht im Sprossenglas einweichen.*
2. *Saat für 2-3 Tage keimen lassen und morgens und abends spülen.*
3. *Keimlinge, Wasser und Kombucha in ein großes Glas mit Schraubdeckel oder Bügelverschluss füllen.*
4. *Scooby in das Wasser eintauchen und Glas luftdicht verschließen.*
5. *Alle zwei Tage die Fermentationsgase durch leichtes öffnen rauslassen. Zusätzlich kann der Scooby mit einem Holzlöffel oder Ähnlichem nach unten gedrückt werden. Das verhindert die Bildung von Kammhefe oder Schimmel.*
6. *Nach 4-5 Tagen den fertigen Keimlingtrunk umfüllen und im Kühlschrank lagern.*
7. *Scooby in ein Glas Kombucha mit einer Extraportion Zucker baden und einige Tage erholen lassen.*

Hinweise:

- *Macht sich gut als Begrüßungsgetränk, Aperitif und/oder Verdauungsgetränk*
- *Menge von Saat und Wasser variiert mit verwendeter Glasgröße*
- *Wir verwenden ein 1 Liter Glas mit einem Sprossendeckel, so müssen die Keimlinge nicht mehr umgefüllt werden.*
- *Der Fermentationsvorgang könnte auch länger sein und Kühlschranklagerung ist nicht zwingend notwendig. Probiert es mal aus!*
- *Die Keimlinge können kompostiert, aber auch kreativ weiterverwertet (z.B. Gras ziehen, essen) werden.*

Sauerkraut

Zutaten:
1 kg Weiss-/Rot-Kohl
100 ml Keimling-Trunk oder 15 Gramm Salz

Zubereitung:
1. *Ein Kohlblatt bei Seite legen, den Rest dünn und klein schneiden*
2. *In einer großen Schüssel den Kohl mit beiden Händen und viel Liebe (sowie dem Salz) ca. 5 Minuten kräftig durchkneten*
3. *In ein Glas mit Deckel, am besten mit Bügelverschluss füllen, Kohlblatt drauflegen und dann alles mit den Händen runter drücken*
4. *Keimlingtrunk darüber gießen, falls man kein Salz verwenden mag*
5. *Glas luftdicht verschießen und bei Zimmertemperatur mindestens 5 Tage lagern*
6. *Einmal am Tag nach dem Rechten schauen, eventuell den Deckel kurz aufmachen, um die durch die Fermentation entstehenden Gase raus zu lassen*

Hinweise:
- *Bei einem Bügelverschluss können die Gase auch ohne aufmachen entweichen.*
- *In Prinzip braucht man weder Salz noch Keimlingtrunk, dann ist aber die Wahrscheinlichkeit etwas höher, dass die Fermentation nicht klappt. Probiert es mal aus!*
- *Lagertemperatur und -dauer kann variabel sein. Wir lassen das Sauerkraut meist am Anfang im Dörrgerät für 24 Stunden bei 42 Grad, um den Vorgang zu beschleunigen und stellen es dann auf den Küchenschrank. Hält sich dann sehr viele Tage, wenn nicht Wochen!*

Süßkartoffel-Kimchi

leicht modifiziertes Rezept der Fermentista-Familie Shockey

Zutaten:
2 kg Süßkartoffeln geschält und geraspelt
1 mittlere Zwiebel gewürfelt
1 Paprika gewürfelt
5 Zehen Knoblauch kleingeschnitten
3-4 getrocknete Tomaten zerkleinert

1 TL Ingwer kleingeschnitten
1 TL Koriandersamenpulver oder anderes Gewürz
2 TL Cayennepulver
1-2 TL Salz oder 100 ml Keimlingtrunk

Zubereitung:
1. *Alle Zutaten in einer großen Schüssel vermengen und kräftig mit beiden Händen durchkneten*
2. *In ein Glas mit Deckel, am besten mit Bügelverschluss, füllen, alles mit den Händen runter drücken*
3. *Glas luftdicht verschießen und bei Zimmertemperatur lagern*
4. *Einmal am Tag nach dem Rechten schauen, eventuell den Deckel kurz aufmachen um die durch die Fermentation entstehenden Gase raus zu lassen*

Hinweise:
- *Die Zutaten können beliebig variiert werden. Mit roter Bete entsteht rotes Kimchi.*
- *Bei einem Bügelverschluss können die Gase auch ohne aufmachen entweichen.*
- *Lagertemperatur kann variabel sein. Probiert einfach mal aus! Wir lassen die Fermente meist am Anfang im Dörrgerät für 24 Stunden bei 42 Grad und stellen es dann auf den Küchenschrank, um den Vorgang zu beschleunigen.*

Cashew-Joghurt

Zutaten:
250 Gramm Cashew-Kerne
150 ml Wasser
100 ml Keimlingtrunk/Kombucha
1 TL Apfelessig
1 EL Flohsamenschalen

Zubereitung:
1. *Cashew-Kerne für 2 Tage einweichen und anschließend gut durchspülen*
2. *Alle Zutaten im Mixer pürieren*
3. *Ein verschließbares Glas zu ¾ mit der Masse füllen*

4. Ca. 8 Stunden bei mindestens Zimmertemperatur warmhalten bis sich Bläschen gebildet haben
5. Glas luftdicht verschließen und im Kühlschrank lagern

Hinweise:
- *Die Einweichzeit kann auch nur 2 Stunden sein. Bei zwei Tagen kommt der meiste Schleim raus.*
- *Die Fermentationstemperatur kann variabel sein. Probiert einfach mal aus! Wir lassen den Jogurt meist für 8 Stunden bei 42 Grad im Dörrgerät.*
- *Wer mehr regionale Zutaten verwenden mag, kann auch statt Cashew-Kernen Walnüsse oder Mandeln verwenden.*
- *Geht auch ohne Keimlingtrunk und Apfelessig.*

♡ ***Erdnuss-Paste***

Zutaten:
250 Gramm rohe Erdnüsse
200 ml Wasser
3 EL Hanfsamen
1 Zwiebel
2 Knoblauchzehen
3 getrocknete Tomaten
1 TL Ingwer
1 TL Chilipulver
1 TL Kurkuma
2 EL Keimlingtrunk/Kombucha

Zubereitung:
1. Alle Zutaten im Mixer pürieren
2. Verschließbare Gläser jeweils zu ¾ mit der Masse füllen
3. Einen Tag lang bei ca. 40 Grad warmhalten (z.B. im Dörrofen) bis sich Bläschen gebildet haben
4. Gläser luftdicht verschließen und im Kühlschrank lagern

Hinweise:
- *Die Zutaten und Mengen können beliebig variiert werden*
- *Lagertemperatur und -zeit kann variabel sein. Probiert einfach aus!*

Chili-Sauce

Zutaten:
250 Gramm Chili-Schoten
3 EL Hanfsamen
1 Zwiebel
2 Knoblauchzehen
3 getrocknete Tomaten
1 TL Ingwer
1 TL Kurkuma
1 EL Keimlingtrunk/Kombucha

Zubereitung:
1. Alle Zutaten im Mixer pürieren
2. Verschließbare Gläser zu ¾ mit der Masse füllen
3. Einen Tag lang bei ca. 40 Grad warmhalten (z.B. im Dörrofen) bis sich Bläschen gebildet haben
4. Gläser luftdicht verschließen und bei Zimmertemperatur für weitere 5 Tage oder länger fermentieren lassen. Bügelglas verwenden oder immer wieder mal öffnen um Fermentationsgase raus zu lassen.

Hinweise:
- Die Zutaten und Mengen können beliebig variiert werden
- Lagertemperatur kann variabel sein. Probiert einfach mal aus!

Sauerkrautkräcker

leicht modifiziertes Rezept von Andrea Delias – Die Wurzel
www.die-wurzel-shop.de

Zutaten:
250 g Buchweizen
250 g Sonnenblumenkerne
250 g Sesam
250 g Leinsamen
1,5 kg Sauerkraut
2 EL Kümmel
1 kg Karotten

Zubereitung:

1. *Buchweizen, Sonnenblumenkerne und Sesam über Nacht einweichen, ausspülen und für 2 Tage keimen lassen. Hierfür zweimal am Tag die Sprösslinge mit Wasser ausspülen.*
2. *Leinsamen für mindestens 10 Minuten einweichen.*
3. *Alle Zutaten in einer Küchenmaschine mit S-Messer zu einem Teig verarbeiten.*
4. *Masse auf Trockenblechen mit Folie verteilen und bei 42 Grad für 24 Stunden dörren.*

Hinweise:

- *Für eine einfache Schnellvariante, die fast genauso nahrhaft und schmackhaft ist, verwenden wir nur Leinsamen und Sauerkraut im 1:1 Verhältnis.*
- *Statt Leinsamen kann man auch Chiasamen verwenden.*
- *Statt Sauerkraut kann man auch andere Gemüsefermente verwenden.*
- *Das Mitmischen von eingeweichten Nüssen und/oder Hanfsamen erhöht den Proteingehalt.*

♡ *Kartoffel-Salat*

mit freundlicher Unterstützung von (Tausend-)Sascha, unserem multitalentierten vegan Buddy, und inspiriert von Adi und Kevin von der Doppelsprosse

Zutaten:

1 kg Kartoffeln
1 mittlere Zwiebel gewürfelt
2 EL Apfelessig
2 EL Senfkörner
1 EL Dill
1 EL Keimlingtrunk
Wasser zum Auffüllen

Zubereitung:

1. *Kartoffeln schälen, garkochen, in Scheiben schneiden und auf Zimmertemperatur abkühlen lassen.*
2. *Alle Zutaten in einem verschließbaren Glas leicht vermischen und mit Wasser auffüllen, so dass die Kartoffeln bedeckt werden. Ein Gewicht drauflegen.*

3. Glas luftdicht verschließen und bei Zimmertemperatur für 5 Tage oder länger fermentieren lassen. Bügelglas verwenden oder immer wieder mal öffnen um Fermentationsgase raus zu lassen.

Hinweise:

- *Als Gewichte verwenden wir ein Säckchen mit Kieselsteinen. Weitere Möglichkeiten sind eine kleine Schale oder was ähnlich Säurebeständiges, was sonst so in der Küche zu finden ist.*
- *Die Zutaten und Mengen können beliebig variiert werden.*
- *Lagertemperatur und -dauer kann variabel sein. Wir lassen den Kartoffelsalat meist am Anfang im Dörrgerät für 24 Stunden bei 42 Grad um den Vorgang zu beschleunigen und stellen es dann für eine Woche auf den Küchenschrank.*

♡ ***Flohsamen-Zucchini-Gnocchis***

kreiert von Lisas Bruder Jonas nach seiner Rückkehr aus Indien

Zutaten:

300 Gramm Mandeln oder andere Nüsse
1 mittelgroße Zucchini
25 Gramm Kapern
2 EL Flohsamenschalen

Zubereitung:

1. *Mandeln über Nacht einweichen (wer ein Dörrgerät hat, kann sie anschließend wieder trocknen, dann werden sie beim Mixen feiner)*
2. *Mandeln im Mixer oder der Küchenmaschine zerkleinern und in eine Schüssel füllen*
3. *Zucchini in Stücken sowie Kapern flüssig mixen und unter das Nussmehl rühren*
4. *Flohsamenschalen untermengen*
5. *Den fertigen Teig mit Esslöffeln zu Gnocchis formen und auf Dörrblechen verteilen*
6. *ca. 8 Stunden bei etwa 42 Grad dörren*

Hinweise:

- *Der milde Geschmack und die knusprig-weiche Konsistenz machen diese Gnocchis in der Rohkostvariante zu einer perfekten Beilage für die säuerlich schmeckenden Fermentationsgerichte.*

- *Wenn man die Zucchini und Kapern durch etwa 300 Gramm getrocknete Aprikosen, die über Nacht eingeweicht werden, ersetzt, erhält man wunderbare Rohkostplätzchen die an weihnachtlichen Konfekt erinnern.*

♡ Schoko-Lebkuchen

Zutaten für Teig:
400 g Erdmandeln gemahlen
200 g Datteln eingeweicht
200 g Feigen eingeweicht
100 g Chia
3 TL Lebkuchengewürz
1 EL Carob
1 TL Apfelessig

Zutaten für Glasur:
150 g Kakaobutter
150 g Kokosmus
4 EL Carob
4 EL Leinsamen gemahlen
2 TL Apfelessig

Zubereitung:
1. *Kakaobutter und Kokosmus schonend bei ca. 40 Grad schmelzen.*
2. *Chia für mindestens 5 Minuten im Einweichwasser von den Datteln und Feigen aufquellen lassen.*
3. *Alle Teig-Zutaten in der Küchenmaschine vermischen.*
4. *Teig in einer Kuchenform verteilen.*
5. *Alle Glasur-Zutaten mit einem Löffel vermischen und auf den Teig verteilen.*
6. *An einem kühlen Ort lagern, bis die Glasur fest ist.*

Hinweise:
- *Die Zutaten und Mengen können beliebig variiert werden.*
- *Wir schmelzen Kakaobutter und Kokosmus im Dörrofen. Man kann auch eine Schüssel verwenden und diese in einem Wasserbad erwärmen. Die Kakaobutter sollte soweit wie möglich zerkleinert sein.*
- *Sollte der Teig nicht fest genug sein, können noch mehr Chiasamen,*

geschälte Hanfsamen, gemahlene Erdmandeln und/oder Carob hinzugemischt werden.

- *Der Apfelessig gibt diesem leckeren Nachtisch einen Hauch von Fermentation, aber dieses Rezept ist eher der Gourmet-Rohkost zuzuordnenden. Entsprechend hält sich dieser Kuchen bei uns im Kühlschrank nicht so lange wie die üblichen Fermente, die weniger von zwischenzeitlichen Naschattacken betroffen sind.*

♡ *Schwarze Bohnen Tempeh*

Zutaten:
500 g trockene schwarze Bohnen
5 EL Apfelessig
1 TL Tempeh Starter-Kultur

Zubereitung:

1. *Schwarze Bohnen über Nacht einweichen und für ca. 45 min kochen.*
2. *Kochwasser abgießen, gekochte Bohnen in ein flaches Gefäß (ca. 5 cm hoch) verteilen, mit Apfelessig verrühren und bis auf ca. 30 Grad abkühlen lassen.*
3. *Tempeh Starter hinzufügen und noch mal gut umrühren.*
4. *Mit einem Trockentuch und darauf einem passenden Teller die Bohnen fest nach unten drücken und abdecken.*
5. *Ca. 36 Stunden bei 30 Grad lagern und fermentieren lassen, danach sollte sich auf den Bohnen weißer Edel-Schimmel gebildet haben.*
6. *Ein verschließbares Glas mit den Bohnen samt Edel-Schimmel voll machen, festklopfen und im Kühlschrank lagern. Wir essen den Tempeh danach ohne weitere Verarbeitung. Schmeckt gut als Salatbeilage mit der fermentierten Erdnuss-Paste.*

Hinweise:

- *Statt schwarze Bohnen kann man auch andere Bohnen ausprobieren.*
- *Der Edelschimmel ist ganz weiß, könnte aber mit normalem Schimmel verwechselt werden. Am besten daran riechen und Ihr werdet Euch sicherer fühlen!*
- *Statt mit flachem Gefäß, Trockentuch und Teller kann auch ein verschließbarer Frischhaltebeutel verwendet werden, bei dem man für die Luftzufuhr flächendeckend alle 2 cm kleine Löcher rein pickst. So verteilt sich der Edel-Schimmel noch gleichmäßiger auf den Bohnen.*

NACH DEM BUCH IST VOR DEM BUCH

Es ist vollbracht. Unser erstes Buch wurde veröffentlicht. Check. Das können wir jetzt von unserer To-Do-Liste streichen. Ein Kindheitstraum wurde uns erfüllt. Es scheint, dass wir bei unserem Wunsch an das Universum den richtigen Wortlaut gefunden hatten. Es war ein herausforderndes Familienprojekt, bei dem wir alle unseren Spaß hatten. Lisa hat die Illustration übernommen und die meisten Bilder gemalt. Yasu hatte dann die i-Tüpfelchen an Farbklecksern hinzugefügt. Tante Lydia gestaltete uns die Hochzeits-Dankeskarte sowie das „Oh, wie schön ist Offenbach!"-Bild. Oma Keiko kalligraphierte Yasus Namen beim Kapitel „Veganer Rohköstling" in chinesischen Schriftzeichen und Opa Norbert stellte uns sein ausdruckvolles Gemälde, dass er für seine Enkelin gemalt hatte für dieses Kapitel zur Verfügung. Bereits zu Lisas 30. Geburtstagsfeier ließen ihre Freunde und Familie das Wandgemälde entstehen, das eine kosmische Vorankündigung ihres „Wendepunktes" erahnen lässt. Tante Sandra, Onkel Muzius und Cousinen Eiryne und Kyana haben beim Kapitel „Wild entspannte Familienbande" ein schönes Familienbild für Yasu gemalt. Unser Foto bei der Hochzeitsfeier an der Boulderwand hat der ausgebildete Fotograf Onkel Jonas für uns geschossen.

Den meisten Text hat Moto auf dem alten Arbeitslaptop von Lisas Stiefvater getippt. Viele Erinnerungen sowie alle Gedankengänge und Erkenntnisse, die sich bei uns beiden Eltern gemeinsam über die Zeit entwickelt hatten, haben wir so auf's Papier gebracht. Welche Gedankengänge und Erkenntnisse Yasu gerade so entwickelt, können wir nur erahnen. Aber wir sind gewiss, dass er viele unserer Handlungen bewusster wahrnimmt, als es den Anschein hat. Er war beim Erstellen des Buches immer unsere Motivations- und Inspirationsquelle. Lisa hat im Nachhinein all die japanisch angehauchten Grammatikinterpretationen der deutschen Rechtschreibung angepasst, inhaltliche Ungereimtheiten ausgebessert und das Buch mit elementaren Textpassagen vervollständigt, indem sie Moto auf fehlende Sachverhalte hingewiesen hat. Nichtsdestotrotz trägt Moto als Initiator und selbsternannter Leiter dieses Familienprojektes die volle Verantwortung, insbesondere für die kontroversen oder eventuell missverständlich interpretierbaren Buchinhalte. Das Ressort Kritik, Reklamation und Beschwerden liegt allein in seinem Zuständigkeitsbereich. Für die Angelegenheiten Lob und Anerkennung sind alle Projektmitglieder ansprechbar.

Für uns war es eine kleine Zeitreise zurück zu unseren Anfangszeiten, als wir noch dabei waren uns kennenzulernen. All unsere damaligen Gedanken, Wünsche und Vorstellungen wurden uns wieder bewusst. Es war schön zu sehen, dass rückblickend alles was wir angestellt haben seinen Sinn hatte. Oma Anke hatte im Vorfeld das Manuskript gründlich auf für uns unvorteilhafte Aussagen überprüft und uns sehr wertvolle Hinweise gegeben. Wir danken hier schon mal allen Beteiligten am Buchprojekt ganz herzlich für ihren Einsatz!

Wir hatten 18 Verlage angeschrieben, darunter auch versehentlich einen Comic-Verlag, einen Esoterik-Fachverlag sowie einen Verlag der ausschließlich Ratgeber-Bücher herausbringt. Bei manchen warten wir immer noch auf eine Antwort, andere haben uns recht schnell, aber sehr freundlich abgesagt. Ein Verlag hatte gleich zu Beginn Interesse gezeigt. Herr Swiontek vom *Spirit Rainbow* Verlag hatte sich die Mühe gemacht, die noch recht fehlerhafte erste Version unseres Manuskriptes durchzulesen und uns im Anschluss einige hilfreiche Hinweise zu geben. Wir erhielten von seinem Verlag ein faires Angebot für ein Erstlingswerk. Nach reiflicher Überlegung und Abwägung aller Vor- und Nachteile, haben wir uns letztendlich aber entschieden, unser Buch selbst zu verlegen. Das Interesse sowie das Angebot von Herrn Swiontek hatte uns eine gewisse Bestätigung der Wertigkeit unserer Arbeit gegeben und uns zusätzlich motiviert. Das sogenannte Self-Publishing sowie die Finanzierung durch Crowdfunding sind spannende Themengebiete, die nochmal mehr Eigeninitiative und Selbstverantwortung von angehenden Autoren erfordern. Irgendwie konnten wir es nicht lassen, diese zusätzliche Entfaltungschance in Anspruch zu nehmen.

Wir haben mit unserer Buchveröffentlichung ein neues Beet in unserem Permakultur-Waldgarten erschaffen, dort die Samen gesät und dürfen nun gespannt abwarten was daraus erwächst. Jetzt haben wir wieder mehr Zeit für all die anderen Projekte.

Yasu wird bald zwei Jahre alt. Er geht fast täglich in seinen privaten Kinder(Permakultur-Wald)garten mit einer Betreuungsquote von mindestens eins zu eins. Mit seinen Betreuern fährt er Schubkarre, erfrischt sich im Planschbecken, baggert im Sandkasten Hügelbeete aus, bestaunt die Insekten sowie Vögel, hilft fleißig bei den Gartenarbeiten und beschäftigt sich viel in sowie mit der Natur. Yasu bedient sich noch häufig an Muttis Milchbar, aber mit jedem neuen Zahn der ihm erwuchs, hat er auch sein Repertoire an fester Nahrung erweitert. Er isst nun so ziemlich alles was seine Eltern auch essen. Wir sind weiterhin roh-vegan unterwegs. Mit der Zeit hat es sich so ergeben, dass wir querbeet von einem Rohkost-

Konzept ins nächste gehüpft sind. Es ist erstaunlich wie variabel man schon allein mit roh-veganer Ernährung sein kann. So haben wir uns, je nachdem was für Ratgeber-Bücher wir gerade gelesen hatten und welche Rohköstler uns diesbezüglich inspiriert hatten, unseren Speiseplan immer wieder umgekrempelt. Wir sind sozusagen rohköstliche Flexitarier. Mal hatten wir eine Phase, in der fast nur Obst gegessen wurde und dann aber auch eine Phase, in der wir ganz auf Fruchtzucker verzichtet haben. Wir hatten die Zeiten, in denen alle möglichen Smoothie-Varianten ausprobiert wurden, aber auch die Zeiten, in denen fast nur Säfte getrunken wurden. Hinzu kommen unsere Ausprobierphasen von allerlei Superfoods, gemischten Salaten, Wildkräutern, Nahrungsergänzungsmitteln, Algen, Trockenobst, Nussmusen, Fermenten und unsere Auseinandersetzungen mit der Gourmet-Rohkost oder dem Intervallfasten. Diese Bereitschaft zum Rohkost-Hopping ermöglicht es uns, unsere Ernährung jeder Zeit den äußeren Umständen anzupassen. So sind wir flexibel, wenn sich die regionalen und saisonalen Angebote an Frischkost ändern. Wir haben auch gelernt auf unseren Körper zu hören sowie auf seine sich verändernden Bedürfnisse zeitig und adäquat zu reagieren, indem wir nicht allzu strikt an einem Ernährungskonzept festhalten.

Unser derzeitiger Tagesspeiseplan beginnt in der Regel gegen 12 Uhr mit Obst sowie Wildkräutern. Wir haben jetzt den Luxus, Wildkräuter immer frisch in unserem Garten pflücken zu können. Unter anderem finden wir dort jede Menge Löwenzahn, Brennnesseln, Knoblauchsrauke, Rotklee, Labkraut, Taubnesseln, Schafsgarbe, Spitzwegerich, Breitwegerich und Gänseblümchen. Wir hoffen, dass sich demnächst noch viele weitere Wildkräuter bei uns heimisch machen. Giersch, Bärlauch und Gundermann sind da noch unsere Wunschkandidaten.

Am Abend essen wir dann noch eine Bowl aus unseren fermentierten Gerichten sowie frisches Gemüse und Salat. Abgeschlossen wird dann häufig mit einer Buchweizencreme aus gekeimtem Buchweizen, Bananen, Datteln, Hanfsamen, Chiasamen, Sesam sowie Carob. Für besondere Anlässe bereiten wir meist noch eine Rohkost-Torte zu.

Gesundheitlich geht es uns allen dreien sehr gut. Yasu hält meist ein bis zwei Stunden ein Mittagschläfchen und geht gegen neun ins Bett. Er schläft immer noch bei uns im Zimmer und kann jeder Zeit an Mamas Brust nuckeln. Wenn Yasu in seiner Tiefschlafphase ist, nutzen wir immer wieder die Gelegenheit, unsere Paarmeditation durchzuführen. Bis auf die Ausnahmen, wenn wir einen sehr ereignisreichen Tag voller neuer Eindrücke hatten, schlafen wir in der Regel alle sehr sanft und erholsam. Yasu ist dann morgens nach dem Aufwachen gegen acht Uhr besonders aktiv und spielfreudig. Ansonsten wird er immer größer, treibt allerlei Späße über den Tag verteilt und erkundet die Welt. Am liebsten läuft er weitgehend unbekleidet und entsprechend braungebrannt im Garten herum. Auch wenn es für uns schon recht kühl geworden ist, weigert er sich meist etwas anzuziehen. Anfänglich waren wir darüber schon besorgt, aber es scheint ihm tatsächlich nichts auszumachen. Hier vertrauen wir mittlerweile auf die Erkenntnis von Iceman Wim Hof. In seinem Buch *Nie wieder krank* beschreibt er, dass Babies einen überdurchschnittlich hohen Anteil an brauner Fettschicht besitzen und somit deutlich mehr Hitzeenergie generieren können als ein durchschnittlicher Erwachsener. Bis auf leichte Erkältungen am Anfang hat Yasu seitdem auch keine Erkrankungen mehr gehabt. Ein sehr erfahrener renommierter Kinderarzt (fast 80 Jahre alt und noch bis vor kurzem aktiv) konnte uns zusätzlich bestätigen, dass er vollkommen gesund ist. Nichtsdestotrotz konnte er uns auch bescheinigen, dass Yasu impfunfähig ist. Aufgrund der Vorerkrankungen der Verwandtschaft mütterlicherseits (z.B. MS, Demenz, Krebs, Schlaganfall, Herzinfarkt) wurde die Wahrscheinlichkeit eines Impfschadens für Yasu als so hoch bewertet, dass man eine Impfung nicht riskieren sollte. Auch seine Toilettenhygiene wird immer besser. Er trägt mittlerweile keine Windeln mehr. Wir warten noch gespannt auf den Moment, wenn Yasu sein großes Geschäft allein ins Töpfchen machen wird. Derzeit sagt er immer Lisa Bescheid, damit sie ihn abhält.

Lisa bewältigt ihre herausfordernden Tätigkeiten als Vollzeitbetreuung für Yasu weiterhin souverän und auch sie ist kerngesund. Die Muttermilchproduktion läuft konstant und hat noch nicht auf Kurzarbeit umgestellt. Sie kommt mit all den neuen Anforderungen sowie Wünschen, die Yasu immer wieder an sie stellt, zurecht. Sie wird stets als erste Bezugsperson von Yasu gefordert aber nicht überfordert. Und doch ist sie manchmal auch genervt, wenn wir Jungs nicht so agieren, wie es ihr passt, aber das bringt dann wiederum willkommene Abwechslung in unsere Familienunterhaltungen. Um Dampf abzulassen, schneidert sie dann was auf Omas alter Nähmaschine aus Telgte. Yasu hat sie schon ein Höschen mit Eintracht-Emblem aus einem alten Bettlaken maßgeschneidert und für Moto hat sie zwei veraltete Jeans in neue schicke Gartenarbeitshosen veredelt. Wir Jungs tragen diese exklusiven Einzelstücke voller Stolz und freuen uns schon auf weitere handgefertigte Outfit-Unikate.

Moto ist auch fit und hat all seine Achtsamkeits-Übungen sowie sportlichen *Freeletics*-Einheiten in den Garten verlagert. So buddelt er Schaufel für Schaufel Erde aus dem Boden, sortiert aufmerksam den Müll sowie Schutt aus, füllt die Löcher wieder mit sauber gesiebter Erde und legt bedacht neue Beete an. Er trainiert seine Beinmuskulatur, indem er Schutt, Erde oder Yasu mit der Schubkarre von A nach B transportiert. Für die Oberkörpermuskulatur werden die großen Zementbrocken die hier und da in der Erde auftauchen, ausgegraben, mit dem Vorschlagshammer zerkleinert und auf einen Haufen geworfen. Ansonsten wird noch für das Koordinationstraining gesägt, gehackt und Scherben gesammelt. Ein zwei Mal die Woche joggt er auch zum nahegelegenen See und schwimmt dort mit den Enten. Um den Einstieg ins erfrischende Wasser zu erleichtern, führt er vorher noch spezielle Atemübungen von Wim Hof durch. So trainiert er noch nebenbei seine Kältebeständigkeit und könnte bald wieder mit Yasu konkurrieren. Ansonsten geht er gewissenhaft seiner Tätigkeit als Berufschullehrer nach und übernimmt all die Aufgaben wie Präsenzunterricht oder Materialerstellung, die auch ohne Online-Zugriff durchgeführt werden können.

Mit unserer Jurte sind wir auch schon weitergekommen. Mittlerweile wurde die Dachkrone, deren Stützen sowie die Scherengitter repariert, die damals beim Sturm am meisten gelitten hatten. Dabei haben wir tolle Unterstützung von Opa Norbert bekommen. Motos Stiefvater hatte sich als praktisch orientierter Ingenieur die Sache genau angeschaut, den Reparaturbedarf analysiert und uns verständlich erklärt, was wir alles machen müssen. Dabei werkelt er immer selber tatkräftig mit und leistet Erstaunliches. Er wird dieses Jahr 80 Jahre alt. In seiner Altersklasse gehört er wohl zu den fittesten. Beispielsweise ist er einer der engagiertesten aktiven Mitglieder seines Bogenschützenvereins. Schon früh in seiner Erwachsenenzeit hat er sich mit dem Buddhismus sowie zu den Lehren passenden alternativen fleischlosen Ernährungsformen wie der Makrobiotik beschäftigt. Seit seinem 35. Lebensjahr ist er praktizierender *Theravada*-Buddhist. Für Moto ist es etwas Besonderes, wieder mit seinem Ziehvater gemeinsam werkeln und basteln zu können. Mit Studium, Arbeit sowie anderen sozialen Verpflichtungen wurden die vielen gemeinsamen Aktivitäten, die Moto zu seiner Jugendzeit noch mit ihm durchführen durfte, ohne es beabsichtigt zu haben, in der Erwachsenenzeit geringer und geringer. Dass sich dies nun geändert hat, ist wahrlich ein unerwartetes Geschenk. Das Verhältnis von Stiefsohn und Stiefvater war vielleicht nie so gut wie jetzt.

Auch die Beziehung von Moto zu seiner Mutter ist wieder auf einer harmonischen Ebene voller gegenseitigem Respekt und Anerkennung angelangt. Das war nicht immer so. Auch ohne Verkettung von Missverständnissen oder falschen Annahmen haben sich die beiden oft unnötig verkracht und auf das heftigste gestritten. Mit keiner Person der Welt konnte sich Moto so schön anschreien wie mit seiner Mutter. Aber das Kontingent dieser emotionalen Ausbrüche scheint bei beiden so langsam und endgültig ausgeschöpft zu sein. Jetzt, wo plötzlich all die Flugreisenden ausbleiben, hat „Cookie“ wie Yasu seine japanische Oma Keiko liebevoll nennt, viel Zeit ihren Sohn und Enkel zu besuchen. Sonst war sie sehr beschäftigt, all die vielen japanischen Touristen zu betreuen. „Cookie“ kommt von der yasusprachlichen Silbenvertauschung von Keiko zu Ko-Kei. Es hat eine Weile gedauert, bis Moto das verstanden hatte.

Jetzt kommt „Cookie“ mindestens zweimal die Woche zu uns und erhöht damit dankbarerweise die Betreuungsquote von Yasu. Dabei erfreut sie uns fast jedes Mal mit gerettetem Obst und Gemüse vom Hanauer Wochenmarkt. Sie hat es sich zu ihrer Aufgabe gemacht, alles unverkaufte Frische, was sonst weggeworfen werden würde, kostengünstig abzuholen und in ihrer Nachbarschaft zu verteilen. Teilweise verarbeitet sie dieses zu Marmelade und Eingemachtem und verschenkt dies wiederum weiter. Wir werden dann mit vielen leckeren reifen Obstsorten, darunter auch tropische Kostbarkeiten wie Mangos oder Papayas, sowie mit eigens fermentiertem Gemüse japanischer Art beglückt. Mit ihren bald 78 Jahren ist sie so fit wie ein Paar Turnschuhe und zieht diese auch gern an. Yasu wird noch einige Jahre brauchen, bis er so zügig und so ausdauernd gehen kann wie seine unterhaltsame Oma. Sie hat schon immer das japanische Rezept von Langlebigkeit beachtet. Sie isst immer nur so viel, dass sie zu etwa 80 Prozent satt ist. Den Konsum von tierischen Produkten hat sie seit Motos Ernährungsumstellung auch deutlich reduziert.

Über Fronleichnam im Juni 2020 waren wir auch wieder auf einem Rohkostcamp. Rohkelchen Corinna von *Voicehealing* hatte einen herrlich weiträumigen Zeltplatz bei Euskirschen ausfindig gemacht und dort ein über vier Tage andauerndes Come-Together organisiert, bei dem wir wieder viele inspirierende Begegnungen hatten. Wir haben viel im „Circle“ sowie am Lagerfeuer musiziert und gesungen, haben viele leckere rohköstliche Mahlzeiten verspeist, Yoga praktiziert und allerlei Späße getrieben. Es war schön, wieder in der freien Natur zu sein. Dort haben wir auch Wolke kennengelernt, einen erstaunlich jungen Selbstversorger mit seiner lieblichen Partnerin Michelle, der nach seinem Abitur auf eine persönliche Wanderschaft gezogen war und sich im Selbststudium zu einem praktisch-orientierten Permakulturexperten fortgebildet hat. Auch bekannt als Zirkeldreher, hat er all sein angesammeltes Wissen in das Buch *Auf Ins Jetzt* und in ein selbstkonzipiertes Kartenspiel *Permaplay* gepackt. Beides sind sehr empfehlenswerte Offline-Datenmaterialien für internetlose Permakultur-Waldgarten-Einsteiger wie wir.

Zwei Wochen später haben wir uns mal getraut auf eine *Querdenker*-Veranstaltung zu gehen, die in Darmstadt auf dem Messplatz stattgefunden hat. Bei den *Querdenker*-Veranstaltungen kommen Menschen zusammen, die die Sinnhaftigkeit der bisherigen Notverordnungen der Bundesregierung anzweifeln. In den gängigen Medien wurde öfters berichtet, dass sich bei solchen Treffen Rechtsradikale, Verschwörungstheoretiker sowie Antisemiten tummeln und einige davon sogar unseriöse Reden halten würden. Andererseits hatten wir von guten Freunden, die mehrmals schon auf diesen Events waren, gehört, dass es dort sehr gesittet zugehe und man viele tolerante nette Menschen antreffen würde.

So wie wir es nun erlebt haben, können wir sagen, dass es sich um eine multikulturelle seriöse Veranstaltung handelt, die fernab von Rassismus und/oder skurrilen Verschwörungstheorien ist. Die Reden, die wir mitgekommen haben, waren allesamt amüsant sowie erhellend. Auch das Informationsmaterial, dass wir mitnehmen durften, war leicht verständlich und schlüssig geschrieben. Wir gehen zwar immer noch davon aus, dass langfristig gesehen der „Lockdown" keine wesentlichen negativen Folgen für die Gesellschaft haben wird, aber können jetzt besser nachvollziehen, warum immer mehr verstärkt auf eine sofortige Wiederherstellung aller Grundgesetze pochen.

Für uns hat sich dieser Ausflug nach Darmstadt in sofern auch gelohnt, da wir unverhofft zwei alte Bekannte getroffen haben, die uns bei unserem Buchprojekt weiterhelfen konnten. Ansonsten wurde bei diesem Come-Together von gutgelaunten Menschen noch viel gelacht, musiziert und getanzt. Es war ein schönes Familienerlebnis. Das Konzept hat uns so gut gefallen, dass wir später auch bei den Veranstaltungen in Berlin und Frankfurt teilgenommen haben.

Der Befriedungsprozess unseres Grundstückes in Mittelgründau läuft immer noch und wir warten auf unseren Gerichtstermin in Frankfurt. Aber auch unabhängig davon blüht unsere „wilde Wiese" farbenfroh und ist immer eine willkommene Ausflugsstätte für unsere Familie. Für Yasu wird es noch lange sein privater Abenteuererlebnispark bleiben. Wir sind gespannt, wann und wie er dann mit seinen Freunden die ersten Verstecke dort bauen wird.

Viel Außergewöhnliches ist also seit dem Beenden der letzten Kapitel dieses Buches nicht mehr passiert. Wir führen weiter unser bescheidenes Leben in Bürgel und erfreuen uns an jedem Tag, den wir für unsere gestalterischen Tätigkeiten vom Universum geschenkt bekommen. Von uns aus kann das noch eine Weile so weitergehen. Sollten uns dann doch mal wieder herausfordernde Ereignisse widerfahren, werden wir uns in die Blogosphäre begeben sowie euch berichten und/oder gleich unser zweites Buch schreiben. Bis dahin wünschen wir euch allen eine gesegnete Zeit voller Zuversicht und Freude!

Mit ganz lieben Grüßen,
Lisa, Yasu und Moto

www.lisaconmoto.com

VON HERZEN DANKE

Um dieses Buch zu schreiben musste viel passieren. Bei all unseren Unternehmungen und Projekten, von denen wir hier berichten, wurden wir von vielen lieben Menschen unterstützt und gefördert. Bei der Hochzeit, beim Aufbau der Jurte, beim Umzug, bei Yasus Geburt, bei den Potlucks, bei den Reisen, bei Familienbesuchen und zuletzt bei den Gartenarbeiten kamen immer uns wohlgesinnte Menschen hinzu und gaben uns die nötige Lebensenergie. Wir danken Euch allen, Familie und Freunde, von ganzem Herzen! Ihr habt es uns ermöglicht, all die schönen Erfahrungen zu durchleben, die wir in Form dieses Buches wiedergeben durften. Extradank auch an jene, deren Vornamen wir verwenden durften. Damit konnten wir eine persönlichere Verbindung zu unserer Geschichte schaffen.

Wir danken Dir, Mutter-Vater-Schöpfer-Universum, für Deine Führung beim Schreiben dieses Buches. Ein Stück weit konnten wir nachvollziehen wie es Neale Donald Walsch ergangen sein muss, als er seine Gespräche mit Dir hatte. Wir haben die erste Manuskriptfassung dieses Buch in einer für uns rekordverdächtigen Zeit von drei Wochen aus den Texten unserer Blogs sowie Webseiten zusammengestellt und mit weiteren Geschichten ergänzt. So konnten wir uns frühzeitig um das Drumherum einer Buchveröffentlichung kümmern. Wie bereits bei den Blogs, entstanden die prägnantesten Texte meist am frühen Morgen, getrieben durch einen schier unerschöpflichen Fluss von Ideen und Eingebungen aus unserem tiefsten Inneren. Wir sind der Stimme des Herzens gefolgt, die Deine Stimme ist. Als Teil des großen Ganzen erfreuen wir uns daran, unseren bescheidenen Beitrag für einen höheren Gestaltungplan geleistet zu haben.

Wir sagen uns selbst danke für diese schöpferische Leistung, die wir als Familie vollbringen durften. Lisa, als wahres Familienoberhaupt und mit dem verantwortungsvollsten, aber gesellschaftlich noch verkannten wichtigsten Job der Welt als Vollzeitmama und Haushalts- sowie Gartenmanagerin, erschafft tagtäglich die allerbesten Voraussetzungen, dass ihre beiden Zöglinge wachsen und gedeihen können. Yasu, als derjenige mit dem besten Gespür für die Belange von Mutter Erde sowie für den Zuwendungsbedarf, die er für seine optimale langfristige Potentialentwicklung benötigt, führt seine ihm anvertrauten Seelenkinder immer wieder auf die wahre Fährte der Elternschaft, wenn diese mal wieder durch gesellschaftliche Normvorstellungen ihre Orientierung verloren haben. Moto, der einzige Verdienstempfänger mit Internetzugang, dient voller Herzensgüte und Hingabe seinen beiden allerliebsten Erdlingen, indem er ihnen den nötigen finanziellen Halt gibt sowie die administrativen Verpflichtungen der Familie bewältigt.

Wir bedanken uns ganz herzlich bei all denen, die uns beim Drumherum unserer Buchveröffentlichung tatkräftig unterstützt haben. Mit Eurem professionellen Beistand habt Ihr uns absoluten Anfängern den nötigen Mut gegeben, bei der Veröffentlichung von vermeintlich unbequemen Inhalten wie Impffreiheit, Hausgeburt, roh-veganer Kinderernährung oder Virusinterpretation standhaft zu bleiben. Mit Andreas von *voice-design* hatten wir gleich jemanden, der uns die Bücher vegan drucken und fast wöchentlich neue Tipps zur Buchgestaltung geben konnte, wenn er seinen *Solawi*-Anteil bei uns abholte. Für die Cover- und Layoutgestaltung waren wir intuitiv zur richtigen Zeit an der richtigen Stelle um Larissa Spindler anzutreffen. Nina und Andres von *natürlichfrei* sowie Petra und Sabine vom *Bioeck* hatten gleich spontan ihre Läden für den Bücherverkauf angeboten. Die Finanzierung ermöglichten uns die lieben Menschen von *Startnext.com* sowie unsere megacoole (Wild-)Crowd-Community. Hinzu kommen noch all diejenigen, die uns unheimlich wertvolle Nach(haltigkeits)worte geschenkt haben, die im Anschluss zu lesen sind.

Wir sind erfüllt von all der Liebe und dem Zuspruch, die wir vor, während sowie nach unserem Familienbuchprojekt von allen Mitmenschen erfahren durften. Wir sagen von Herzen Danke an unsere Gemeinschaft!

ZUHAUSE

für mehr
Mut & Zuversicht
weitere Infos unter
startnext.com/permakultur-waldgarten
Bitte unterstützt uns!
Ein Buch über Fülle
Freude & Verständnis
Geschrieben für alle
Erdlinge dieser Welt
lisaconmoto.com
KRATIE
RESPEKT
&
Liebe

ÜBER DIE AUTOREN

Lisa Watanabe
Jahrgang 1984, glücklich verheiratet, diplomierte Instrumentallehrerin und Musikerin, ehrenamtliche Vollzeitmama und Haushalts- sowie Gartenmanagerin. Querflötistin, *Cirque du Soleil*-Liebhaberin und Wiederholungsgast der Insel Amrum. Lange Erfahrungen im Einradfahren, Glückskraniche falten sowie Jonglieren. Hat sich schon immer gern künstlerisch ausgetobt. Erlebte ein wunderbares Jahr in Australien als Gappie gleich nach ihrem Abitur. Lernt derzeit fleißig japanisch für die Bahnreise in Motos Heimatland in naher Zukunft und hat schon mal angefangen ein paar Outfits für die Familienband zu nähen.

Yasuki „Yasu" Watanabe
Jahrgang 2018, glücklich geboren, Freilerner und Spielkind, Langzeit-Muttermilchempfänger und inoffizieller Entscheidungsträger der Familie. Ballspieler, Kokosnuss-Fan und Bagger-Liebhaber. Hat mit durchwachsenem Erfolg schon seine ersten Erfahrungen in Haushaltstätigkeiten wie Wischen, Fegen und Spülen gesammelt. Übt derzeit fleißig Tanzschritte sowie Gitarre-Zupfen für seine Familienband-Auftritte in naher Zukunft und hat schon mal angefangen im Sandkasten sein eigenes Permakultur-Waldgärtchen zu erschaufeln.

Motohisa „Moto" Watanabe
Jahrgang 1974, glücklich verheiratet, diplomierter Kaufmann mit einem Master in Wirtschaftspädagogik, hessischer Landesbediensteter an einer gewerblichen Berufsschule in Hanau und Familienadministrator. Fußballer, Eintracht-Fan und Liebhaber der Serie *Friends*. Lange Erfahrungen in Judo, Wing-Tsun sowie Salsa. Ist ein gefräßiger Bücherwurm und schäkert immer mal gern mit den privaten oder öffentlich-rechtlichen Medien. Übt derzeit fleißig Mantra-Gitarren-Gesang für die Familienband-Tour in naher Zukunft und hat schon mal angefangen, die Ente Tiny-House-zugfähig mit einer Anhängerkuppelung aufzurüsten.

Yasus „ökologischer“ Fußabdruck

Nach(haltigkeits)worte

Die Welt braucht Gemeinschaften!

Aufgewachsen in einem 300-Seelen-Dorf hab ich noch Unterricht in einer Zwergschule und dörfliche Lausbubengemeinschaft genossen. Spielen konnte ich u.a. auf dem Resthof meines Großvaters, der bis dahin als Schäfermeister gearbeitet hatte. Trennung zwischen Arbeit und Freizeit kannte ich damals noch gar nicht. Es machte mir genauso viel Spaß, bei der Heuernte zu helfen, wie anschließend mit den Heuballen Höhlen zum Versteckspielen zu bauen. Auch als ich als Achtjähriger bei damals noch wenig Straßenverkehr allein die Kühe von der Weide in den Stall holte, empfand ich dies nicht als Arbeit, obwohl ich erstmals einige Groschen dafür bekam. Aber die sparte ich meistens, weil das Dorfleben kaum Bedürfnisse unerfüllt ließ bzw. keine weckte, die sich nur mit Geld hätten befriedigen lassen.

Diese positiven Erfahrungen brachen abrupt ab durch den Umzug in ein anderes Dorf, unglücklicherweise noch während der Grundschulzeit. Der Grund für den Umzug: Mein Vater hatte ursprünglich Schuhmacher gelernt, pendelte danach jedoch aufgrund zunehmender Industrialisierung zig Kilometer weit, um in Hannover als Bauarbeiter mehr Geld zu verdienen. Diese Hilfsarbeiter-Tätigkeiten füllten meinen Vater jedoch nicht aus. Dadurch wurde in ihm der Wunsch zum eigenen Hausbau verstärkt, ebenso durch den Zerfall unserer Großfamilie im „Wirtschaftswunder" der fünfziger Jahre. Zwecks Verringerung der Arbeitsplatzentfernung meines Vaters zogen wir also in eine dörfliche Neubausiedlung am Rande des Großraums Hannover, „verkehrsgünstig" umgeben von Hauptstrecken der Bundesbahn. Dort erlebte ich die Trennung zwischen Wohnen und Arbeiten (Berufspendler) sowie zwischen Alteingesessenen und Zuzüglern besonders negativ. Obwohl dieses Dorf auch noch landwirtschaftlich geprägt ist, konnten wir keine Milch mehr direkt vom Bauern bekommen. Der (bald nicht mehr) fruchtbare Boden der Hildesheimer Börde wird monokulturell hauptsächlich für Zuckerrübenanbau genutzt. Der Dorfwald wurde schon vor langem abgeholzt und die Beobachtung der Herbststürme über den riesigen kahlen Feldern läßt mehr und mehr die sich anbahnende Verwüstung, u.a. durch Winderosion, erahnen.

Diese Negativeindrücke aus meiner frühsten Kindheit und die Erinnerungen, dass es auch anders geht, förderten vielleicht im Unterbewusstsein meine Motivation mich langfristig für die Ökodorf-/Gemeinschaftsbewegung zu engagieren, in der ich bereits seit 1980 aktiv bin. 1992 habe ich dann das *ÖKODORF-Institut* gegründet, um konkret all denen zu helfen, die sich ihrerseits für und mit Gemeinschaften ihren Beitrag für ein friedliches Zusammenleben leisten wollen. Wir suchen stets gemeinsam nach neuen Lösungen unter Berücksichtigung des Alt-Bewährten.

Angesichts der Auswirkungen des Klimawandels, der größer werdenden Probleme, die unser Umgang mit der Umwelt verursacht und der zunehmenden Vereinsamung und auch Verrohung auf der zwischenmenschlichen Ebene wird klar, dass wir das Schicksal der Menschheit nicht mehr Einzelnen überlassen können, die aus Profitgründen oder aus einer Spaltung heraus agieren.

Wir wissen das alle – und jeder wünscht sich eine Veränderung, aber niemand weiß eine Lösung dafür, denn es gibt kein historisches Vorbild, wie mensch sich in einer solchen Situation verhalten könnte.

Es braucht mehr als eine Person, die nur über ein begrenztes Wissen verfügt. Es braucht ganz viele Menschen, die ihre Talente in eine Waagschale legen, damit aus dieser einzigartigen Mischung etwas Neues entstehen kann. Um das zu tun, müssen wir lernen in Gemeinschaft zu leben und als Gemeinschaft zu agieren. Es geht nicht mehr darum, wer besser, schöner, reicher oder sportlicher ist. JedeR hat ein ganz bestimmtes Talent, das zählt, damit das Bild zu einem sinnvollen Ganzen wird. Die Menschheit steht vor einer großen Aufgabe, nämlich sich ein Herz zu nehmen und zu lernen, wie mensch gemeinsam anpackt und anfängt für das Große und Ganze zu denken und zu leben.

So stellen sich die Fragen: Wie und wo kann mensch das lernen? In Zusammenarbeit mit dem *ÖKODORF-Institut* öffnet die Gemeinschaft *Maibacher Schweiz* zweimal im Jahr ihr Haus, um einen Herzensraum zu bieten, in dem Gemeinschaft gelebt werden kann: Das Gemeinschaften-Festival!

Dieses abwechslungsreiche Event, das Gemeinschaftsbegeisterte sowie –interessierte zusammenbringt, findet bereits seit 1997 statt. 2017, so ziemlich genau 20 Jahre später, waren dann Lisa und Moto wie hier im Buch beschrieben mit dabei. Ein sympathisches Ehepaar, damals noch voller Enthusiasmus, einen eigenen Familienlandsitz zu errichten. Sie hatten mit Begeisterung all unsere Seminarangebote wahrgenommen. Vielleicht hat ihnen der Austausch mit uns im Nachhinein geholfen mit ihren späteren Rückschlägen konstruktiv umzugehen und einen neuen eigenen Weg zu finden. Wir waren jedenfalls erfreut, als sie 2019 wieder beim Festival teilnahmen und ihren niedlichen Gemeinschaftszuwachs präsentierten. Was sie alles auf dem Weg zum Selbstversorgertum und Gemeinschaftsbildung erlebt haben, habt ihr ja bereits gelesen.

Es wäre schön, wenn sich durch dieses Buch noch mehr Menschen für die Ökodorf-/Gemeinschaftenbewegung begeistern können. Hier zählt jedeR Einzelne. Die Familie Watanabe hat gezeigt, dass man nicht weit umsiedeln und Verwandte sowie alte Freunde hinter sich lassen muss. Nachhaltige Gemeinschaften können überall, auch in Mitten von Großstädten, entstehen und wachsen. Es bedarf nur einer gewissen Eigeninitiative und Geduld. Solange ihr offen für neue Ideen seid, euch bewusst macht, dass es keine absolute Wahrheit gibt, immer wieder mal Dinge kritisch hinterfragt und dogmatisches Verhalten vermeidet, werdet ihr euren Weg finden. Solltet ihr noch Starthilfe gebrauchen, kommt zum Gemeinschaften-Festival und/oder lasst bei einer meiner *Prana-Wanderungen* eure Visionen aufleben. Ihr seid jederzeit herzlich willkommen!

Euer Karl-Heinz Meyer, der Prana-Wanderer aus dem Schwarzwald
oekodorf@gemeinschaften.de

Die Nachhal(l)tigkeit von Musik und Klang

– ein musikalisches Selbstversorger-Konzept –

Musik ist in unserer Gesellschaft ein fester Bestandteil des alltäglichen Lebens, aus jeder Ritze werden wir beschallt, wir lassen uns freiwillig bei jeder Gelegenheit berieseln, oft ohne überhaupt bewusst wahrzunehmen, was da auf unsere Ohren einprasselt. Musik wird als selbstverständliches Unterhaltungsprodukt konsumiert, massenhaft, billig, in jeder Geschmacksrichtung zu haben, in der Regel aus der Konserve, gerne mit künstlichen „Geschmacksverstärkern" aufgemotzt oder mit akustischem Zuckerguss aus der Retorte weichgespült, eine Art akustisches Fastfood steht den hochstilisierten Menüs der Hör-Gourmets gegenüber, gemeinsam ist ihnen allen der Konsumcharakter. Perfektionismus, Glamour und akrobatische Hochleistungsshows sind untrennbar mit der „Ware" Musik verknüpft, und so wundert es nicht, dass von den wenigen, die den Sprung an die Spitze des Show-Bizz geschafft haben, die meisten sich keiner ganzheitlichen Gesundheit erfreuen. Zu hoch ist der Druck, zu stressig das Geschäft, und das nicht erst seit gestern. Und dennoch hat Lisa den klassischen Weg der Berufsmusiker*innen-Ausbildung gewählt und sich in die Mühle der Musikhochschul-Laufbahn begeben. Wie konnte es dazu kommen?

Nun, ich vermute, ich hatte ein wenig „Schuld" daran, denn immerhin habe ich Lisa mindestens 10 Jahre lang bei ihrer Entwicklung mit der Querflöte als Lehrerin, und später dann auch einige Jahre als Freundin und Kollegin im *Flötenspektakel* begleiten dürfen. Es war mir immer eine große Freude, mit Lisa zusammen zu arbeiten. Ihre Begeisterungsfähigkeit für die Musik, ihr gutes Gespür und ihre Kreativität waren leicht zu beflügeln, und das hat dann auch auf mich selber zurückgewirkt, sodass wir uns eigentlich ständig gegenseitig in unserer Begeisterung befeuerten.

Ich liebte es, mit ihr Improvisationsspiele zu entwickeln und auszuprobieren, Geschichten zu Musikstücken zu erfinden, oder genau andersherum Musik zu Bildern oder Geschichten zu improvisieren. Aber gleichzeitig kümmerten wir uns damals auch noch um die „ernsten" Erfordernisse der ganz und gar nicht locker-leichten klassischen Musikwelt.

Lisa erlebte und begleitete ihrerseits meine ersten Schritte hin zu der Musikerin, die ich heute bin, eine Musikerin, die sich bewusst dem Mainstream versagt, die immer auf der Suche ist nach den unentdeckten und wenig beschrittenen Pfaden des direkten musikalischen Ausdrucks, dieser gewaltfreiesten aller Kommunikationsformen, bei der sogar alle Gesprächspartner*innen gleichzeitig sprechen können, ohne dass jemand ungehört bleibt. Immer auf der Suche nach neuen Formen des Miteinander- und Füreinander-Musizierens, unabhängig von Vorbildung und Können, immer freier von vorgefertigten Vorlagen setze ich mich zunehmend dem Wagnis, spontan sich ereignender musikalischer Inspiration aus, die direkt von Herz zu Herz schwingt und ohne viel Technik und elektrischen Energieaufwand auskommt, hand- und herzgemacht eben, unmittelbar, immer einzigartig, nicht konservierbar und quicklebendig.

Nach Lektüre des Buches, das von Lisas und Motos Lebenseinstellung berichtet, scheint es mir, als vertrete ich eine Art Parallel-Haltung in Sachen Musik, in dem ich Menschen (und mich selbst) ermutige, sich selbst intensiv mit Klängen, Tönen und deren Ausdrucksmöglichkeiten und Wirkungen auseinander zu setzen, sie selbst hervor zu bringen, statt sich passiv von einer Massenindustrie mit allen möglichen mehr oder weniger wertvollen Sounds beschallen zu lassen.

Nachhal(l)tigkeit ist mir beim Erleben von Musik und Klang mittlerweile zum Hauptanliegen geworden. Nur wenn es in uns nach-hallt, erfüllt Musik ihren heiligen Zweck, uns mit jener schöpferischen Energie in Verbindung zu bringen, von der es in allen Religionen der Erde sinngemäß heißt: „Am Anfang war der Klang". Musik ganz persönlich durch sich selbst erklingen zu lassen, im originalen Wortsinn von per-sonare = hindurch klingen, kann uns für den Augenblick mit der Urkraft allen Seins verbinden und uns einen direkten Zugang zum Alleins, Nirwana, Paradies oder der sogenannten Erleuchtung verschaffen. Gemeinsam ist ein solches Erlebnis sicher mit der Verschmelzung eines Paares beim Liebesakt zu vergleichen.

Der Klang wie der Augenblick sind flüchtig und vergänglich, wie alles, was wir wahrnehmen können, die Wirkung hingegen hallt in uns nach, oft bis zur letzten Stunde des Lebens. Für so etwas braucht es hauptsächlich ein offenes Ohr und ein offenes Herz.

Natürlich gibt es auch in der Musik jede Menge Konzepte, die man ausprobieren und auch wieder verwerfen kann, natürlich gibt es Oberflächlichkeiten, Irrwege, Dogmen, Engstirnigkeiten, rücksichtslose Freiheitsfanatiker, auch und gerade in der Welt der ausübenden Musiker*innen. Erstaunlicherweise entpuppen sich bei den kreativen „Stegreif-Sing-Angeboten" oder den Improvisationsworkshops mit Elementaren Musikinstrumenten gerade die vermeintlich „unmusikalischen" Vertreter*innen unserer Spezies als besonders einfallsreich, da sie oft nicht mit eigenen überhöhten Ansprüchen zu kämpfen haben und einfach mal drauflos tönen, auch wenn es nicht immer dem gängigen Schönheitsideal entspricht.

Dass Lisa und Moto in dieser Hinsicht ziemlich hemmungslos und mit viel Verspieltheit an die Möglichkeiten des stimmlich-musikalischen Ausdrucks herangehen, konnte ich spätestens bei ihrer Hochzeit erleben, als sie sich in einer spontan erfundenen Fantasiesprache singend ihre Liebe erklärten oder eben auch eine Nonsens-Auseinandersetzung führten – sind Auseinandersetzungen in der Ehe nicht ohnehin meistens am Rande von Nonsens? Wer es genauer wissen möchte, kann ja mal beim nächsten Ehezwist versuchen, die Beschimpfungen gesanglich zu äußern! Man muss allerdings damit rechnen, dass der ernste Streit schlagartig in einem humorvollen Gewand daherkommt und man leider nicht an der eigenen Wut festhalten kann.

Es erstaunt mich nicht, dass die Familienband von Lisa und Moto zu einem musikalischen Selbstversorger-Projekt heranwächst, das nicht nur die Familie selbst, sondern auch alle, die sie hören, erfreuen, berühren und bereichern möge. Ich freue mich sehr, dass die Saat, die ich vor rund 25 Jahren begann zu säen, so nachhal(l)tig aufgegangen ist und wünsche *LisaconMoto* noch viele klangvolle und herzerwärmende Stunden mit der Magie der Musik!

Eure Klangpoetin Stefanie Bieber | *www.stefanie-bieber.de*

Glück ist Jetzt!

Ich habe dank weltoffener & jazziger Eltern mir & meinen Freunden immer Begegnungsorte zum Entfalten & Ausprobieren geschaffen, habe das bis heute so beibehalten, nenne diese Berufung mein „Lieblingsspiel“ und verdiene mittlerweile Geld damit. Studiert habe ich Management (BBA) in London, Strasburg und Miami und nenne es im Nachhinein eher „Menschenment“!

Das seit Jahrzehnten etablierte Team von freien Menschen nenne ich *Glück ist jetzt*-Nestwerk und gemeinsam sind wir ein loser Schwarm von bodenständigen Freak-Profis, also eine BeratungsAgentur, welche spielerisch & professionell auf WinWinWin Basis berät. Die schlichte gelbe Glücksblume ist das Symbol für diese „Bewegung“ der groovy gelebten Liebe; also „Menschen lassen“!

Im einfachen Frankfurter ClubCafeLaden *Glückistjetzt* lernte ich über roh-vegane Potlucks auch diese beiden eingefleischten Protagonisten der roh-veganen Ernährung und Lebensfreude Lisa & Moto kennen. Beide haben wir unsere Begegnungs-Gärten im schönen, ruhigen & internationalen Bürgel und ergänzen uns.

Mein 3.000 qm ClubGarten nennt sich *Paradies&das* und kann für Geburtstage, Hochzeiten, Scheidungen, PhotoShootings, AirBnB, Pilgerstätte & Seminare gemietet werden. Eigene, alkohol- & tierfleischfreie Festivals laufen unter dem Namen *Nixtun Workshops* und wer möchte, kann dort seine Produkte, Dienstleistungen & Musik vorstellen.

Ich zeige meine *Jetzt*-WandUhr, unikate Blumentaschen aus RestLeder (mit integrierter Vase für eine frische Blume), große Glücksblumen für Fahrradlampen, „Funk yourself“-T-Shirts, *Glückistjetzt*-Stempel, Bergelheim CDs & Glücksetuis, die mit einem vergoldeten GlücksPfennig & GlücksAnleitung bestückt sind. Immer Produkte, die den Besitzer ans eigene Glück erinnern! Und alles immer unter dem Gütesiegel „Made in happy Germany TM“.

Euer JanJohl von Blümmerling aus Bergelheim
www.glückistjetzt.de

Auf ins Jetzt!

So wie ich Lisa, Moto und Yasu mit der zu ihnen passenden charmanten Ente-Familienkutsche auf dem Rohkost-Camp von Rohkelchen Corinna entdeckte, wusste ich, dass ich diese Familie kennenlernen muss.

Ich bin mit 21 (2011) ohne Geld, Schlafsack oder Zelt von zu Hause losgelaufen und bin meinem Herzen und wie Paulo Coelhos *Alchemist* den Zeichen gefolgt. Die Menschen, die mich auf meinem Weg weiterbrachten, leuchteten stets heller wie Schauspieler aus einem Meer Statisten heraus und ich wusste, auch wenn ich nicht weiß, was ich sagen soll und ich keinen speziellen Grund habe, muss ich diese Menschen einfach mal ansprechen. Alles weitere entsteht dann. So bin ich genau zu jenen Menschen am Ende gekommen, die mir Antworten geben konnten auf meine Fragen wie: Wie können wir mit 8 Milliarden Menschen in Frieden ohne Ausbeutung oder Armut auf diesem Planeten fortbestehen?

So hörte ich zum ersten Mal den Begriff Permakultur und bevor mir jemand so richtig erklären konnte, was damit gemeint ist, wusste ich schon, dass ich gefunden habe. Nach weiterer vertiefender Studiumsreise in die Permakultur durch Neuseeland und Länder Asiens bin ich mit 22 zurückgekehrt, um das nachhaltig aus Begeisterung Gelernte an einem Ort umzusetzen. Einfacherweise war das auf dem Grundstück, wo ich von Baby an groß geworden bin: mein Elternhaus.

Um meinen Eltern und anderen verständlich auszudrücken, was ich gerade mache, habe ich es mein eigenes autodidaktisches Studium der alternativen Lebensversorgung genannt. Es fing an, das erste Mal für mich Pflanzen vom Samen bis zum Verzehr großzuziehen, die Erde zu verbessern, den Garten zu beobachten und neuzugestalten. Rasen wich kaum bekannten Obstbäumen und -sträuchern, wie dem Gemüsebaum, der Nashi-Birne, Mispel, Ölweide oder Indianerbanane. Denn wer sich selbst versorgen kann, hat nicht nur das gesündeste und frischeste, sondern ist auch frei davon, für andere etwas tun zu müssen oder von Ausbeutung anderer zu leben.

Mit den Jahren merkte ich allerdings, dass es in meinem Leben nicht einfach nur darum geht, Selbstversorger zu sein, sondern vielmehr Brücken und Wege für den gesellschaftlichen Transformationsprozess einer Postwachstumsökonomie zu bauen. Denn Essen biologisch selbst anzubauen ist nur ein Teil. Wie Körperpflege ohne Seife funktioniert, das Leben ohne oder mit wenig Strom, der sogenannte Minimalismus, das Leben aus der Natur und diese als 24/7 offene kostenlose Apotheke, Supermarkt und Baumarkt zu erkennen, in eine prozessgefestigte Gemeinschaft zu wachsen und so weiter, ist ebenso wichtig für alle nachvollziehbar zu machen.

Also fing ich an, ein stark praxisorientiertes bebildertes Buch voller nachhaltiger Lösungen zusammenzustellen. 2013 kam es mit 24 Seiten erstmals raus, um zu zeigen, was Permakultur bedeutet und wie permakulturelle Lösungen aussehen können. Mittlerweile sind es 260 buntgefüllte Seiten mit Inspirationen, Impulsen und Anleitungen vom RaketenOfen bis hin zur FeuerAtmung. Außerdem machte ich immer mehr Beratungen bei Leuten auf ihren Grundstücken. Da ich keine Jahrzehnte der Beobachtung von Bäumen an unterschiedlichen Standorten in meinem Alter verzeichnen kann, musste ich selbst immer wieder recherchieren. Wie viel Schatten mag jener Baum, ist er flachwurzelnd oder tief, welchen Anspruch an Wasser und Boden oder welche Toleranz gegenüber Trockenheit, Hitze oder Frost hat er?

Um mir dies zu vereinfachen, erstellte ich mir in einem 2-jährigen über 2000 Stunden dauernden Prozess nie bisher dagewesene Pflanzenpotraitkarten mit mehr als 100 Attributen in möglichst selbst-erklärenden Symbolen, sodass ich auch ohne langjährige Erfahrung mit einer Pflanze weiß, ob sie selbstfruchtend ist, von Bienen oder dem Wind bestäubt wird, nach wie vielen Jahren sie das erste Mal fruchtet, wie alt, groß, breit sie wird und vieles vieles mehr. Mit diesen Karten gelingt es jedem viel leichter, seinen Garten ökoligent anzulegen, sodass eher kooperierende als konkurrierende Pflanzengemeinschaften entstehen, von denen du dank der Karten auch weißt, wie sie medizinisch, kulinarisch oder sonst nützlich zu verwerten sind. Gleichzeitig kommen die Karten mit verschiedenen Spielmodi, um möglichst von Kind an spielerisch an dieses elementare Wissen zu kommen.

Denn dies ist mir im Laufe meiner Arbeit, Workshops, Kurse, Vorträge, mit Kindern, Jugendlichen, jungen und alten Erwachsenen klar geworden: Auch wenn die alten vielleicht an entscheidenden Positionen in Wirtschaft/Politik sitzen und Weichen stellen, sind es die jungen Leute und die Kinder, die wirkliche kulturelle Veränderung bewirken. Von daher bin ich dieser jungen Familie hier auch so dankbar für ihren Alternativen aufzeigenden und vor allem heiter-inspirierenden Reisebericht durch ihr im Wandel begriffenen Leben. Auf dass er viele Menschen berührt, die so mehr Zuversicht finden, die Welt in Frieden und Stolz an die nächste Generation weitergeben zu können.

Euer Wolke, der Zirkeldreher
www.zdi.jimdofree.com

Wilde Kräuter für Kraft und Lebensfreude

Vor ca. zwanzig Jahren habe ich begonnen, mich vegetarisch zu ernähren. Grund war eine Krankheit, die aus schulmedizinischer Sicht behandelbar, jedoch nicht heilbar ist. Damals habe ich mich entschlossen, die Verantwortung für mein Problem nicht mehr an Ärzte und Therapeuten abzugeben, sondern sie selber zu übernehmen. Das war der Beginn der Heilung und eines neuen Lebensweges. Wildkräuter waren zu diesem Zeitpunkt noch lange nicht Bestandteil meiner Ernährung. Sie kamen erst ca. zweieinhalb Jahre später, nachdem ich diverse Ernährungsrichtungen, mehr oder weniger erfolglos, versucht hatte. Aus der anfänglichen vegetarischen Ernährung wurde eine vegane. Das was ich gegessen habe war, wenn ich daran zurückdenke, nicht besonders gesund. Trotzdem konnte ich mit der Ernährungsumstellung und der geänderten Einstellung zur Krankheit Heilung erfahren. Das Essen hat mir jedoch keine Freude bereitet und hat mir auch nicht genügend Energie gegeben. Als ich das erste Wildkraut, ein Gänseblümchen, direkt von der Wiese gegessen habe, habe ich unmittelbar gespürt, dass es das ist, was mir gefehlt hat. Langsam habe ich die tägliche Wildkräutermenge gesteigert und die Freude beim Essen war wieder da. Meine körperliche Energie steigerte sich spürbar, und die Sinne wurden feiner.

Um mehr von den Wildkräutern zu erfahren, habe ich eine zweijährige Wildkräuterausbildung absolviert. In dieser Zeit wurde meine Verbindung zu den Pflanzen und der Natur immer intensiver. Nach der Ausbildung war es mir ein großes Anliegen, das Wissen und meine Erfahrungen zum Nutzen anderer weiterzugeben. Mit Wildkräuterwanderungen, während einer durfte ich Lisa und Moto kennenlernen, hat es begonnen. Heute gebe ich authentisches Wissen, rund um die Wildkräuter, Ernährung, Heilung von Krankheit mit der Kraft der Natur und einer heilsamen Lebensweise in meiner *NaturSchule* weiter.

Pflanzen sind sehr langsame Wesen, während der Mensch schnell und ruhelos durchs Leben jagt. Ständig geht es um das Tun von scheinbar wichtigen Dingen. Die Stimmen der Pflanzen, die sich ganz leise und sachte melden, sind so nicht wahrnehmbar. Wir können mit einer solchen Lebensweise unser wahres Selbst nicht erkennen. Wir rennen vor uns selber weg und bemerken es noch nicht einmal. Meine damalige Erkrankung hat mich gezwungen, langsamer zu werden. Jedes Leiden fordert dazu auf, genau hinzuschauen, die Verantwortung dafür zu übernehmen, und zu Handeln. Wildkräuter können zu einem Medium werden, sich selbst zu erfahren. Sie sind viel mehr als Nahrung oder Heilmittel. Sie verbinden uns mit unseren Wurzeln. Ich bin vielen Menschen begegnet, die das Wildkraut nur als Heilkraut sehen, das ihr Problem lösen soll, während sie für wahre Lebensveränderungen nicht bereit sind. So wird das Wildkraut zur Pille, die es richten soll, während man selber passiv bleibt. Heilung beginnt mit dem Schauen auf sich selbst und mit dem Weglassen von Dingen, die zu Leiden geführt haben. Loslassen fällt vielen sehr viel schwerer, als etwas hinzuzunehmen und den Rest beim Alten zu belassen. Die Wildkräuter, mit ihrer großen Kraft, werden alles für einen tun. Doch ohne das Loslassen, ohne wahre Lebensveränderungen, wird ihre Wirkung sich nicht mit all ihrer Kraft entfalten können. Lisa und Moto haben ihren neuen Lebensweg in einer schönen und motivierenden Art beschrieben. Vielleicht ist es gut, den berühmten Tritt in den Hintern zu bekommen, der einen auffordert sich zu verändern. Wie Lisa und Moto möchte ich Impulse geben, das zu tun. Es braucht Mut und Energie, den Weg ins Unbekannte zu gehen. Es braucht Kraft, anders zu sein als andere. Das Buch zeigt auf, wie das mit Freude geschehen kann. Lisa und Moto sind Menschen, die ihren Weg achtsam, zum bestmöglichen Wohle ihrer Umgebung, und damit für alle Wesen, gehen. Ihrem Sohn Yasu geben sie die Möglichkeit, diese wunderbare Lebensart zu erfahren.

Veränderung fängt bei jedem selber an. Veränderung braucht Mut, die wir gerade in dieser besonderen Zeit, und natürlich auch zu allen anderen Zeiten brauchen. Ein Gang in die Natur, ihre Schönheit und Fülle wahrnehmen, und das was sie uns schenkt dankbar annehmen, ist eine Quelle von Kraft und Lebensfreude. Wenn wir Wildkräuter essen oder zur Heilung anwenden, erlauben wir ihnen in uns zu wirken. Versuche es! Das Leben ist einfach und schön.

Alles Liebe, Stephan
www.naturschule.net

Workcamps für den Frieden

Ich habe mich immer für Friedensarbeit interessiert. Meine Ursprungsfamilie in der Kölner Innenstadt war im 1. und vor allem im 2.Weltkrieg stark mit Tod, Verwundung und Zerstörung konfrontiert und gab diese Erfahrung an mich als Kind in vielen Erzählungen, aber auch in Verschweigung, weiter. Ende der 70er Jahre wurde ich in der katholischen Friedensbewegung in Köln aktiv. In einer Gruppe habe ich Beratung für

Kriegsdienstverweigerer gemacht und mich in der antimilitaristischen Kölner Gruppe *Frauen und Militär* engagiert. In Straßentheaterprojekten und Puppenspielaktionen protestierte ich mit Gleichgesinnten gegen die allgemeine Aufrüstung.

Nach meinem Studium der Sozialarbeit absolvierte ich einen Langzeitfreiwilligendienst im Rahmen des *Sozialen Dienst für Frieden und Versöhnung* in Kalabrien (Süditalien) und Deutschland. Als ich 1983 die KZ-Gedenkstätte Mauthausen in Österreich im Rahmen einer Fahrradtour besuchte, hatte ich eine starke Eingebung, mein Leben der internationalen Jugend- und Friedensarbeit zu widmen.

Die Idee der internationalen Workcamps fand ich immer faszinierend und übernahm 1992, kurz nachdem ich innerhalb von 2 Jahren (1988 und 1990) 3 Kinder auf die Welt gebracht hatte, die Stelle der Bildungsreferentin im *SCI*. Die internationale Arbeit und die Gruppenarbeit hatte mich schon immer sehr angezogen. Vorher hatte ich bereits fünf Jahre in Köln in einem Jugendzentrum gearbeitet.

In den letzten Jahren habe ich noch ein berufsbegleitendes Studium der Kunsttherapie/Sozialkunst abgeschlossen. Die Mittel der Kunst möchte ich für die Friedensarbeit, insbesondere für die Gemeinschaftsbildung nutzen.

Bei einem Workcamp vom *SCI* kommen Menschen aus verschiedenen Ländern für zwei bis drei Wochen zusammen, um ein gemeinnütziges Projekt kennen zu lernen und zu unterstützen. Sie arbeiten, leben, kochen, diskutieren, spielen, lernen und lachen zusammen und kommen miteinander in Austausch, werden bestenfalls zu einer Gemeinschaft mit langjährigen Freundschaftsverbindungen.

Übrigens wird der *SCI* in diesem Jahr (2020) 100 Jahre alt. Wie viele tausende Freiwillige vor uns haben sich bereits für den Frieden auf der ganzen Welt über den *SCI* eingesetzt?

Workcamps sind insbesondere für Menschen ab 16 Jahren geeignet, manchmal finden auch Familien ihren Platz in Workcamps. Als Campleiter*innen kommen Menschen infrage, die sich für Gruppenarbeit interessieren, mindestens 18 Jahre alt sind und an einem Vorbereitungsseminar teilnehmen.

Das Besondere am *SCI* ist die Art und Weise, gleichberechtigt miteinander zu arbeiten, miteinander zu sprechen und voneinander zu lernen. Im internationalen Kontext Diversität zu erfahren und auszuhalten. Sich mit Genderthemen auseinander zu setzen, sich politisch zu engagieren. Ich mag die Vielfältigkeit der Projekte, die wir unterstützen, die Offenheit und das Engagement der Freiwilligen. Die Kultur des Teilens, die konstruktive Konfliktlösung, die Idee von Gemeinschaft. Das politische Friedensengagement. Die Möglichkeit zu bekommen, Projekte in der Gedenkstättenarbeit, im Sozialen und Kulturellen, im Klima- und Umweltschutz durch praktisches Mittun ausgiebig kennen zu lernen.

Übrigens gibt es auch Langzeitfreiwilligendienste, bei denen man bis zu einem Jahr ein Projekt im Ausland als Einzelperson unterstützt. Der *SCI* ist stark angewiesen auf Menschen, die sich engagieren möchten, die die Idee mittragen und sich einbringen möchten. Er ist angewiesen auf Menschen, die bereit sind, die Ziele des *SCI* mit finanziellen Zuwendungen zu unterstützen.

Meine Beschäftigung mit dem Leitungsaspekt war und ist interessant, da die Campleiter*innen großen Einfluss auf die Gruppenarbeit haben und entscheidende Impulse setzen können. Es macht mir Freude, an Seminarkonzepten zu arbeiten und Seminare zu leiten bzw. mit den Seminarleiter*innen darüber nachzudenken, wie wir die Ausbildung verbessern können. Mittlerweile habe ich so dazu beigetragen, in all den Jahren über 2.000 Menschen für die Friedensarbeit auszubilden. Die Herausforderungen dabei waren und sind, genügend Menschen für diese tolle Arbeit zu erreichen und sie für eine langjährige freiwillige Mitarbeit zu gewinnen.

Moto habe ich 2009 zum ersten Mal im *SCI* getroffen. Er absolvierte mehrere Seminare, leitete zwei Workcamps in Deutschland und nahm an einem Camp im Ausland teil. Ich fand die Begegnung mit ihm immer sehr besonders und genoss den Austausch mit ihm. Ich fand es sehr schade, als er sich wegen anderer Prioritäten aus der Freiwilligenarbeit im *SCI* verabschieden musste.

Menschen übernehmen Verantwortung und lernen, wie Selbstorganisation, Demokratie und Gemeinschaftsbildung in der Gruppe funktionieren kann. Der Austausch und die Begegnung in der internationalen Gruppe ist angereichert durch die gemeinsame Arbeit für das Projekt und das Zusammenleben von Menschen aus verschiedensten Kontexten und mit unterschiedlichen Sprachen. Konflikte müssen angesprochen und gelöst werden. Ein Workcamp kann wie eine kleine Welt sein, mit allen Problemen und Chancen, die sich im Gruppen- und Projektumfeld ergeben können.

Der *SCI* hat sich immer mit alternativen Ideen im Kontext von Nachhaltigkeit, Klima- und Umweltschutz beschäftigt. Nachhaltigkeit wurde in allen Facetten praktisch erprobt. Motos Initiative zeugt davon, dass er und seine Familie in ihrem Bereich ernsthaft etwas tun wollen, um eine Verbesserung zu erreichen, eine Veränderung anzustoßen. Mir gefällt, dass er nicht missionieren und belehren möchte, sondern von seinem persönlichen Experiment berichten möchte. Die Erfahrungen im *SCI*, zum Beispiel in der Gedenkstätte Augustaschacht und im Natur- und Landschaftsschutz in Tübingen sowie in den verschiedenen Campleitungsseminaren, haben ihm sicher entscheidende Lebensimpulse gegeben, sein Leben menschen- und naturfreundlich zu gestalten und mit gutem Beispiel voran zu gehen.

Also, nehmt mal an einem Seminar, an einem internationalen Workcamp oder an einem Langzeitfreiwilligendienst teil und lasst euch anstecken. Übrigens haben wir in Corona-Zeiten Seminare, Kunstprojekte und Workcamps ins Internet verlegt und damit faszinierende Erfahrungen in der Gruppe gemacht.

Ulla Bolder-Jansen, Bildungsreferentin im SCI
Informiert euch gerne unter *www.sci-d.de*

Schonender Umgang mit unseren natürlichen Ressourcen

Ein besonders schönes Erlebnis hatte ich im Mai 2019. Moto hatte mich per Email angeschrieben und um ein Gedankenaustauschtreffen auf der 14.800 qm großen Waldwiese bei Mittelgründau gebeten. Es ist eine wunderbare Wiese. Auf drei Seiten von Wald umsäumt und mit Blick auf anschließende Felder. Der forstwirtschaftliche Weg und die Waldränder bilden zusammen mit den benachbarten Feldern eine schöne Struktur. Wildkirsche, Schwarzer Holunder, Weißdorn, Haselnuss und sehr viele essbare Krautpflanzen. Hier haben die seltene Haselmaus, der Stieglitz, Feldhase, Igel, Waldkauz, Habicht, Grün- und Schwarzspecht und sehr viele andere Tier- und Pflanzenarten einen guten Lebensraum. Kundige Menschen können sich ihren Wildkräutersalat oder Wildbeerenschmaus hier ernten.

Aus der schönen roten „Ente" sind Moto, Lisa und Yasu ausgestiegen und wir haben uns sehr gut unterhalten und schöne, nützliche Ideen ausgetauscht. Sofort war klar, dass diese Wiese niemals mehr mit Pflanzenschutzmitteln oder Kunstdüngern behandelt werden soll. Vielmehr soll sie durch extensive Bewirtschaftung zu einer noch artenreicheren Blühwiese werden. Dies wurde auch gleich umgesetzt. Ein in der Nachbarschaft tätiger Landwirt mäht die Wiese ab Anfang Juli als Heuwiese. Damit ist sichergestellt, dass die vielen Blumen und Kräuter ausblühen können und beim

Trocknen des Schnittgutes die Samen auf der Fläche ausfallen und dort verbleiben. Auch wurden kleine Inseln und Randstreifen festgelegt. Hier können sich die Beerensträucher und Stauden gut entwickeln. Nahrungsquellen und Wohnstätten für viele Tierarten und auch für uns Menschen.

1899 gründete Lina Hähnle den *Bund für Vogelschutz* (*BfV*), die Vorläuferorganisation des heutigen *NABU*. Vor allem auch von der Männerwelt wurde mit einigem Stirnrunzeln die Gründung des Vereins zur Kenntnis genommen. Das überstieg denn doch klar das karitative Engagement, das man Frauen in dieser Zeit aus ihrer zugewiesenen alleinigen Mutterrolle heraus zubilligte. Sie führte den Verein dann 38 Jahre lang und prägte ihn mit ihrer zupackenden Natur. Dieser wuchs sehr schnell zum größten deutschlandweit agierenden Naturschutzverband an – dank der Arbeit ihrer Vorsitzenden, die überall als die „Deutsche Vogelmutter" galt. Vor 79 Jahren, am 1. Februar 1941, verstarb Lina Hähnle.

Der *NABU* möchte einen schonenden Umgang mit unseren natürlichen Ressourcen. Wir haben unsere schöne Erde nur geliehen und sind dafür verantwortlich, dass unsere nachfolgenden Generationen diese in einem gesunden, lebenswerten Zustand vorfinden. Biologische Vielfalt, gesunde Böden, klares Wasser, saubere Luft und ein Klima, welches vielfältiges Leben ermöglicht. Mir persönlich macht es sehr viel Lebensfreude, den vielen Farben, Tier- und Pflanzenarten zu begegnen. Sowohl am Tag als auch in der Nacht, wenn man bei klarem Himmel weit in das Universum schauen kann und den Fledermäusen zuschauen und den Fröschen zuhören kann. Wir leben in einem Paradies. Leider gehen wir mit unserem geliehenen Paradies sehr grob um und schaden uns damit selbst.

Lisa, Moto und Yasu gehen sehr behutsam und liebevoll mit sich und ihrer Umwelt um. Authentisch, konzentriert und mit viel Liebe verfolgen Sie ihr Ziel des achtsamen miteinander Lebens. Sie sind eine wunderbare Bereicherung für uns alle. Ich wünsche ihnen viel Glück, Frieden, Gesundheit und dass ihre Wünsche zu einem großen Teil in Erfüllung gehen.

Thomas vom *NABU Steinau e.V.*

Lied der Erde

Ich bin die Initiatorin und Hüterin von *Lied der Erde*, einem Ort für ganzheitliches Heilen und Lernen in Hönnersum in der Nähe von Hildesheim (Niedersachsen). Seit 1980 lebe ich hier in enger Verbindung mit den Wesen und Kräften der Natur und entwickele meine heilende Arbeit mit Liedern, Bachblüten, Ritualen und Kreistänzen.

Im Jahr 1993 wurde dieser große Naturgarten von einem Kreis engagierter Menschen gekauft, um ihn an die Erde zurück zu schenken. Damit setzten wir ein Zeichen, dass wir die Erde als unsere Mutter nicht besitzen können, sondern dass sie sich selbst gehört – und wir Menschen im partnerschaftlichen Miteinander mit Pflanzen und Tieren auf ihr leben und lernen. Neben unzähligen Seminaren, Fortbildungen und Tanzkreisen sind hier auch meine Heilreisen-CDs und Bücher entstanden: Handliche Bücher mit Musik-CDs z.T. in Zusammenarbeit mit Gila Antara und Monika Wunram. Die Bücher enthalten Tanzanleitungen, Bachblüten-Zuordnungen und viele Anregungen für Meditationen und Rituale. Jedes CD-Buch ist in sich vollständig, zusammen ergänzen sie sich jedoch zu einem umfassenden Heil-Werkzeug für viele Gelegenheiten. Sie sind eine liebevolle Reisebegleitung für die Erforschung innerer und äußerer Räume, für Ausflüge in die Seelenlandschaften der Bachblüten, für Reisen zu unserer ureigenen Kraft, Tiefe und Wahrheit. So ist meine Botschaft an die LeserInnen dieses Buches auch ein Lied aus *Der Erde eine Stimme geben*:

Hör dein Lied, hör es singen, lausche ihm und singe mit
Fühl dein Lied, fühl es klingen, spüre hin und klinge mit
Tanz dein Lied, lass es schwingen, tanz mit ihm und schwinge mit
Lass dich ein auf das Lied der Erde, lass dich ein
Lass dich ein auf das Lied der Erde, lass dich ein

Ich freue mich sehr, dass immer mehr junge Menschen, wie Lisa und Moto, lebensfeindliche Strukturen und Gewohnheiten überwinden, wieder dem Lied der Erde lauschen und mutig und unkonventionell ihrem eigenem Lebens-Lied folgen.

Amei Helm
www.labyrinth-verlag.de

Licht-Heer

Was für ein wertvolles Buch, welche wertvolle Menschen, was für ein wichtiger Beitrag! Ich kenne Lisa und Moto nun schon viele Jahre. Eines Tages tauchten sie mit ihrer roten, nostalgischen Ente auf einem meiner ganzheitlichen Gemeinschaftscamps auf und sind seitdem ein fester Bestandteil. Mit ihrem Charme, ihrem großen Herzen und ihrer Musik verbinden sie die Menschen auf ihre ganz eigene Art. Yasu tut sein Übriges, allen ein Lächeln aufs Gesicht zu zaubern. Lisa und Moto gehen authentisch ihren ganz eigenen Weg, immer hin zu mehr Selbstverantwortung (auch im Hinblick auf diesen Planeten). Ich durfte Teil sein vom 1. Jurtenaufbau und habe ihre spannende Reise durch den Paragraphen- und Lösungsdschungel der deutschen Rechtsprechung verfolgt. Nichts kann die beiden davon abhalten, weiter daraufhin zu arbeiten, dass sie so natürlich wie möglich in der Zivilisation leben können. Sie geben damit ein wundervolles Beispiel für viele Menschen, wie man einfach und gesundheitsbewusst leben kann und ich wünsche ihnen noch ganz viele weitere erfolgreiche Schritte auf ihrem Weg. Mögen sie viele Menschen mit ihren Botschaften erreichen, damit wir ein großes „Licht-Heer" werden, dass wieder zu den eigentlichen, menschlichen Werten zurückkehrt und sich dafür stark macht ... besonders in dieser Zeit. Schön, dass es sie gibt!!

Alles Liebe, Sonja

Sonja Watt ist Mutter von zwei Kindern. Durch diese realisierte sie, dass sich unsere Gesellschaft derzeit recht weit entfernt vom natürlichen Leben befindet, wie es in unseren Genen steckt. Ihre Berufung ist es, Menschen auf ihrem Weg zurück zur Natur und somit zu sich selbst zu begleiten. Damit wirkt sie für eine bessere Zukunft für uns alle – besonders für unsere Kinder, die nächste Generation, die auch die Möglichkeit haben soll, glücklich und gesund aufzuwachsen, sowie lange zu leben! Ganzheitliche Aufklärung in diese Gesellschaft zu bringen, ist ihre Motivation. Jeder, der sich durch die Ernährung besser fühlt, weiß wie wertvoll das entsprechende Wissen ist! Auch bei ihren Hunden macht sie nicht halt vor einer gesunden, so natürlich wie möglichen Ernährung, dem sogenannten Barfen. Wer mehr dazu erfahren will schaue auf ihren Hundeseiten (www.youtube.com/aboutdog, www.facebook.com/aboutdogs).
Wer mehr Infos zu Projekten, Rohkostcamps, Freilerner-Konzepten und weiteren Aktionen wissen will oder Fragen hat schreibt bitte an rawfunfamily@gmail.com.

Lebendige Meditation

Es gibt viele Träume, und manchmal werden Träume wahr. Es gibt Gründe für unser Hoffen und Sehnen, und es gibt Gründe für Leid und Schmerz. Der eine Grund von allem, hat seinen Ausdruck sowohl in allem, dass uns umgibt, als auch in uns selbst. Je eher unser Ego vor Staunen und Ehrfurcht auch angesichts unserer eigenen und unserer Kinder Entwicklung schweigt, desto eher können wir diesen einen sich entfalten finden. Das lebendige Buch von der Familie Watanabe möge dazu beitragen, dass deren Leben als lebendige Meditation vielen Vorbild sei und Mut mache, den eigenen Traum zu entdecken und, während derselbe Tag um Tag mehr Gestalt annimmt, Freude und Glück des Seins zu erfahren.

Mit den besten Wünschen
W. Splittstößer

Dr. med. W. Splittstößer, Jahrgang 1960, ist seit 1990 in eigener Praxis, als Arzt für Allgemeinmedizin, Psychotherapie, Homöopathie, Naturheilverfahren und Sportmedizin niedergelassen. Darüber hinaus ist er Kundalini-Yoga-Lehrer nach Yogi Bhajan. Tätigkeitsschwerpunkte sind Coaching, arbeitsbezogenes Finden von konkreten, oft anlassbezogenen, handlungsorientierten Lösungen und Supervision, Reflexion des beruflichen Handelns, der innerseelischen und zwischenmenschlichen Faktoren und Potenziale des Einzelnen und des betrachteten Systems in seiner dynamischen Gestalt sowie seelenheilkundliche Gespräche und Trancetherapien, ebenso wie die ganzheitlich-homöopathische Behandlung insbesondere von Kindern unter Berücksichtigung des psychosomatisch-familiären Zusammenhanges. Zentrale Themen sind Verweilen, Staunen und Erfahrung.

Wie ich zum Mantrasingen kam

Eigentlich tat ich es meiner Partnerin zuliebe. Nach kurvenreicher Fahrt durch den abendlichen Novemberregen hatten wir unser Ziel erreicht: ein abgelegenes Seminarhaus im Schwabenländle. Jetzt saß ich unbequem auf einem dicken runden Kissen, so wie die meisten anderen auch. Manche der Teilnehmer hatten es sich in Bodenstühlen mit Lehne gemütlich gemacht. „Backjacks", erfuhr ich später. Wir alle waren in Erwartung des Meisters und richteten unsere Blicke auf den noch verwaisten gepolsterten Lehnstuhl. Daneben befand sich eine Art Kartenständer, an dem übereinander angeordnet schwarz-weiße Konterfeis einiger offenbar wichtiger Personen auf einem länglichen Plakat abgebildet waren. Jesus war mir als einziger bekannt. Vor mir sitzend döste ein Gitarrenspieler im John Lennon-Look mit seinem Instrument auf dem Schoß. Auch die beiden anderen Musiker, eine Frau mit Querflöte und ein Mann mit Bongos, die mir ebenfalls zugewandt waren, hatten ihre Augen geschlossen. Ich fühlte mich unwohl und fremd und hatte es schon fast bereut, meine Partnerin hierher zu begleiten. Und doch war ich gespannt, was in den nächsten zwei bis drei Stunden passieren sollte. Bloß nicht auffallen! Vorsichtig drehte ich meinen Kopf nach links und blickte in sehnsuchts- und erwartungsvolle Gesichter. Ich war offensichtlich der einzige Mann unter den Gästen.

Plötzlich setzte Musik ein. Der Mann an der Gitarre stimmte mit wohlklingenden Akkorden einen mir unbekannten Song an. Alle Menschen, urplötzlich aus dem Tiefschlaf erwacht, stimmten mit ein. Offenbar ein Hit dieser Szene! Verständliche Worte, geschweige denn Bedeutung, waren nicht auszumachen. Deutsch oder Englisch, wie auch andere meinen Ohren vertraute Sprachen waren es nicht. Einige Frauen in bodenlangen indischen Gewändern erhoben sich, tanzten ekstatisch zu den sich steigernden Rhythmen und verschmolzen inbrünstig mit den wundervollen Melodien. Dieses Szenario setzte sich mit den nächsten Liedern fort. Da spürte ich die Blicke von John Lennon auf mir. Mit nickenden Kopfbewegungen forderte er mich zum Mitsingen auf. Wie denn das? Obwohl die Textzeilen wiederholt wurden, gingen sie nicht in meinen Schädel hinein. Als ob eine Sicherheitsschleuse mit einem engmaschigen Netz in meinem Hirn das Eindringen der fremden Laute verhindern wollte. Eine Ganzkörperblockade breitete sich blitzartig in mir aus. Ich war gespalten: Einerseits verzückten die Harmonien und Klänge meine Sinne, zum anderen warnte mich mein Verstand vor dem unbekannten Wortgut. Was wird da für wen gesungen? Eine Art spiritueller Gehirnwäsche? Mir wurde extrem heiß! Die Minuten dehnten sich zu einer unendlichen Zeitspanne. Schlagartig endete die Musik. Die Hände wurden synchron vor der Brust gefaltet und die Oberkörper verdrehten sich zum Mittelgang hin.

Die Ankunft des Messias! Der Meister, ein wohl genährter Mann in den Fünfzigern mit gütigem Blick, bahnte sich gemächlich den Weg durch die andächtige Menge, zwängte sich in seinen Lehnstuhl und begrüßte mit einem sanften „Namasté", wie ich später erfuhr eine indische Begrüßungsformel, die Anwesenden. Nach einer kurzen Meditation mit geschlossenen Augen eröffnete er den Satsang, für den unkundigen Gast eine Art Frage-Antwort-Spiel. Dabei sollte es entscheidend sein, im Moment zu verweilen und alles, was im eigenen Inneren auftaucht, wahrzunehmen und willkommen zu heißen. Was sich in den folgenden ca. 90 Minuten zutrug, möchte ich in diesem Zusammenhang nur kurz erwähnen. Wer auf dem Stuhl neben dem Meister Platz nahm, durfte, sobald dieser ein Zeichen gab, sein Herz ausschütten. Augenblicklich kapitulierte ich und beschränkte mich auf die Zuhörerrolle. Doch wirkten in mir die Klänge nach. Jede Zelle schien angefüllt mit Harmonien und Rhythmen, während mein innerer Zweifler das Erlebte als „gefährlich" beurteilte. Der Satsang, das Zusammensein in Wahrheit, ermüdete mich und rauschte in Zeitraffertempo vorbei.

Nachdem der Meister den Raum wieder verlassen hatte, kam noch ein überraschendes Dessert. Die drei Musiker griffen zu ihren Instrumenten und animierten uns, sie bei ihren Gesängen, Mantras genannt, stimmlich zu unterstützen. In mir brodelte es. Herz und Verstand rangen wieder miteinander. Doch ein Mitsingen erlaubte ich mir nicht. Nachdem die letzten Töne verklungen waren, machten wir uns zügig auf den Heimweg. Erstaunlich war dann folgende Erkenntnis: Je weiter wir uns von dem Seminarhaus entfernten, umso mehr ergriff mich die Wirkung der Musik. Auf eine mir unerklärliche Weise hatte sich ein Glücksgefühl in mir breitgemacht. Ich wunderte mich über meine ausgelassene Heiterkeit und darüber, mich energetisch wie aufgetankt zu fühlen. Gabi, meine Freundin, klärte mich auf, dass die Mantratexte hauptsächlich aus Indien und Tibet stammten und zum Teil schon mehrere tausend Jahre alt waren. Als ich am nächsten Morgen aufwachte, war für mich klar: Ich möchte mehr über Mantras erfahren. Ich besorgte mir zwei einschlägige Bücher, die innerhalb weniger Tage verschlungen waren ...

Das war 1998. Und Überraschung! Eineinhalb Jahre später durften Gabi und ich bei den oben erwähnten Musikern mitwirken. Mittlerweile spielen wir selbst schon über 20 Jahre Mantras aus verschiedenen Religionen und Kulturen mit Hunderten von Menschen. Ich habe mal nachgerechnet: Mindestens tausend Mantrasingen haben wir in dieser Zeit veranstaltet. Ich bin so dankbar!

Letztendlich hat dieser Abend im Schwabenländle mein Leben sehr verändert. Ich begab mich auf eine nie endende Selbstsuche, die sich immer noch sehr intensiv anfühlt. Für mich ist das Mantrasingen die Chance im Hier und Jetzt einzutauchen, ein Katalysator für alle Gefühle, ein sprudelnder Energiespender und vor allem eine berührende Art der Begegnung, die ein geborgenes Miteinander schafft.

Alles Liebe von Herbert (und Gabi)
www.songsofjoy.de

Intuition als Kommunikationsweise

Als ich schwanger war, habe ich von einer Freundin zufällig das erste Mal von Windelfrei erfahren. Ich freute mich auf unser Kind, jedoch nicht auf die vollen Windeln und das jahrelange Windelwechseln. Daher wollte ich herausfinden, was genau dahinter steckt und ob es überhaupt so wie beschrieben funktioniert.

Nachdem unser erstes Kind wiederholt nach dem Öffnen der Windel auf dem Wickeltisch gemacht hatte, war uns klar, dass Babys schon mehr verstehen mussten als wir ahnen konnten. So fingen wir bald mit Windelfrei an und waren begeistert. Unser Kleines war glücklich und fühlte sich verstanden. Auch Müssen müssen ist also ein Grundbedürfnis! Babys können so vielfältige Dinge mitteilen und Signale senden – nur wir Erwachsenen müssen diese erst wieder verstehen lernen. Nach einigen Monaten war unser Kleines sauber – keine Sauerei mehr in der Windel. Wow, wie genial und praktisch zugleich!

Wir haben durch diese Art der Kommunikation eine enorme Bindung zu unserem Kleinen. Wir haben Intuition als Kommunikationsweise entdeckt. Wir sind froh, dass wir „sauber" nicht erziehen müssen, wenn es von Mutter Natur angeboren ist. Eine enorme Bereicherung, von der Eltern zumindest wissen sollten um selbst entscheiden zu können!

Ich verbrachte etliche Stunden mit der Suche nach praxistauglichen Informationen, nützlichen Tipps, praktikabler Kleidung sowie Stoffwindeln. Irgendwie konnte ich aufgrund meiner Erfahrungen nicht nachvollziehen, dass das klassische Vollzeitwickeln in unserer Kultur als alternativlos angesehen wird und es kaum Hilfestellung für die Umsetzung von

Windelfrei gab. Also habe ich kurze Zeit später die Fortbildung besucht und die Prüfung zum zertifizierten Windelfrei-Coach beim *Artgerecht*-Projekt abgelegt.

Außerdem fehlte mir damals der Austausch mit erfahrenen Eltern und Gleichgesinnten, denn irgendwie waren wir fast immer die einzigen Eltern, die ihrem Baby das Abhalten anboten. Inzwischen haben, nicht nur wir, sondern auch viele meiner Kursteilnehmer in der „Windelfrei-Blase" neue und langjährige Freundschaften geschlossen und ihren Clan erweitert. Das freut mich besonders! Ich behaupte einmal, dass es Lisa und Moto ähnlich erging und auch Yasu dadurch einige Windelfrei-Freunde bekommen hat. Aus diesen Zusammenkünften haben sich schon einige neue Ideen entwickelt und es freut mich immer sehr, diese wachsen zu sehen. Wie bspw. auch dieses Buch hier.

Es scheint weit hergeholt, aber: Welche Veränderungen könnte Windelfrei/EC in unserer Gesellschaft bewirken? Einiges! Denn es geht hier nicht alleinig um die Windel und darum welche Art – ob Stoffwindel oder Wegwerfwindel. Es geht um Achtsamkeit und Augenhöhe, das Wahrnehmen von kindlichen Bedürfnissen, aber letztlich auch darum Geld und Ressourcen zu sparen, gesünder zu leben und wieder näher an einen nachhaltigen Lebenskreislauf zu kommen. Denn die Wegwerfwindeln, die wir heute produzieren und wegwerfen, werden morgen ein großes Müllbeseitigungsproblem sein – mal ganz abgesehen von den Ressourcen, die für deren Produktion notwendig sind. Gestillte kindliche Bedürfnisse oder alleinig die Aufmerksamkeit dafür, Selbstwirksamkeit und vieles mehr führen letztlich dazu, dass aus Kindern Erwachsene werden, die mit sich selbst im Reinen sind. Statt aus der Windel und deren Inhalt ein Tabuthema zu machen, gehen Windelfrei-Eltern etwas bewusster damit um und können auch an weiteren Indikatoren erkennen, ob das Kind aktuell ein „Thema" zu verarbeiten hat oder wie gut die Verdauung und das Immunsystem aufgestellt ist. Dann geht es im weiteren Sinn auch um Ernährung, wo Windelfrei-Eltern einen direkteren Zusammenhang zwischen Nahrung und dem Ausscheidungsprozess herstellen und ggf. Anpassungen vornehmen können.

Da wären wir auch schon bei dem Thema des Buches! Natürliche Nahrung und fermentierte Produkte sind für unseren Darm reine Leckerbissen, wenn man Giulia Enders, der Autorin des Buches *Darm mit Charme* Glauben schenken möchte. Und wenn man weiß, dass Babys und Kleinkinder häufiger an Blähungen und Verstopfungen leiden, das aber bei Windelfrei-Kindern seltener der Fall ist, hat Windelfrei/EC auch eine gesundheitlich nicht zu unterschätzende Komponente. Also, traut Euch ran! Geht die Windelfreiheit an, informiert Euch richtig und entscheidet bewusst, was, wann und wie oft um den zarten Babypopo herum kommt!

Inzwischen haben wir zwei Kinder. Mit beiden haben wir von Anfang an EC/Windelfrei praktiziert. Nun möchte ich das Wissen über Windel-Frei/EC Schwangeren und Eltern zugänglich machen, damit Erwachsene diese Signale der Babys wieder verstehen lernen. In der täglichen Umsetzung von Windelfrei habe ich viele praktische Erfahrungen und außerdem zahlreiche Tipps für unterschiedliche Alltagssituationen, von denen meine Kursteilnehmer profitieren. Ich biete Windelfrei-Kurse in Frankfurt, Wiesbaden und Karlsruhe und auch online an und vernetze Gleichgesinnte, organisiere Windelfrei-Treffen und unterstütze Eltern, damit keine Fragen offen bleiben müssen. Darüber hinaus biete ich für Eltern, die Windelfrei nicht kannten, Workshops zur klassischen Sauberkeitserziehung an.

www.windelfrei-frankfurt.de

Einfach „Anders"

Schon immer habe ich viele Dinge „einfach anders" gemacht. Mein Nachname passt schon sehr zu meiner Persönlichkeit. Ich gehe gerne meine eigenen Wege, hinterfrage so Manches und möchte verstehen, was dahinter steckt, z. B. wie etwas funktioniert. Ich probiere liebend gerne selbst aus und lerne gerne direkt beim Tun. Ich gehe mit offenen Augen durchs Leben und erfreue mich auch an den kleinen Dingen. Ich bin ein Mensch voller Ideen und Tatendrang. Oft weiß ich kaum, was ich zuerst machen darf. In mir lebt ein kreatives Künstlerherz mit Musikerblut. Da ich so viele Interessen habe, war es für mich unmöglich, mich nur für einen Beruf zu entscheiden. So habe ich im Grunde viele „Berufe", zu denen ich mich berufen fühle. Ich gehe mit Begeisterung für sooo viele Dinge durchs Leben. Parallel dazu habe ich ein großes Bedürfnis, in Verbindung mit der Natur zu leben und das Thema „Heilung" beschäftigt mich bereits mein Ganzes Leben.

Natürlich leben

Was heißt „natürlich leben"? In meinen Augen haben wir Menschen schon lange vergessen, was es heißt, artgemäß zu leben. Alle frei lebenden Tiere haben ihren Instinkt bewahrt und wissen genau, was sie benötigen um gesund und energiegeladen zu sein. Ja genau, in meinen Augen ist unser Körper dafür da, völlig kraftvoll und leicht uns überall hinzutragen. All unsere Taten dürften mit Leichtigkeit auszuführen sein, so dass wir den Körper kaum dabei merken und uns auf anderes konzentrieren können. Ebenso sollte es auch mit unserer Gedanken- und Gefühlswelt gehen: frei und offen für das Schöne, voll Motivation und Fröhlichkeit in den Tag gehen. Aber was wirkt heute alles auf uns ein! Geistig und körperlich sind wir überflutet. Die meisten Menschen vermüllen ihren Körper mit Produkten, die ihnen werbetechnisch angepriesen wurden und hören in keinster Weise auf ihren Körper. Sie decken dabei Symptome/Hilfeschreie ihres Körpers sofort zu. Müde=Kaffee trinken, Kopfschmerz=Tablette einwerfen ...

Wir haben vergessen, welche Nahrungsmittel uns wirklich nähren und gesund erhalten. Das alles hält uns davon ab, so zu sein und das zu leben, was eigentlich von Natur aus für uns vorgesehen ist. Wenn wir anfangen kritisch darüber zu denken, fängt ein Teil der Veränderung an!

Mein Weg zur Gesundung

Mein Leben lang begleiten mich körperliche Beschwerden. Wie beim Schälen einer Zwiebel, versuche ich nach und nach, Schale für Schale, an die vielschichtigen Grundursachen für meine Probleme zu kommen. Dabei gilt es, die Verantwortung für den eigenen Körper und die Psyche selbst zu übernehmen. Wer ist näher an ihm, als ich? Wer kann am besten etwas ändern, alten Ballast lernen abzuwerfen, als ich? Er ist ein Schatz, den ich behüten möchte.

Rohkost

Eine gesunde Lebensweise mit viel lebendiger, kraftvoller Rohkost bringt mich dabei immer besonders voran. Seit 1994 habe ich viele Jahre 100 % Rohkost gegessen, die anderen Jahre 50-95 %. Die Rohkost ist aus meinem Leben nicht mehr wegzudenken und für mich ein wesentlicher Faktor für mehr Energie. Dabei ist jedoch Rohkost nicht gleich Rohkost, achtsam darf herausgefunden werden, welcher Weg für jeden der richtige ist. Ich bin z.B. überzeugt davon, dass grüne Blätter, vor allem Wildkräuter, für die menschliche Ernährung ein wichtiger Bestandteil sind. Nur damit ist meiner Meinung nach eine vegane Ausrichtung einfach umsetzbar. Eine ganz eigene Kategorie, die mit nichts zu ersetzen ist und doch leider von vielen gar keine Beachtung findet. Auch stopfen sich die meisten Menschen mit Saaten voll: Getreide, Ölsaaten und Nüsse sind das, was zu einer Hauptnahrung der Menschheit geworden ist. Es sättigt ordentlich, bringt aber auch Schwere in den Verdauungstrakt und macht müde. Ich denke, es sollte nur eine Zutat sein. Auch ist ein Samen für mich etwas so Kraftvolles, Heiliges. Von der Natur ist vorgesehen, dass daraus eine große Pflanze entsteht, die von Zauberhand wächst – viel zu schade dafür, sie in Massen zu verschlingen.

All die Jahre habe ich meine Gedanken und Erfahrungen in Artikeln zusammengefasst. Dabei sind insgesamt 19 Artikel für die Rohkostzeitschrift *Natürlich, Leben* entstanden und einer für die Zeitschrift *Die Wurzel*. Themen waren: Natürliche Geburt und Stillzeit, eine Serie „Kreativ und aktiv in der Natur", eine Serie über meinen Garten, Artikel über Rohkosttreffen, über die Liebe, die Kraft der Wildkräuter, meine Rohkost- und Heilungserfahrungen und einiges mehr. Viele Jahre habe ich Rohkosttreffen organisiert und einen Vortrag beim *Gesundheitskongress* in Kisslegg gehalten. In diesem Buch von Lisa und Moto habe ich das Titelbild zum Kapitel „Frohköstliches Erlebniscamp" gemalt. Seit 18 Jahren bin ich fast jedes Jahr dabei und wir sind schon zu einer Art Familie zusammengewachsen. Die Freude und die Themen des Camps wollte ich in diesem Bild festhalten.

Sport, Natur und Psyche

Wer glaubt, eine gesunde Ernährung sei alles, der gerät irgendwann in eine Sackgasse. Ich denke, Sport und der Aufenthalt in der Natur sowie ein stressarmes, inhaltlich erfüllendes Leben, sind ebenso essentiell. Dies in unserem durchgetakteten Leben umzusetzen, ist wahrlich eine Herausforderung. Umso wichtiger ist es, auch hier mutig eigene Wege zu gehen. Was nützt es mir, nach der üblichen Arbeitsroutine in Geld und Konsum zu schwimmen und dabei keine Zeit zu haben, um mir meine eigenen Herzensträume zu erfüllen?

Andere Heilmethoden

Auch gibt es noch die unzählbaren, die Psyche bedrückenden Altlasten von Negativerfahrungen, überwiegend aus der Kindheit, die viele in sich tragen. Auch dahin zu schauen, kann heilsam sein.

Mir hat dabei der *Completion-Process* von Teal Swan sehr geholfen. Weitere für mich sehr bewegende Heilmethoden sind die *Quantenheilung* und die *Klopfmethode*. Hinter diesen Namen steckt so viel. Ich durfte, während ich die Methoden nach meiner Art anwandte, erleben und bestätigt wissen, dass Energien unsichtbar fließen, ohne Berührung Reaktionen ausgelöst werden und dabei faszinierende Heilungen entstehen können. Meine Oma konnte z.B. plötzlich wieder laufen. Es war so schön, bestätigt zu wissen, dass das, was ich schon immer in mir fühlte, und zwar, dass es viel mehr gibt, als die feste, sichtbare Materie, die uns umgibt, wahr ist, sogar sichtbar werden kann und somit jeden Skeptiker überzeugen darf.

Erfüllendes Tun

In seinem Leben sich mit Dingen beschäftigen, die einen glücklich machen, ist ebenso sehr heilsam!

Kunst

Von meiner Künstlermutter Sigi Anders inspiriert und schon immer in meinem Herzen verankert, bin ich eine absolute Künstlerin, gar eine Lebenskünstlerin. Ich mache mein ganzes Leben bereits Kunst. Zum einen mache ich meine eigenen Kunstwerke, zum anderen gestalte ich das Haus, in dem ich seit 1998 lebe, von innen und außen künstlerisch – ein Lebensprojekt. Meine Kunst sieht so aus: Ich male, zeichne und mache Skulpturen aus Ton und Gips. Mal abstrakt und mal am Menschen orientiert, wobei mir lachende und zufriedene Gesichter gerne als Vorlage dienen. Meine „Zufriedenen" sind aus Ton gebaut und können in der Stallgalerie angeschaut werden. Meine leuchtenden, abstrakten Bilder sind voll Farb- und Formenspielen. Gerne kombiniere ich die Malerei mit Zeichnung. Auch Besucher können bei mir Kunst machen. Mit verschiedenen Einrichtungen biete ich gerne Mosaik- und andere Projekte an.

Musik

In mir ist auch eine Musikerin verloren gegangen. Instrumente zu entdecken und ihnen wohlklingende Töne zu entlocken, das ist wundervoll. Ich bin dabei eher Bauchmusikerin, Noten sind nicht so meins, das Improvisieren mag ich am Liebsten. Dabei habe ich nicht den Anspruch perfekt zu sein. Freude zu haben und die heilsame Wirkung der Klänge und des Musizierens zu genießen, das steht im Vordergrund.

Wild & Anders

2016 haben Sven (Sven Wild) und ich uns kennengelernt und waren neben der Freude über die Begegnung und was noch kommen wird, sehr fasziniert. Auch waren wir erstaunt, welche tolle Namenskombination sich bei unseren Nachnamen ergibt. Sven zog schon bald mit ins Haus und wir wachsen seitdem miteinander. Wir fingen an, uns musikalisch auszutoben. Dabei entstanden die ersten selbst-komponierten Songs mit eigenen Texten. Wir nahmen die CD *Sein wie du bist* auf, die ihr bei uns erwerben könnt. Lisa hat dabei mit ihrem Querflötenspiel die CD sehr bereichert.

Aktuell entsteht das musikalische Projekt *AndersWild*, bei dem wir intuitive Musik und Klangreisen jeweils spontan entsprechend der Konzerträumlichkeiten für die Besucher erschaffen.

Landleben

In Berlin (West) 1974 geboren und groß geworden, setzte ich 1995 den großen Schritt zu einem für mich „echten Leben" um. Ich zog aufs Land südlich von Kassel. Seitdem verbringe ich viel Zeit in der Natur und im Garten und mit kreativen Tätigkeiten, wie Werkeln, Kunst und Musik. Ich habe die Dinge, die mir am meisten Freude bereiten, zu meinem Lebensinhalt gemacht. Dabei hat mir die Rohkost sehr geholfen, damit ich die vielen Ideen in meinem Kopf tatsächlich tatkräftig umsetzen konnte.

Permakultur-Garten

Warum einen eigenen Garten anlegen? Hier weiß ich, wie es gewachsen ist, dass ich nur Gutes in die Erde getan habe und dass es frisch ist. Auch macht es eine große Freude, die Pflanzen, Früchte und Blumen wachsen zu sehen.

Sofort bei Einzug 1998 fing ich an, den ca. 1.000 m^2 Garten rund um das Wohnhaus zu gestalten. Das Pflanzen von Bäumen und Büschen ging vor Renovierungsarbeiten, da mir klar war, dass es lange dauert, bis die Bäume Früchte tragen. Das Pflanzen von Bäumen ist eine so wundervolle Tat. Es braucht nur den entscheidenden Schritt der Pflanzung und minimale Pflege und das Wunder „Baum" übernimmt alles weitere. Es wächst und versorgt uns bereitwillig mit Sauerstoff, Schatten, Blättern und Früchten. Welch wahres „Wunder".

Wo Platz war, pflanzte ich im Garten Frucht-Bäume, oft recht eng nebeneinander. Ich achtete aber darauf, meine wertvollen Sonnen- und Gemüsegartenbereiche nicht zuzupflanzen. Ich musste akzeptieren, dass der Platz im Hausgarten begrenzt ist. Gegen meine inneren Wünsche dann auch Bäume und Hecken kürzen. Damit jeder Bereich ausgenutzt ist, bepflanzte ich auch Bereiche im Schatten der Bäume mit Beerensträuchern. Ich stellte bald fest, dass jeder Bereich im Garten andere Lebensbedingungen für Pflanzen bietet. Manche wachsen hier gut, andere dort. Dies beobachtete ich und nahm darauf Rücksicht. Gemüse anzubauen ist jedoch die größte Herausforderung. Jahrelang fraßen mir die Schnecken fast alles weg, sodass ich happy war, dass Wildkräuter ohne jeden Aufwand wuchsen. Mittlerweile sind Schnecken rar und das mit dem Gemüse klappt immer besser. Die Tomaten im Folienhaus waren schon immer sehr ertragreich, ebenso die Früchte der Bäume. Ich bemühe mich, beim

Gemüseanbau die Erde bedeckt zu halten und lasse etwas Gemüse stets zum Blühen und Samen bilden stehen. Einen Teil davon sammle ich für das nächste Jahr, den anderen Teil darf die Pflanze selbst aussäen. Es ist immer wieder interessant zu beobachten, dass die von der Pflanze selbst ausgesäten Jungpflanzen meist viel kräftiger wachsen, als die von mir gesäten.

Da der Platz im Hausgarten für Bäumepflanzungen zu eng wurde, habe ich dann außerhalb im Waldgarten weiter gemacht. Bei der Auswahl der Frucht-Bäume habe ich natürlich auf „Schmackhaftigkeit" und Robustheit geachtet, aber auch Bäume gewählt, die gut für eine rohköstliche Selbstversorgung, auch über Wintermonate, geeignet sind. Da ich besonders gerne Südfrüchte, wie Weintrauben, Pfirsiche und Feigen esse, mache ich auch mit diesen Früchten Anbauexperimete, die meisten gelingen davon. Aktuell kommt jedoch das Thema mit den heißen, trockenen Sommern hinzu. Ohne eine Mulchschicht geht hier nichts. Meine Bäume ertragen das Wetter, doch Gemüse würde ohne zu wässern kaum wachsen.

Wildpflanzen

Wer keine Lust hat auf mühsames Gemüse-anbauen, ist stets gut mit Wildkräutern im Garten versorgt. Sie kommen ganz von alleine. Da sie viel mineral- und vitaminreicher sind als Zuchtgemüse, hat der bequemere Weg also auch Vorteile. Sich mit Wildpflanzen gut auszukennen, gibt mir auch eine Sicherheit. In der Wildnis wüsste ich sofort, was ich essen kann.

Lisa und Moto

habe ich 2017 beim Sommer-Rohkostcamp kennen gelernt. Beide waren gerade frisch verheiratet und eine Art „Glitzer" schwebte noch über ihnen. Beide haben mich von Anfang an sehr berührt, da sie besonders liebevoll und achtsam miteinander umgehen. Ganz authentisch und offen kamen wir sofort ins Gespräch und es entstand schon bald eine Freundschaft. Moto fing gerade ganz begeistert an Gitarre zu lernen und ich war gerade dabei mir Querflöte selbst beizubringen. Da war ich dann ganz dankbar, dass Lisa mir ein paar Feinheiten mit der Querflöte zeigte. Beide besuchten Sven und mich in Morschen und wir tauschten uns vor allem über Gesundheitsthemen und Musik aus. In dieser Zeit berichteten sie zum Beispiel von der Leberreinigung, die sie gerade gemacht hatten oder auch von dem Jurtenaufbau, der nun einen weiteren Anlauf benötigt. Stets sind beide offen und neugierig für weiterführende Impulse. Lisa bereicherte, wie bereits geschrieben, mit ihrem professionellen Querflötenspiel unsere *Wild&Anders*-CD *Sein wie du bist.*

Meine persönliche Botschaft
Spürt in euch, was euch im Leben wirklich wichtig ist. Traut euch, euren ganz eigenen Weg zu gehen. Freut euch an den schönen Dingen und lasst sie ein! Genießt die unerschöpfliche Kraft der Natur. Freut euch über all die kleinen Schritte der Verbesserung. Niemand ist perfekt! Habt Vertrauen. Seid in Liebe!

Eure Elke Anders

www.kunstwerkstatt-anders.de | info@kunstwerkstatt-anders.de
www.wild-und-anders.de

Wie entwickelt man „Ehrfurcht vor dem Leben"?

> *Jeder unbefangen denkende Mensch kann nicht anders als die Liebe nicht nur den Menschen, sondern auch der Kreatur gegenüber zu betätigen. Wir [...] werden durch das in unseren Herzen und Denken enthaltene und von Jesus ausgesprochene Gebot der Liebe gezwungen, unserem natürlichen Mitempfinden gegen die Geschöpfe freien Lauf zu lassen und ihnen, soweit wir es nur immer können, Hilfe zu bringen und Leiden zu ersparen.*[1]

Was Albert Schweitzer hier in seinem vermutlich um das Jahr 1950 herum entstandenen Aufsatz *Philosophie und Tierschutzbewegung* schreibt, klingt, als würden wir bereits in einer Welt leben, die befreit ist von jeglicher Ausbeutung der Tiere, befreit von der Missachtung ihrer Bedürfnisse und Rechte, befreit von einer Ideologie, die dem Menschen einen höheren Wert zuspricht als allen anderen Tieren[2]. Doch auch 70 Jahre später müssen wir feststellen, dass unsere Gesellschaft hiervon noch weit entfernt ist. In der Wissenschaft und in immer weiteren Kreisen unserer Gesellschaft setzt sich zwar die Erkenntnis durch, dass uns Menschen von den Tieren weniger trennt, als man lange Zeit annahm, dass Tiere Freunde oder Familienmitglieder sein können und dass es unethisch ist, Tieren vermeidbares Leid zuzufügen. Dennoch erleben wir, wie tagtäglich viele Millionen Tiere einen sinnlosen Tod sterben, wie sie in Versuchslaboren leiden müssen und wie zahllose Tierarten unwiederbringlich ausgerottet werden.

Knackpunkt in Schweitzers Gedankengang scheint der Begriff des „unbefangen denkenden" Menschen zu sein. „Unbefangen" zu denken ist eine Hürde, die für keinen Menschen leicht zu nehmen ist; es ist vielleicht ein Ideal, das nicht vollständig erreichbar ist. Die Hindernisse, die einem „unbefangenen“ Denken im Weg stehen, können vielfältig sein: Wir können befangen sein durch unsere Gewohnheiten, die wir nicht ablegen wollen, oder durch das Bedürfnis, nicht auszuscheren aus einer Gruppe, der wir uns zugehörig fühlen. Wir können befangen sein durch bestimmte Überzeugungen, die uns unser Leben hindurch begleitet haben und dadurch identitätsstiftend geworden sind, oder durch Regeln, die uns eine Religion vermeintlich auferlegt.

Oft sind es dann aber scheinbar rationale Argumente, die gegen ein vermeintliches „Zuviel“ an Mitgefühl gegenüber den Tieren ins Feld geführt werden: Und so sagen viele: „Wenn wir anerkennen, dass Tiere eine Würde, einen Eigenwert haben, wenn wir den Tieren Rechte zugestehen, etwa das Recht auf Leben und das Recht auf körperliche Unversehrtheit: Setzen wir damit nicht den Wert von uns Menschen herab? Wäre dies nicht geradezu eine menschenfeindliche Ideologie?“ Wer solche Einwände geltend macht, scheint davon auszugehen, dass wir Menschen nur einen bestimmten Vorrat an Mitgefühl und Liebe zur Verfügung hätten, der in der Gefahr stünde aufgebraucht zu werden, wenn man zu „verschwenderisch“ mit ihm umginge. Letztlich ist das Gegenteil der Fall: Die Geschichte der Menschheit hat gezeigt, dass wir nichts von unserer Würde und unserem Wert verlieren, wenn wir jeden Menschen als ein gleichwertiges und gleichberechtigtes Gegenüber anerkennen. Anderen wegen ihrer Hautfarbe, wegen ihres Geschlechts, ihrer sexuellen Orientierung oder ihres Glaubens Rechte vorzuenthalten oder ihnen ihren Wert abzusprechen, ist kein Verhalten, das uns *würde*-voll erscheint. Alle Mitmenschen als gleichwertig zu akzeptieren und in gleicher Weise zu respektieren, entspricht hingegen dem Anspruch, den wir an einen Menschen haben, der – um mit Goethe zu sprechen – „edel, hilfreich und gut“ ist.

Es gibt keinen Grund anzunehmen, dass diese Erfahrung aus dem menschlichen Miteinander nicht auch auf das Zusammenleben mit den Tieren zu übertragen sein sollte. Was verliert ein Mensch, der sich entscheidet, für seine Nahrung, seine Kleidung und seine Unterhaltung keine Tiere mehr leiden und sterben zu lassen? Benötigen wir Menschen für unser Glück das Recht, anderen sinnlos Gewalt antun zu dürfen? Benötigen wir das Gefühl einer Sonderstellung, um uns wertvoll zu fühlen? Sicherlich nicht. Wir erkennen sogar, dass wir, indem wir uns das Recht herausnehmen, die Natur zu unseren Zwecken zu benutzen, uns selbst, ja das Fortbestehen der Menschheit in Gefahr gebracht haben.

Andere wenden ein: „Was kann ich denn als Einzelner schon bewirken? Das Leid in der Welt ist so groß und auch die Natur selbst ist grausam, da fällt mein Handeln doch nicht ins Gewicht!" Dies ist eine Art von Resignation, ein Zweifel an der eigenen Selbstwirksamkeit, die uns oft begegnen. Wenn wir uns jedoch in die Lage eines bestimmten Tieres, eines Individuums, versetzen, so wird uns sehr schnell klar, dass es sehr wohl auf jeden Einzelnen ankommt. Für eine Kuh macht es durchaus einen Unterschied, ob sie zusammen mit ihrer Herde auf der Wiese grasen, ihren Nachwuchs liebevoll umsorgen und ihre Freundinnen und Freunde zum Beweis der Freundschaft ablecken kann oder ob sie nach vier Jahren Anbindehaltung im Stall, mehreren Schwangerschaften und dem sich wiederholenden Trauma, das eigene Kind weggenommen zu bekommen, entkräftet von der übermäßigen Milch-„Produktion" im Schlachthof sterben muss – oft ohne zuverlässige Betäubung, voller Angst und Schmerzen. Für eine Henne ist es durchaus von Bedeutung, ob sie ein Alter von 12–13 Jahren erreichen kann, oder ob ihre Lebensspanne auf die 1–2 Jahre begrenzt bleibt, in denen ihre „Legeleistung" noch ausreichend ist, um für ihren Besitzer wirtschaftlich zu sein. Und für den Marderhund fällt es durchaus ins Gewicht, ob er gemeinsam mit seiner Lebenspartnerin ein Gebiet von mehreren hundert Hektar als Lebensraum zur Verfügung hat oder in einem engen Drahtgitterkäfig sein kurzes und qualvolles Dasein fristen muss, bevor er wegen seines Pelzes grausam getötet wird. Jede unserer Entscheidungen hat somit ganz konkrete Auswirkungen auf das Leben von Tieren.

Natürlich ist es uns nicht in jeder Situation möglich, Leid von Tieren fernzuhalten: Bei jedem Waldspaziergang sterben Insekten unter unseren Füßen, und in bestimmten Regionen dieser Welt, Regionen ohne die fruchtbaren Böden, wie wir sie haben, ist ein Leben ohne Tierhaltung wohl gar nicht möglich. Vielleicht können wir nicht alles „richtig" machen und schon gar nicht alleine die ganze Welt retten. Doch dies sollte uns nicht davon abhalten, wenigstens dort Leid zu verhindern, dort etwas zum Besseren zu wenden, wo es uns möglich ist.

Betrachtet man sich die reinen Zahlen, leiden die meisten Tiere in einem Bereich, der sich „Nahrungsmittelproduktion" nennt. So verspeist z.B. jeder Deutsche im Laufe seines Lebens durchschnittlich 1.094 Tiere: 4 Kühe oder Kälber, 4 Schafe, 12 Gänse, 37 Enten, 46 Truthähne, 46 Schweine und 945 Hühner[3] – Fische und andere Meerestiere nicht mitgezählt. An diesen Zahlen wird deutlich, wie groß unsere Einflussmöglichkeiten allein durch eine Umstellung der Ernährung sind. Natürlich darf man auch andere Bereiche wie Bekleidung und Unterhaltung nicht vergessen, wo wir alle durch unser Konsumverhalten auch Veränderungen bewirken können. Wer sich allerdings mit einem großen Schritt in Richtung Ausstieg aus der Tierausbeutung bewegen möchte, tut gut daran, sich zunächst mit dem Thema vegane Ernährung zu befassen.

Nie war es so leicht, sich auf rein pflanzliche Weise gesund zu ernähren. Wir wissen heute sehr genau, welche Nährstoffe wir benötigen und wo wir sie in ansprechender und leckerer Form herbekommen können. Hierzu gibt es eine schier unendliche Menge an Informationsquellen: Kochbücher, wissenschaftliche Aufsätze, Videos, Vorträge, Messen, Workshops – und nicht zuletzt Menschen in unserem persönlichen Umfeld, die sich bereits vegan ernähren und in der Regel gerne Tipps und Hilfestellungen geben.

Viele halten Veganismus für eine „extreme" Ideologie, für eine übertrieben moralische Haltung, die dem Menschen jede Lebensfreude nehme. Das Gegenteil ist der Fall: Die meisten Menschen, die sich für den Veganismus entschieden haben, betrachten dies rückblickend als eine der besten Entscheidungen ihres Lebens. Sie sind froh und dankbar, diesen großen Schritt hin zu mehr Mitgefühl und Respekt anderen Lebewesen gegenüber gegangen zu sein. Die Herausforderung besteht, wie man schnell merkt, lediglich in dem Mut zu dieser Entscheidung. Essen bleibt auch bei einem Verzicht auf tierliche Produkte Genuss. Ja nicht nur das: Viele, die sich rein pflanzlich ernähren, berichten sogar, mehr Freude am Kochen und Essen zu empfinden als vorher, und sind begeistert von den schier unbegrenzten Möglichkeiten der veganen Küche.

Kein empfindsamer, mitfühlender, empathischer Mensch wird Freude am Töten eines Tieres empfinden können – unabhängig davon, ob er das Tier eigenhändig tötet oder ob er das Töten durch seine Kaufentscheidung an der Ladentheke in Aufrag gibt. Doch die Erzeugung tierlicher Produkte, die einen wirtschaftlichen Zweck verfolgt, ist stets damit verbunden, die Lebenszeit der Tiere durch einen Akt der Gewalt zu verkürzen. Vor diesem Hintergrund ist es eine geradezu wunderbare und froh machende Botschaft zu erfahren, dass wir in unserer Ernährung nicht auf das Töten von Enten, Schafen, Fischen und anderen empfindungsfähigen Lebewesen angewiesen sind: Es geht auch anders! Dass wir durch eine rein pflanzliche Ernährung gleichzeitig etwas für Artenschutz, Ernährungssicherheit, Klimaschutz und sogar für unsere eigene Gesundheit tun können, macht den Veganismus zu einer der schönsten Ideen unserer Zeit, zu einer Botschaft der Hoffnung und des Friedens.

Mit dieser Botschaft gehen wir von der *Albert Schweitzer Stiftung für unsere Mitwelt* immer wieder auf die Straße: Wir bauen unseren Pavillon auf, stellen Informationsmaterial zu Verfügung, bieten pflanzliche Milch oder vegane Plätzchen zum Probieren an und eröffnen die Möglichkeit, an einer veganen Probierwoche (*Vegan Taste Week*) teilzunehmen. Wir verzichten dabei meist auf die Konfrontation der Passanten mit grausamen Bildern oder Filmsequenzen und wenden uns vorrangig an diejenigen, die bereits nachdenklich sind und nach Lösungen suchen. Viele sind beispielsweise schockiert davon, dass Bio-Rinder keine bessere Klimabilanz haben als konventionell gehaltene, dass unabhängig von der Haltungsform eine Legehenne nur ein Alter von eineinhalb Jahren erreicht, oder davon, dass auch bei der Schlachtung von Bio-Schweinen Fehlbetäubungen, Angst und Leid der Tiere an der Tagesordnung sind.

Wer vegan lebt, versucht Albert Schweitzers Forderung einer Ehrfurcht vor dem Leben zu entsprechen:

> *Ich bin Wille zum Leben, der leben will, inmitten von Willen zum Leben, der leben will. Ich weiß, daß dieser andere Wille zum Leben, wie der meinige, Angst vor Vernichtung und Schmerz und Sehnsucht nach Freude und Glück hat. Wie dem Geheimnis meines Willens zum Leben bringe ich dem Geheimnis des andern Willens zum Leben Ehrfurcht entgegen. So gelange ich zu einer fundamentalen, allgemeinen Vorstellung von Gut und Böse. Gut ist, Leben erhalten, Leben fördern, dem Leben, das entwickelbar ist, zu voller Entwicklung zu verhelfen. Böse ist, Leben zerstören, dem Leben Leiden bringen, es in seiner Entwicklung hemmen.*[4]

Eigentlich sagt Schweitzer hier nichts anderes, als was uns schon die so genannte „Goldene Regel" lehren will: „Was du nicht willst, dass man dir tu', das füg auch keinem andern zu!" Dieser Verhaltensgrundsatz findet meist nur im zwischenmenschlichen Bereich Anwendung. Er fordert dazu auf, sich in sein Gegenüber hineinzuversetzen, sich darum zu bemühen, dieses zu verstehen, sowie dessen Wünsche und Sorgen nachzuempfinden, als wären es die eigenen.

Warum sollte dies bei den Tieren nicht auch möglich sein? Überall im Alltag begegnen uns Tiere. Angefangen beim Hund, der Katze oder der Spinne, mit denen man das Zimmer teilt, über das Eichhörnchen oder den Spatz im Garten, bis hin zum Schaf auf der Weide und dem Fisch im See: Versetzen wir uns doch einmal in diese Tiere hinein! Lassen wir sie uns ihre Geschichte, lassen wir sie uns von ihrem Leben erzählen: von ihrer Freude über leckeres Essen, ihren Begegnungen mit anderen Tieren, dem unbeschwerten Spielen mit Freunden oder der glücklichen Geburt eines Kindes, von ihren Hoffnungen, ihren Ängsten und Schmerzen! Lassen wir aber auch die Tiere sprechen, die wir meist nicht lebendig zu sehen bekommen: Was würde uns ein Schwein von seinem Tag auf einem Vollspaltenboden erzählen? Was ein Kalb, dem gerade die Hornansätze ausgebrannt wurden? Was eine Gans, der gerade die Federn ausgerupft wurden?

Wir kennen sprechende Tiere aus Fabeln und Märchen, wir erzählen solche Geschichten oft unsern Kindern, damit diese daraus lernen. Doch auch wir Erwachsene können dazulernen, nämlich indem wir unsere Empathiefähigkeit, die uns – zumindest den Tieren gegenüber – oft abhanden gekommen ist, wieder entdecken bzw. sie weiter entwickeln. Wenn wir den Tieren zuhören, wenn wir uns für ihre Geschichten interessieren, werden wir auch ihre Sprache irgendwann verstehen und es wird uns ein Herzensanliegen sein, dass sie uns als Freunde betrachten, denen sie vertrauen können.

Frankfurt am Main, im Oktober 2020

Dr. Johannes Volker Schmidt
Koordinator der Frankfurter AG der *Albert Schweitzer Stiftung für unsere Mitwelt* und Mitkoordinator der AG Frankfurt/Rhein-Main von *Ärzte gegen Tierversuche e.V.*

Weiterführende Links:
https://albert-schweitzer-stiftung.de
https://www.aerzte-gegen-tierversuche.de

---

[1] Albert Schweitzer, „Philosophie und Tierschutzbewegung", in: Ders., *Die Ehrfurcht vor dem Leben. Grundtexte aus fünf Jahrzehnten*, hg. von Hans Walter Bähr. München 2003 (Erstauflage 1966), S. 92–98, hier: S. 95.

[2] Der Begriff „Tiere" meint im Folgenden alle nicht zur eigenen Spezies gehörenden Tiere – aus menschlicher Perspektive also alle nicht-menschlichen Tiere.

[3] https://www.welt.de/vermischtes/article4686846/So-viele-Tiere-isst-der-Deutsche-in-seinem-Leben.html (2. Oktober 2020).

[4] Albert Schweitzer, „Natürliche Ethik und natürliche Religion. Gifford Lectures, II. Serie, 1935. Auszug für die Presse", in: Ders., *Vorträge, Vorlesungen, Aufsätze*, hg. von Claus Günzler, Ulrich Luz und Johann Zürcher. München 2017, S. 139–172, hier: S. 143.

Du bist was Du isst ;) und mehr

Begegnet bin ich Lisa und Moto zum ersten Mal auf einem Potluck in einem Park in Frankfurt. Dort fiel mir auf, dass sie sehr rücksichtsvoll und umsichtig miteinander umgingen. Sehr entspannt, sich selbst genug und doch offen für den Austausch und schöne Gespräche mit allen anderen Anwesenden. So waren sie schon damals eine Inspiration für mich. Zu diesem Zeitpunkt hatte ich meine Ernährung schon drastisch verändert und sehr viel Rohkost integriert. Obwohl mir die Umstellung sehr gut tat, war ich unsicher, durch so viele widersprüchliche Dinge, die ich gelesen hatte. Ich erinnere mich so gut an diesen Potluck im Park, da hier auch der Grundstein für meine weitere Entwicklung mit gelegt wurde: meine Entscheidung, eine Ausbildung zur Ernährungsberaterin auf roh-veganer Basis zu beginnen. Diese Ausbildung war von meinem Mann und mir erstmal „nur“ dazu gedacht, damit wir beide wissen, wie wir gesund und fit alt werden können. Doch mit der Ernährung veränderte sich viel mehr in meinem/unserem Leben.

Viele Einstellungen und Glaubenssätze zu mir selbst, anderen Menschen und Ereignissen fanden eine Neujustierung. Mehr Achtsamkeit, mir und meinem Umfeld gegenüber, setzte sich bei mir durch. So wurden mir Menschen wie Lisa und Moto wichtig und die beiden fanden einen festen Platz in meinem Herzen. Ich durfte mehr über ihre Werte, Wünsche und Träume erfahren, wofür ich den beiden sehr dankbar bin. Mein Bedürfnis, anderen Menschen die Möglichkeit zu geben mehr über die Ernährung erfahren zu können, wuchs noch während der besagten Ausbildung zur Ernährungsberaterin, so dass *Futuroh* geboren wurde. Mein Mann ergänzte es damals immer mit dem Slogan „Die Zukunft is(s)t roh“. Hierbei ging es mir in erster Linie darum, dass Menschen wieder ein Gefühl für gute Ernährung und echte Lebensmittel entwickeln und wieder mehr Frisches in ihre tägliche Ernährung einfließt. So organisiere ich seitdem monatliche vegane Rohkost-Potlucks und jedes Jahr ein großes Potluck-Wochenende für einen schönen Austausch zwischen Interessierten. In meinen Workshops zeige ich, wie vielseitig und lecker pflanzenbasierte Frischkost sein kann. Wie einfach oder auch kreativ Fermentiertes selbst hergestellt werden kann und wie viel Freude es macht in der Natur gesammelte Kräuter zu verwenden. Mittlerweile bin ich felsenfest davon überzeugt, dass die Lebensmittel, die wir zu uns nehmen, unsere Gefühlswelt, unser Wohlbefinden und unsere Fitness massiv beeinflussen. Nicht nur, weil ich als Ernährungsberaterin beobachten durfte, wie sich die ganze Welt – sogar für etwas negativer eingestellte Menschen – durch die

Ernährung positiv verändern kann, sondern auch meine eigenen Erfahrungen sind für mich überzeugend. Ich war schon immer naturverbunden und tierlieb, ein Optimist und Stehaufmännchen mit einem massiven Willen. Aber mittlerweile fühle ich mich mit allen Lebewesen, bis hin zur Fruchtfliege in Liebe verbunden. Das klingt schon merkwürdig, fühlt sich aber sehr gut an. Jeden Tag darf ich etwas lernen und meinen Weg weiter entwickeln.

Ich glaube, man muss sein Leben nicht auf einmal komplett auf den Kopf stellen (es sei denn man möchte es). Ein Zauber wohnt auch den kleinen Schritten inne. Sie können das Leben tatsächlich verändern. Wenn dann das Bedürfnis geweckt wird, einen weiteren Schritt zu gehen, findet sich ganz in Ruhe, Schritt für Schritt, der eigene Weg. Dieser verläuft natürlich nicht immer gerade und zwischendurch wird es mal beschwerlich oder man biegt falsch ab. Aber wenn man auf sein Herz hört finden sich nach und nach die richtigen Schritte. Wir begegnen lieben Menschen wie Lisa und Moto, dürfen von ihnen lernen und uns inspirieren lassen. Wir finden Bücher mit den passenden Antworten auf unsere Fragen usw.

So habe ich das Glück gehabt, als Kind einen großen Garten zum Spielen zur Verfügung zu haben, in dem ich auch immer ein eigenes Beet bepflanzen und pflegen durfte. Schon damals habe ich mit meiner Oma Meerrettich in einer Wiese geholt und sie hat mir ein paar Kräuter gezeigt. Das Wissen, was ich hierbei erlangte, war mir dann später viele Jahre egal, jetzt hingegen weiß ich es wieder zu schätzen und trage es als Schatz in meinem Herzen. Ich esse gerne alles, was so an essbarer Spontanvegetation um mich herum und in meinem Garten, auf den Feldern oder im Wald sprießt und habe mich auch durch eine Ausbildung zur Kräuterfrau dabei weiterentwickelt.

Wie Lisa und Moto und schon viele andere, stellte auch ich fest, dass die Ernährung nur ein Teil dessen ist, was zu einem zufriedenen und gesunden Leben gehört. Innere Reinigung und Fasten sind weitere Aspekte. Die Lebergallenblasenreinigung führe ich persönlich seit 2015 regelmäßig durch. Auch Moto hat in der Zeit, in der wir uns kennen, eine große Leidenschaft für diese entwickelt. Viel Freude habe ich daran, meine Erfahrungen mit anderen zu teilen und sie darin zu unterstützen eigene Erfahrungen sammeln zu können. Daher ließ ich mich auch zur Fastenleiterin ausbilden, in der *Akademie Gesundes Leben*, sowie ein Jahr später von Florian Sauer zum Leber-Gallenblasen-Reinigungs-Coach ausbilden. So fügen sich meine Schritte langsam aneinander. Auch wenn ich sicher noch sehr viele Weiterbildungen machen werde, für mich und für alle, die sich auf ihrem Weg Unterstützung von mir wünschen.

Die Gemeinschaft mit lieben Menschen, mit denen man sich austauschen kann, ist, glaube ich, mit am wichtigsten. So hoffe ich, dass Lisa, Moto und Yasu auch weiterhin von vielen lieben Menschen umgeben sind und mit ihrem Buch viele inspirieren, für sich den Weg zu finden, der sie glücklich macht. Dafür auch neue Dinge auszuprobieren, neue Menschen kennenzulernen und dabei in sich hinein zu fühlen, was ihnen, ihren Mitmenschen und ihrer Umwelt gut tut. Da Du dieses Buch bis hierher gelesen hast, treffen wir uns ja vielleicht auch bei einem schönen Gespräch, auf einem Potluck, Rohkostcamp, Seminar, Workshop oder ähnlichem. Ich würde mich freuen.

Deine Corinna Kaminsky | *www.futuroh.com*

Voicehealing

Wenn ich an Lisa, Moto und Yasu denke, dann denke ich an Engel auf Erden. Ja tatsächlich wie in dieser alten Serie mit Jack London: An Warmherzigkeit, an Selbstlosigkeit, an Licht und an Liebe. Diese drei Menschen haben mein bzw. unser Leben verändert.

Kennengelernt haben wir uns über die Rohkost in Frankfurt am Main. Wir begegneten uns bei gemeinsamen Treffen der Szene und hegten direkt Sympathie füreinander. Dies ist jetzt 5 Jahre her. Seit dieser Zeit hat sich unsere Verbindung unaufhaltsam wunderschön gefestigt.

Sie sind für mich Freunde, Lehrer, Engel und Familie. Ja sogar die Paten unseres Kindes und dies, weil ich Ihnen bedingungslos vertraue und zutrauen würde mein Kind in meinem Sinne zu begleiten.

Ebenso, wie sie mir Lehrer sind in allen Bereichen des Lebens, so durfte ich dies auch schon für sie sein. In der Rohkost und in der Musik. Ich arbeite mit Stimme, Musik und Energien und dies verbindet uns auch in diesem so wertvollen Bereich.

Ein wunderschöner gemeinsamer Moment war eine gemeinsame Improvisation auf unserer jährlichen Familienwoche der Rohköstler von Sonja Watt. Wir musizierten improvisierend zusammen und tanzten, was das Zeug hält – so verbindend und lichtvoll.

Genau so waren die zahlreichen Circles, die ich leiten durfte, an denen Lisa und Moto teilnahmen. In diesen Circles lebe ich meine Berufung, Menschen dabei zu helfen stimmig zu werden. Lisa und besonders Moto entdecken dabei immer mehr ihre eigene Stimme, finden Ihr Seelenlied und ihren ganz eigenen Ausdruck. Dies ist der Sinn meines Wirkens.

Getauft habe ich das Ganze *Voicehealing*. Mein Baby sozusagen. Vom Stimmigwerden im Innen und Außen, vom authentischen Ausdruck und von der Essenz des Seins – der Liebe – getragen. Wenn Du Lust hast, dies auch einmal zu erleben, dann schaue gerne bei mir vorbei:

Deine Corinna Wilden | *www.voicehealing.de*

Ich freue mich auf viele gemeinsame Stunden mit meiner Wahlfamilie und vielleicht dir!

Wie das Buch zum Leben erwachte – Gedanken der Grafikdesignerin

Es war auf einem meiner Rohkost-„Potlucks" in Darmstadt, als ich Lisa, Yasu und Moto das erste Mal traf. Ich hatte vorher schon von ihren Treffen in Frankfurt gehört und ab und zu auf ihrem Blog vorbeigeschaut. Umso mehr freute ich mich, als die drei dann zu unserer Gruppe stießen und wir einen schönen Nachmittag auf den Streuobstwiesen verbrachten.

Als wir uns dann einige Zeit später „zufällig" auf einer anderen Veranstaltung wieder sahen, erzählten mir Lisa und Moto von ihrem Buchprojekt. Davon war ich sofort begeistert und schlug ihnen vor, bei der grafischen Gestaltung behilflich zu sein. Erst war nur die Rede vom Cover, doch schließlich übernahm ich auch das komplette Innenlayout. Es entwickelte sich eine schöne, inspirierende Kooperation.

Zu Beginn las ich das Manuskript und lernte die drei damit besser kennen. Ich war verblüfft über die vielen Gemeinsamkeiten, die wir teilen: Spezielle Ernährungs- und Detox-Experimente, Yoga und Meditation, barfuß gehen, Wildkräuter sammeln, ... nicht zuletzt Querflöte und Gitarre spielen sowie Salsa tanzen. Wir teilen das Streben nach einem erfüllten Leben, das wir selbstverantwortlich mit Neugierde und Dankbarkeit kreieren wollen.

Mein Antrieb ist es, herauszufinden, was genau meine besonderen Fähigkeiten sind, mit denen ich diese Welt bereichern kann. Schon immer begleitet mich dabei meine Kreativität, die sich vor allem in einem Designstudium und meinem jetzigen Beruf als selbständige Grafik- und Webdesignerin ausdrückt.

Ich möchte andere Menschen bei der Entfaltung ihrer Projekte unterstützen, indem ich für sie visuelle Erscheinungsbilder kreiere. Mein Anspruch ist es, maßgeschneiderte und rundum stimmige Corporate Designs zu gestalten – vom Logo über die Geschäftsausstattung bis hin zur eigenen Website und Social Media. Ich lege besonderen Wert auf authentische Projekte und möchte diesen helfen, die richtigen Menschen zu erreichen – gerne mit ganz individuellen Ideen.

Ein solches Projekt sehe ich auch in diesem Buch, daher habe ich Moto und Lisa so gut ich konnte unterstützt. Für den Umschlag fertigte ich eine Illustration an, die auf abstrakte Weise an einen wilden Waldgarten erinnern soll. Zwischen den vielfältigen Blättern finden sich auch einige wichtige Elemente aus dem Leben der Familie Watanabe. Die einzelnen Zeichnungen mögen auf den ersten Blick durcheinander gewirbelt erscheinen, fügen sich bei genauerer Betrachtung aber harmonisch ineinander – wie in einem Permakulturgarten auch. Die bunten Regenbogenfarben spiegeln die fröhliche Lebensweise von Lisa, Yasu und Moto wieder.

Doch nicht nur die Gestaltung, auch die Produktion dieses Buches sollte authentisch zu ihrer Einstellung passen: Ich erstellte ein Layout, das das Format und die Druckbögen möglichst gut ausnutzt. Die Ränder sind relativ schmal und die Schrift ist relativ klein, jedoch immer noch angenehm zu lesen. Damit konnte ich die Seitenanzahl – und somit die Papierressourcen – möglichst gering halten.

Ich besprach mit Andreas von der Druckerei *voice-design* in Offenbach, dass wir auf 100 % Recyclingpapier mit umweltschonenden veganen Farben drucken. Während der Text rein schwarz gedruckt wurde, bekamen die tollen Zeichnungen und Fotos jeweils eine ganze, farbige Seite. Die anschließende Bindung wurde ebenfalls regional und mit veganem Leim gefertigt.

So haben wir alle unser Bestes gegeben, dieses Buch zu realisieren. Mich persönlich hat das Lesen des Inhalts wie auch die Arbeit daran sehr erfreut und bestärkt. Während unserer Zusammenarbeit haben mich Lisas und Motos Offenheit, ihr Gemeinschaftsgeist und ihr Verständnis immer wieder tief beeindruckt. Ich danke euch beiden für euer Vertrauen und hoffe es wird bald einen Teil 2 geben! :-)

Herzliche Grüße von Larissa
larissaspindler.de

Lieder- und Rezepte-Verzeichnis

NOCH-MEHR-INPUT-REGISTER

Zum Weiterlesen

Zum Weiterschauen

Zum Weiterklicken

Aprilscherz

Eine Hochzeit mit einem Buffet aus rein pflanzlichen Zutaten, mit Getränken voller Sprudel aber ohne Alkohol, mit einer Disco-Hüpfburg und mit einer Trauzeremonie auf den Matten einer Boulderhalle. Zu unserer Zeit hätte man dies auch für einen etwas ambitionierten Aprilscherz halten können. Trotzdem, beziehungsweise gerade weil es so witzig klang, haben wir es getan. Nachdem wir unser Vorhaben passenderweise am 1. April 2016 angekündigt hatten, veranstalteten wir genau ein Jahr später die größte Party unseres Lebens.

Wir mieteten uns eine Boulderhalle in Frankfurt, wünschten uns vegane Buffetbeiträge als Hochzeitsgeschenke, schrieben unser eigenes Drehbuch für eine weltliche Trauzeremonie und überließen unseren Gästen die Gestaltung des Unterhaltungsprogramms. Als Hochzeitswagen wurde unsere rote Ente aufgepeppt.

Noch lange bevor unser derzeit liebster Sohn Yasu zur Welt kam, hatten Mama und Papa ihr erstes Date im *Blockwerk*, einer Mainzer Boulderhalle, mit anschließendem Lunch-for-two im *Möhren Milieu*, einem veganen Szene-Lokal in der Mainzer Neustadt. Die Idee, auch in einer Boulderhalle zu heiraten, ließ uns dann nicht mehr los und wir fanden glücklicherweise zeitig einen kooperationswilligen Hallen-Betreiber ganz in unserer Nähe. Das *Dynochrom* im Riederwald war die perfekte Location für uns. Wir hatten rund 150 Erwachsene und 70 Kinder eingeladen, die viel Platz inner- und außerhalb der Halle fanden. Die zusätzlich angemietete Disco-Hüpfburg erwies sich als eine sehr kompetente Kinderbetreuung. Zudem gab es eine Chill-out-Wiese mit Liegen sowie einer Slackline. Da wir die Anlage komplett gemietet hatten, konnten die Gäste sich auch jederzeit Schuhe ausleihen und ihre primären Kletterreflexe ausleben. Für die Kids gab es auch noch ein Kletterkursangebot. Das Buffet war über den ganzen Tag gedeckt und die Gäste konnten sich jederzeit bedienen. Als Sitzgelegenheiten wurden im Vorhof und unter einem Festzelt Bierzeltgarnituren mit Tischdecken, Kerzen und Liebesbriefchen hergerichtet. Als Dekorationshighlight brachte uns Brautonkel Thomas noch Blumen und Kräutertöpfe aus Telgte mit, die wir später als hübsche Giveaways weiterverschenken durften. Nachdem das Kletterfieber sich im Lande ausgebreitet hat und der Trend weiter anhält, sind wir zuversichtlich, dass wir auch unsere silberne und goldene Hochzeit am gleichen Standort feiern können.

Vor dem Kennenlernen waren Mama und Papa bereits jeweils schon dazu übergegangen bei ihrer Ernährung neues Terrain zu erkunden. Besonders angetan waren beide von der pflanzenbasierten Kost. Einige unserer Verwandten hegen immer noch den Verdacht, dass wir zu einer pflanzenverzehrenden Glaubensgemeinschaft konvertiert sind. Nun ja, wir können tatsächlich nicht ausschließen, dass wir recht leichtgläubig an die Sache rangegangen sind. Die Werbeversprechen von etlichen veganen Vorreitern bezüglich Gesundheit, Klima- und Tierschutz waren nur allzu verlockend. Promotions-Filme wie *Cowspiracy*, *What the Health* oder zuletzt *Game Changers* haben ihr Übriges getan uns endgültig zu verführen. Wir hatten uns ziemlich schnell an die neuen Gaumenfreuden gewöhnt und konnten es nicht mehr lassen. Die Hochzeits-Einladung wurde deshalb mit folgendem Wunsch verschickt:

> *Bitte keine materiellen und finanziellen Geschenke mitbringen. Stattdessen wünschen wir uns von Euch allen viel gute Laune und einen leckeren Beitrag für unser veganes Büffet (idealerweise mit sichtbarer Zutatenliste für die Allergiker sowie Name des Zubereiters für überschwängliches Lob und eventuellen Rezeptaustausch). Egal ob süß, sauer oder herzhaft; grob, fein oder zart; cremig oder knackig; warm oder kalt; gebacken, frittiert, gekocht oder roh; gehackt, püriert oder am Stück; selbst zubereitet oder gekauft: Hauptsache pflanzlich und nichts vom Tier.*

Wir waren vollends verzückt von all den Hochzeitsleckereien, die uns unsere Gäste auf das Buffet zauberten. Die Gäste hatten sich alle so viel Mühe gegeben, dass wir den Buffetbereich spontan erweitern mussten. Brautstiefmutter Doro setzte dabei all ihr organisatorisches Geschick ein, so dass alle „Hochzeitsgeschenke" einen adäquaten Standort erhielten, und die Gäste sich optimal vom Buffet bedienen konnten. So eine riesige Auswahl an veganen Speisen hatten wir zuvor noch nicht erlebt gehabt. Den größten Beitrag hatte dabei wohl Motos Mutter Keiko geleistet, die quasi die Nacht zuvor durchgekocht hatte, und ihrem Sohn mit all seinen Leibspeisen eine besondere Hochzeitsfreude bereitete.

Bei dem großen Angebot wurden fast die bunten Veggie-Grillspieße, die Motos Lehrerfreunde samt deren Frauen extra in Handarbeit gefertigt hatten, vergessen. Aber zum Glück hatten wir unseren guten Freund und Grillmeister Kourosh dabei. Er schmiss zur Abenddämmerung noch mal den Grill an und zeigte unseren Gästen gekonnt, wie man auch Gemüse und Tofuwurst zu etwas knusprig Leckerem brutzeln kann.

Auch bei den Getränken wurden wir gut bedient. Hier hat die freie Marktwirtschaft eine besonders tolle Entwicklung ermöglicht. Mittlerweile gibt es unzählige alkoholfreie partytaugliche Getränke, die auch noch auf Sozialstandards und biologische Inhaltsstoffe achten. Wir hoffen, dass wir mit unseren hippen Getränken samt schickem Flaschendesign sowie Gute-Laune-Etiketten die Gäste davon ablenken konnten, dass der oft übliche Schwips ausblieb. Prinzipiell denken wir, dass Alkohol in kleinsten Mengen seinen Sinn in der Ernährung hat. In reifem Obst und auch in fermentierten Speisen entwickelt sich Alkohol in geringen Mengen. Warum Menschen darüber hinaus Alkohol zu sich nehmen, dafür gibt es sicherlich die verschiedensten Gründe. Wir hatten uns irgendwann für die Variante entschieden bei Getränken ausschließlich die umdrehungsfreien Möglichkeiten zu wählen. Seitdem ist uns Vieles leichter gefallen und es fühlt sich immer noch gut an. Wir hatten bei unserer Feier das Glück, dass unsere Hochzeitsgesellschaft da sehr nachsichtig mit uns war.

Übrigens, eine Woche zuvor, bei unserer standesamtlichen Traufeier, wurden wir schon von Heidrun in ihrer Hanauer *Kräuterpension* ordentlich verwöhnt. Wir hatten in vertrauter Runde im romantischen *Schloss Philippsruhe* unsere formelle Eheschließung vollzogen. Anschließend verbrachten wir einen exklusiven Abend mit Übernachtung im familiären Kreis mit vorzüglicher Verköstigung. Das Menü sah wie folgt aus:

***Entrée**:*
Rotelinsen-Süßkartoffelsuppe mit Cashewschmand, Wildkräutertopping und Räuchertofuchips

***Hauptgang**:*
Gratin Dauphinois, Ofenkartoffeln mit italienischen Kräutern
Reismischung, Ratatouille, Ofengemüse mit Gemüse der Saison
Wildkräutersalat, Rohkostplatte
Sprossen (Alfalfa, Kichererbsen, Linsen)
Dreierlei Dressing: French Dressing, Senfdressing, Tahindressing
Zaziki, Seitangeschnetzeltenpfanne
Tempehpfanne (Lupinen- und Sojatempeh)
Quinoa-Hirse-Bratlinge

***Dessert**:*
Himbeerkuchen (roh-vegan)
Mangotarte (roh-vegan)
Schokoladenmuffins

Die Ausrichtung unserer weltlichen Trauzeremonie war für uns wie etwas Neues zu kochen, aber ohne Rezept. Wir wussten ungefähr was die nötigen Zutaten waren, aber die Zubereitungsschritte und Mengenangaben fehlten uns. Die Zeremonieleitung hatten wir unserem langjährigen Freund Jakob anvertraut, der bei der Gestaltung und Durchführung noch zusätzlich von unseren Familienmitgliedern unterstützt werden sollte. Wir schickten ihnen folgende E-Mail und hofften, damit das passende Konzept gefunden zu haben:

Hallo liebes Team für die Trauzeremonie,
erst mal vielen Dank, dass ihr Euch bereit erklärt habt, unsere Trauzeremonie mitzugestalten! Damit ihr Euch orientieren könnt haben wir einen Ablaufplan erstellt:

- *Einzug von Lisa mit Blumenkindern, musikalisch begleitet durch das Flötenspektakel (ca. 2-3 min)*
- *Begrüßung der Gäste durch Zeremonieleitung (ca. 5 min)*
- *Rede über das Brautpaar und alle gewünschten Elemente, die im Gespräch erörtert werden durch Brautmutter (ca. 5 min)*
- *Die Gäste singen gemeinsam ein Lied, Ansprache/Anleitung/Auswahl durch Brautstiefmutter (ca. 5 min)*
- *musikalischer Beitrag von Brautstiefschwester (ca. 5 min)*
- *Vortrag einer Rede von Brautstiefvater (ca. 5 min)*
- *Zeremonienmeister: Vorstellung der Trauzeugen*
- *Ansprache & musikalischer Beitrag der Trauzeugin (ca. 5 min)*
- *Ansprache & musikalischer Beitrag des Trauzeugen (ca. 5 min)*
- *Zeremonieleitung: Ankündigung „Treuegelöbnis" des Brautpaares*
- *Ansprache & musikalischer Beitrag des Bräutigams (ca. 5 min)*
- *Ansprache & musikalischer Beitrag der Braut (ca. 5 min)*
- *Eheversprechen, das von der Zeremonieleitung ausgewählt und gefragt wird*
- *Trauritual: Die Trauzeugin bringt dem Brautpaar eine Kokosnuss, die auf den Tisch gestellt wird. Aufforderung von der Zeremonieleitung die Ge(-Nuss) zu knacken: Gemeinsam die Kokosnuss knacken, trinken & Kuss. (ca. 5 min)*
- *Segnung durch Brautvater (ca. 5 min)*
- *Auszug nach draußen von Lisa und Moto mit Blumenkindern und musikalischer Begleitung durch das Flötenspektakel (ca. 2-3 min)*

Wir gehen davon aus, dass die Trauzeremonie etwa 1 Stunde dauert.
Liebe Grüße, Lisa und Moto

Was wir dann erleben durften war überwältigend und es waren wohl die emotionalsten Momente, die wir beide bisher gemeinsam erleben durften! Alle Beteiligten haben sich von ihrer besten Seite gezeigt und uns so auf liebevolle Weise ihr Wohlwollen zum Ausdruck gebracht. Beim Einzug wurden wir von engelhaften Blumenkindern und den wunderbaren Klängen von Lisas liebstem Querflötenensemble *Flötenspektakel* begleitet. Die Gäste und wir wurden durch unseren Zeremonienmeister und Starprediger Jakob mit einer sehr rührenden Rede, die unverschämter Weise gleich zu Beginn das Braut-Makeup auf die Probe stellte, begrüßt. Es folgte eine aufheiternde Geschichte von der Brautmutter und Scrabblemaster Anke über unser Kennenlernen sowie Zusammenkommen, die sie geschickt mit einem Buchstabenspiel für ein späteres Hochzeitsprogramm vereinte. Einfühlsam führte Hochzeitschorleiterin und Brautstiefmutter Doro uns alle dann musikalisch zum Ort, *Wo die Liebe wohnt*. Brautstiefschwester und Sängerin von *Soundslike* Cathy, begleitet von Pianoman Johannes, sorgten anschließend mit ihrer grandiosen Darbietung von *Make you feel my love* für den nächsten Makeup-Härtetest.

Unterhaltsam und eloquent erklärte uns dann Eheversicherungskaufmann und Brautstiefvater Matthias, wieso der Vertrag den wir eingingen unbezahlbar sei. Ein weiteres musikalisches Highlight lieferte uns dann Flutelady und Trauzeugin Katie, mit ihrer brillanten Interpretation einer Tangoetüde von Astor Piazzolla. Best Man und Bräutigamsbruder Muzius zeigte uns mit seiner Gitarre und *Je l'aime a mourir* von Francis Cabrel auf seine charmante Art und Weise, wie wichtig es ist authentisch zu sein. Beim Treuegelöbnis versprachen wir uns gegenseitig an der Gitarre und am Klavier, dass unsere Liebe weitere *1000 years* andauern wird und dass wir uns nicht sorgen brauchen, weil am Ende immer *Ai wa katsu* (die Liebe siegt). Für unser Trauritual knackten wir dann die Kokos(Ge-)nuss und füllten mit dem Kokoswasser wieder unser Freudentränenreservoir. Mit viel Mut, Zuversicht sowie Origamipapier wurden wir abschließend liebevoll von Glücks(kranich)bringer und Brautvater Jürgen gesegnet.

Ein weiteres Mal begleiteten uns die bezaubernden Damen vom Flötenspektakel beim Auszug nach draußen, wo wir die Gratulationen von unseren Gästen entgegennehmen durften. Es lohnt sich doch immer, mal etwas ohne Anleitung oder Rezept auszuprobieren, wenn man etwas Außergewöhnliches erleben will!

Nach der Trauzeremonie gab es mit dem Anschnitt unserer Hochzeitstorte noch ein kulinarisches Highlight. Unser Rohkost-Buddy David von der *Rohkosteria* hatte uns eine himmlische Schoko-Kokos-Früchte-Torte

gezaubert. Zuvor hatte er schon mit einem Smoothie-Empfang die Hochzeitsgesellschaft beglückt. Anschließend wurde weiter viel gegessen, getrunken, geschwatzt, gebouldert und ausgelassen gefeiert. Zwischendurch machten wir eine Spritztour zu Motos engsten Verwandten, die extra aus Japan angereist waren. Leider hatten sie sich mit Motos Mutter wegen einer Verkettung von Missverständnissen sowie falschen Annahmen verkracht und die Emotionen waren so hochgekocht, dass sie der Feier fernblieben. So hatten wir uns spontan entschieden unseren gutgetakteten Veranstaltungszeitplan etwas umzukrempeln und uns ein exquisites Picknick im Park mit Motos Cousine samt Tochter und Enkel zu gönnen. Dabei leistete uns für die Fahrt bis zum Park beim Eschenheimer Turm unser rotes Entchen wieder einen treuen Dienst. Für ihn war der Einsatz als Hochzeitswagen durch die Mainmetropole das Highlight seines sonst so tristen Daseins in einer dunklen Tiefgarage am Frankfurter Zoo. Eskortiert wurden wir noch von Motos Bruder und seiner Familienbande, die ihrerseits aus Südfrankreich den langen Weg zu uns in einem Wohnmobil auf sich genommen hatten. Motos Verwandtschaft verweilte noch ein paar Tage in Deutschland und wir hatten nach der Hochzeit eine sehr herzliche gemeinsame Zeit mit ausgiebigen Stadterkundungen sowie Ausflügen in der näheren Umgebung. Wir sind voller Hoffnung, dass die derzeit anhaltende Funkstille zwischen Motos Mutter und ihrer Nichte irgendwann ein versöhnliches Ende finden wird.

Nach unserem von den Gästen fast unbemerkten Kurzausflug, durften wir das Tanzparkett mit unserem Hochzeitstanz eröffnen. Motos jahrelange Bemühungen bei der Salsa-Abteilung der *Eintracht Frankfurt* ergaben plötzlich einen besonderen Sinn. Er hatte die Ehre über 10 Jahre von Johanna und Peter, zwei der kompetentesten Salsalehrer im Rhein-Main-Gebiet, in die lateinamerikanische Tanzkunst eingewiesen worden zu sein. Musikalisch begleitet durch Lisas Studienfreund Rainer an der Gitarre und seinem Kumpel Manuel am Mikro erlebten wir einen Zu-Zweit-auf-Wolke-Sieben-Moment mit dem Lied *Just the way you are* von Bruno Mars. Es folgten weitere schöne Tänze mit vielen unserer Gäste und weiteren Liedern von unserem Gitarren-Sänger-Duo *Just voice and guitar*. Anschließend gab es auch ein von unseren Gästen vorbereitetes Unterhaltungsprogramm mit viel Show, Witz und Überraschungen. Die Moderation hatten Melanie und Daniel, Freunde aus Kindertagen, übernommen und wir durften in der ersten Reihe sitzen.

Zur Freude von Motos Mutter sang Ralph, ein ausgebildeter Sänger ein traditionelles japanisches Lied mit hervorragender Stimme. Die ehemaligen Studienkollegen Ralf und Katie spielten zur großen Freude von

Lisa gemeinsam mit ihr auf der Traversflöte ein Trio von Boismortier. Luca, der älteste Sohn unseres Moderators, zeigte bravourös als jüngster Gastbeitrag sein ganzes Können auf dem E-Piano und spielte souverän die Europa-Hymne. Lisas langjährige musikalisch vielsaitige Querflötenlehrerin sowie Klangpoetin Stefanie animierte uns in einer witzigen Fantasiesprache miteinander zu kommunizieren und schickte uns alle für eine Weile nach Afrika zum Tanzen und Singen, wie sie es auch bei regelmäßigen Improvisationsabenden in Niedereschbach und anderswo anbietet. Kathrin und Jakob testeten mit viel Sinn für Humor und lauter Kopfhörermusik die Grenzen unserer Lippenlesefähigkeiten. Laura hatte liebevoll einen Film vom Junggesellinnenabschied erstellt und das vegane Sahnehäubchen auf das Abendprogramm gesetzt. Bei diesem Video wurde berichtet, wie Lisa mit ihren besten Freundinnen im Palmengarten gemütlich picknickte, aber auch wie sie in der Öffentlichkeit einen Vortrag halten musste, warum sie Moto überhaupt heiraten wolle. Zusätzlich durfte sie schon mal trainieren, wie frau aus dem zukünftigen (Ehe-)Alltagstrott ausbrechen kann. Gemeinsam mit ihren Mädels war sie in einem trendigen *Escape Room*, in dem sie allerlei Rätsel lösen sowie Aufgaben bewältigen mussten, um dort wieder zeitig heraus zu kommen.

Übrigens, auf Männerseite gönnte Sportskamerad Tom dem Junggesellen Moto nochmal einen unerwartet entspannten und spaßvollen Fußball- sowie Bowlingabend mit all seinen Kumpels. Hier feierte Moto auch seinen ersten Solo-Auftritt als angehender Musiker vor einem wohlgesinnten Publikum mit einer Mini-Gitarre und dem Klassiker *Folsom Prison* von Johnny Cash. Der Songtext um einen lebenslänglich verurteilten Gefangeneninsassen, der seine Situation bedauerte, hatte natürlich keinerlei Bezug zu Motos persönlicher Zukunft.

Ingo alias DJ Maddox war unser Anheizer für den Rest des Abends. Mit seinen langjährigen DJ-Erfahrungen auf unzähligen Events wie *Cocoon* und *Hed Kandhi* drehte er gekonnt die Turntables für unsere Partymäuse und Tanzbären.

Hochzeiten sind etwas Wunderbares. Jede Hochzeit, bei der wir bisher dabei sein durften, war ein einzigartiges faszinierendes Erlebnis. Bei den extra für uns zusammengestellten Spielen und Vorführungen wurde uns dann noch mal bewusst, dass wir als Paar zum ersten und zum letzten Mal im Mittelpunkt einer Hochzeitsfeier sein durften. Wir haben den Tag genossen und waren voller Dankbarkeit in jeglicher Hinsicht. Unser neuer gemeinsamer Lebensabschnitt hätte nicht besser beginnen können.

Wir danken euch *herzlich*
für den unvergesslichen *1. April 2017*,
an dem ihr uns reichlich mit
Liebe, Freude & Glückseligkeit
beschenkt habt!

Lisa con *Moto*

Lachen mit Gott

Unsere Flitterwochen haben wir in den Sommerferien 2017 verbracht. Eine Woche in London, eine Woche im Odenwald und eine Woche an der Cote d'Azur. Nach London sind wir mit dem Eurostar durch den Tunnel gefahren. Zuerst haben wir unseren Hochzeitsmoderator Daniel und seine Familie in ihrem wunderschönen, geräumigen Häuschen besucht und erholsame Tage im ländlichen Richmond verbracht. Danach ging es direkt in die City zu Lisas Bruder Jonas. Neben den schönen Freizeitaktivitäten mit den Kindern, durften wir auch einige leckere Gaumenfreuden in unzähligen veganen Restaurants erleben. Unter anderem auch im *Wild Food Cafe*, wo Jonas als Hilfskraft seine ersten Erfahrungen in der Rohkost-Zubereitung sammelte. Zwischendurch konnten wir unsere Flitterwochenmenüs immer wieder mit frisch gepflückten Wildkräutern und Brombeeren sowie mit viel unverpackt gekauftem Obst, Gemüse und Nüssen bereichern. Erfreulicherweise vermehren sich die plastikverpackungsfreien Einkaufsmöglichkeiten nicht nur in Deutschland. Auch in England eröffnen immer mehr engagierte Jungunternehmer gut sortierte Unverpacktläden und tragen so zu einem umweltfreundlichen Bewusstseinswandel bei.

In der zweiten Woche sind wir mit unserer vollbepackten Ente in den Odenwald zu einem Rohkostcamp gefahren. Hier erlebten wir aktiven Wellnessurlaub pur. Die zahlreichen Angebote von Yoga, Freeletics, Augentraining, Circle Singing, Wildkräutersammlungen, Barfußlaufen, Töpfern, Duftreisen, Lagerfeuer- und Improvisationsmusik sowie Gesprächsrunden zu sehr interessanten Gesundheitsthemen haben dazu beigetragen, dass wir uns kaum noch daran erinnern können, dass es fast die ganze Woche in Strömen geregnet hat! Zu unserer ohnehin sehr abwechslungsreichen rohvegan köstlichen Versorgung haben wir uns noch frische Durian und junge Kokosnüsse erlaubt.

Danach haben wir uns noch ein veganes Wellness-Laufwochenende bei Heidrun und dem Team von *Bevegt* gegönnt. In Heidruns *Kräuterpension*, wo wir auch unsere erste Hochzeitsnacht verbracht hatten, wurden wir wieder mal kulinarisch verwöhnt. Für unsere körperliche Fitness sorgten dann Daniel und Katrin mit ihrem abwechslungsreichen Trainingsprogramm für Läufer und Laufinteressierte. Neben täglichen Trainingsläufen bis zu 10 km wurde noch Kraft-, Faszien- sowie Techniktraining angeboten. Abgerundet wurde das Programm mit Saunagängen,

Wildkräuterführungen und einem Koch- bzw. Zubereitungskurs. Gerade bei Läuferinnen und Läufern haben sich die leistungssteigernden Vorzüge einer pflanzenbasierten Ernährung schnell herumgesprochen und das entsprechende Angebot ist in den letzten Jahren erfreulicherweise deutlich gestiegen. So haben wir monatlich bei Vollmond die Möglichkeit bei einem sogenannten *Gutenachtlauf* am Main entlang teilzunehmen, der von unserem guten Laufkumpanen Matthias geleitet wird. Bei diesen Charity-Läufen von *Laufen gegen Leiden e.V.,* die in vielen Städten zeitgleich stattfinden, werden Spenden für einen tierwohltätigen Zweck gesammelt und man lernt dort immer nette Menschen kennen. Matthias hatten wir übrigens bei einem der veganen Stammtische von unserer engagierten Tierschutzfreundin Jasmin in Frankfurt kennengelernt, die monatlich eine passende Lokalität mit vielen Pflanzenkostangeboten auswählt und dort interessierte Leute zusammenbringt. Es werden auch immer mehr Laufveranstaltungen organisiert, bei denen die Versorgung auf fast bis ausschließlich pflanzenbasiert umgestellt wurde. Bei einer dieser Laufveranstaltungen haben wir auch mal unsere Barfußlauffähigkeiten getestet. Barfußlaufen bietet mit einer entsprechenden Eingewöhnung viele Vorteile. Einige Heilkundler und auch wir sind überzeugt, dass die lebendige Erde mit all ihren Mikroorganismen durch unsere bloßen Füße erspüren kann, wie es gerade um uns steht. An diese Informationen passen sich die dort wachsenden essbaren Pflanzen sowie ihre Früchte an und liefern uns dann die benötigten Nährstoffe. Gartenarbeit soweit wie möglich barfuß zu tätigen, wäre dann besonders sinnvoll. Barfuß kann man sich schneller wieder erden, wenn der Alltagstrott einen aus dem natürlichen Rhythmus gebracht hat, man lernt achtsam zu gehen und trainiert damit die körpereigenen Abfederungsmechanismen.

So tragen wir schon seit geraumer Zeit Barfußschuhe und hatten angefangen auch ganz ohne Sohlen zu laufen. Bedacht und kontinuierlich gewöhnten wir unsere Füße an den direkten Kontakt mit der Erde. Gerade wenn wir Wildkräuter pflücken, ist es ein herrliches Gefühl so das Gras zu spüren. Aber auch auf Asphalt lässt es sich besonders bei warmem Wetter erstaunlich angenehm laufen. Wir haben es uns angewöhnt jede Gelegenheit zu nutzen, unseren Füßen freien Lauf zu lassen. Unseren Härtetest hatten wir dann beim *Seidenraupen-Cross* im Oktober 2017. Eigentlich ein schöner Naturlauf über 16 km durch Wald und Wiese, aber auch viel über Stock und Stein. Letzteres hat uns dann tatsächlich unsere Grenzen aufgezeigt. Aufgrund der vielen kleinen Slalomläufe um die pieksigen Stöckchen und Steinchen konnten wir unsere antrainierte Geschwindigkeit nicht halten und kamen mit dem letzten Drittel der Läuferschaft

nach 2 Stunden und 18 Minuten im Ziel an. Da war das Ziel wirklich das Ziel und nicht der Weg. Wir haben den Zieleinlauf ziemlich ausgelassen gefeiert.

In der letzten Woche der Sommerferien ging es mit dem TGV über Marseille nach Saint Cézaire zu Motos Bruder Muzius. Hier durften wir wunderbar sonnige Outdoortage erleben. Wir haben abseits der Zivilisation gezeltet und konnten sogar eine Nacht unter freiem Himmel schlafen und einige Sternschnuppen bestaunen. Dafür haben sich auch die zahlreichen Moskitostiche gelohnt. Zum Abkühlen waren wir dann fast täglich im Fluss oder Badesee schwimmen. Unvergesslich ist auch die gemeinsame Canyoning-Tour durch einen Fluss mit einem abschließenden Picknick an einem zauberhaften Wasserfall.

Bei den Zugfahrten hatten wir viel Zeit zum Häkeln, zum Spielen, Origami zu falten und Bücher zu lesen. Beim Bücherlesen hat uns dabei insbesondere eine Erzählung über eine ziemlich ungewöhnliche Frau aus Sibirien beeindruckt. Dieser Frau werden übernatürliche Fähigkeiten nachgesagt und sie hat klare Vorstellungen davon, was man alles anstellen kann, um möglichst frei und unbeschwert in unserer heutigen Gesellschaft leben zu können. Im Grunde genommen ist sie eine ähnliche Persönlichkeit wie Pippi Langstrumpf. Die beiden würden sich bestimmt gut verstehen. Wir waren jedenfalls sehr angetan von ihren Geschichten sowie ihren konkreten Ratschlägen. Ein Ratschlag, den wir dann möglichst schnell umsetzen wollten, war es, ein großes Stück Land von mindestens einem Hektar zu erwerben, um es landwirtschaftlich zu nutzen und gleichzeitig darauf mit der Familie zu leben. Dabei sollten soweit wie möglich umweltfördernde Maßnahmen durchgeführt werden, die eine nachhaltige dauerhafte Selbstversorgung ermöglichen sollten. Der besondere Anreiz dieser Idee bestand darin, dass man sowohl für die Umwelt einen wichtigen Beitrag leistete, indem man fruchtbaren Boden generierte sowie Artenschutz betrieb und gleichzeitig auf lange Sicht ein autarkes naturverbundenes Familienleben aufbauen konnte. Diese Idee hat manche Leute sogar so begeistert, dass sie angefangen haben ganze Dörfer nach diesen Prinzipien zu gestalten und gar verschiedene Bewegungen zu gründen, die nach der sibirischen Frau benannt wurden. Um gänzlich frei in unserem Denken und Handeln zu bleiben, haben wir zwar einige der Ideen übernommen, aber uns letztendlich entschieden, bei keiner dieser Bewegungen mitzumachen. Wir schauen trotzdem immer mal gern, was für schöne neue Gemeinschaften und sogenannte „Familienlandsitze" da weltweit entstehen, solange sie tolerant, sowie frei von dogmatischen Prinzipien sind.

Gleich nach unseren Flitterwochen machten wir uns also auf die Suche nach einem geeigneten Grundstück in unserer näheren Umgebung. Wir wurden sehr schnell fündig, verdammt schnell. Fast so, als hätten wir eine Waschmaschine gekauft. Erstaunlich plötzlich waren wir auf einmal Großgrundbesitzer. Ein paar Klicks auf den gängigen Internet-Immobilien-Seiten mit entsprechender Kontaktaufnahme, Besichtigung des Grundstückes, Termin mit dem Notar, Geld überwiesen und schon hatte unser Selbstversorgertum fernab von der Großstadt auf einem idyllischen Wald-und-Wiesengelände in Mittelgründau begonnen. Was dann so passierte, war nicht ganz so, wie wir es uns vorgestellt hatten, aber im Nachhinein betrachtet, macht es Sinn, dass wir die ganze Sache doch recht blauäugig gestartet hatten. So haben wir viele wertvolle Erfahrungen für das Leben gemacht, haben viel dazu gelernt und können jetzt über viele bereichernde Erkenntnisse berichten.

Wir haben rund 60.000 Euro inklusive aller Nebenkosten für unser Grundstück bezahlt. Die zuvor als Pferdekoppel genutzte Landwirtschaftsfläche ist fast 1,5 Hektar groß und liegt etwas außerhalb einer bewohnten Ortschaft. Schritt für Schritt wollten wir hier über die Jahre hinweg einen Selbstversorger-Permakultur-Waldgarten entstehen lassen. Auf einem Viertel der Fläche sollten Bäume, Sträucher und mehrjähriges Gemüse wachsen. Weitere Flächen sollten für eine bio-vegane Landwirtschaft genutzt werden. Ein lebendiger Zaun aus Bäumen und Sträuchern sollte in ovaler Form den Großteil der Grundstücksinnenfläche eingrenzen. Für ein natürliches Gleichgewicht von Flora und Fauna sollte auch ein Teich für Amphibien und Wasserpflanzen entstehen. Für die Winterversorgung waren die Errichtung eines größeren Gewächshauses, eines Erdkellers sowie eines Dörrhäuschens geplant. Damit wir die intensiven und zeitaufwendigen Gartenarbeiten vor Ort gut bewältigen können, wollten wir dort eine Jurte aufbauen, eine Komposttoilette aufstellen und den bereits vorhandenen Bauwagen renovieren, um für jede Witterungslage gewappnet zu sein. Bei all unseren Projekten wollten wir soweit wie möglich natürliche und biologisch abbaubare Materialien verwenden, viel mit den Händen und entsprechend wenig mit Maschinen arbeiten. Um den eigenen Energie- sowie Wasserverbrauch zu optimieren, sollte Stück für Stück ein autarkes regeneratives Strom- und Wasserversorgungssystem aufgebaut werden.

Wir suchten auch nach einer Wohnmöglichkeit in der Nähe. Für die Zukunft wünschten wir uns, dass sich bald die Gesetzeslage ändert und wir dauerhaft auf unserem Grundstück leben dürfen. Wir wollten stets darauf achten, dass wir die rechtlichen Rahmenbedingungen und örtli-

chen Begebenheiten beachten. Für ein harmonisches und verständnisvolles Miteinander wollten wir mit den Menschen aus der Gemeinde und Umgebung kommunizieren und kooperieren. Wir wollten gern unsere Erfahrungen mit all den Menschen teilen, die Interesse am Aufbau eines Selbstversorger-Permakultur-Waldgartens haben oder bereits damit angefangen hatten. Da wir beide beruflich als Lehrer tätig waren, wollten wir unser neu erworbenes Wissen mittels Exkursionen, Workshops oder Ähnlichem an Schülerinnen und Schüler weitervermitteln.

All das wollen wir auch immer noch und wir tun unser Bestes für die Verwirklichung unseres Vorhabens. Aber wie so oft im Leben kann man sowas zeitlich nicht festlegen. Kennt ihr den hier? Wie bringt man Gott zum Lachen? Die Antwort trifft so ziemlich genau unser damaliges Vorgehen: Erzähl ihm von deinen Plänen! Nun ja, es ist doch schon viel Wert, wenn man es schafft unseren Schöpfer bei guter Laune zu halten. Wir wissen jetzt, dass Geduld ein hilfreicher Begleiter in jeglicher Hinsicht ist. Im folgenden Kapitel erfahrt ihr was so alles tatsächlich auf unserem Grundstück passiert ist.

Die Krux mit dem Außenbereich

Viele kleine Umstände sowie eine Mischung aus Zweckoptimismus und das Vertrauen in gewisse Fügungen hatten dazu geführt, dass wir uns für den Aufbau unserer Jurte auf dem Grundstück den eher ungewöhnlichen Termin des 2. Advents 2017 entschieden hatten. Die gebrauchte Jurte hatten wir bei Gabi und Andi, zwei ganz lieben Biobauern in Oelde, für sehr faire 1.350 Euro gekauft. Um sicher zu gehen, hatten wir ganz viele Leute um Hilfe gebeten. Dankenswerterweise haben wir sehr viel Unterstützung erhalten. Schon im Vorfeld hatten wir in einer offenen Werkstatt Ausbesserungen an der Jurte durchführen dürfen. Hier konnten wir rechtzeitig einen Brandschaden an der Dachkrone und die Holzwürmer in der Tür beseitigen. Lisas Familie aus Telgte schenkte uns viele wichtige Werkzeuge und Utensilien. Lisas Oma hatte uns zudem noch mit jede Menge leckerem Selbstgebackenen versorgt.

Trotz der vielen Vorkehrungen ließ es sich nicht vermeiden, dass der Jurtenaufbau ein abenteuerliches Erlebnis wurde. Unsere Unerfahrenheit und viel Schnee stellten uns immer wieder vor neue Herausforderungen. Dank der großen Unterstützung unserer Helfer waren wir aber auch immer wieder in der Lage, diese zu meistern. Georg, ein erfahrener Gartenlandschaftsbauer, kam schon früh am Morgen als Erster und richtete unter anderem den Boden aus, den wir zuvor zu knapp kalkuliert hatten. Er stattete uns großzügig mit allen wichtigen Gerätschaften aus und blieb tapfer bis zuletzt. Lisas Vater war voller Tatendrang und sorgte zudem dafür, dass wir uns am Feuer wärmen und mit heißen Getränken sowie Essen stärken konnten. Bei Minustemperaturen waren alkoholfreier Punsch und das vegane Chili von Lisas Stiefmama wundersame Energielieferanten.

Thomas, Ehemann von Lisas Jugendfreundin Melanie, packte kräftig beim Schleppen der schweren Bodenplatten an und dokumentierte nebenbei mit seiner Kamera den Jurtenbau. Wir hatten auch extra das Ehepaar Angelika und Werner, zwei Experten vom *Deutsch-Mongolischen Kulturverein*, eingeladen, die den Jurtenaufbau anleiteten. Nachdem der Aufbau außerplanmäßig bis in die Dämmerung andauerte, gaben sie uns die nötige Zuversicht, weiter zu machen. In den entscheidenden Momenten kamen immer wieder neue Helfer hinzu, die uns einen erfolgreichen Endspurt ermöglichten. Trotz aller zwischenzeitlichen Zweifel, waren wir doch frohen Mutes und es hat tatsächlich geklappt! Die Jurte stand und wir waren

voller Dankbarkeit für all die Hilfe und Ermunterungen die wir erhalten hatten. In den darauffolgenden Tagen richteten wir die Jurte mit allerlei Camping-Mobiliar ein und freuten uns auf unsere erste Übernachtung.

Ganz ehrlich, unsere erste Nacht in der Jurte war nicht das Highlight unseres Selbstversorgertums. Durch den vielen Regen und die undichte Isolierung war es innen recht feucht geworden und es roch modrig. Wir waren definitiv im falschen Film. Wir konnten zwar in der Nacht gleich einen Ofen installieren, aber richtig warm wurde es nicht. Die kalte Luft blies durch die Löcher in der Jurte und durch unsere Schlafsäcke. Es waren die besten Voraussetzungen für eine romantische Nacht zu zweit bei Kerzenlicht, um die Familienplanung voranzutreiben. Zudem hatte sich in der Woche die Behörde die Mühe gemacht persönlich anzurufen und uns mitzuteilen, dass wir aufgrund einer Anzeige eines Jägers die Jurte wieder abbauen dürfen. Sei's drum. Trotzig und naiv wie wir sind, haben wir uns eingeredet, dass wir wieder eine gute Gelegenheit haben, uns abzuhärten und so getan als würden wir die Nacht gemütlich durchschlafen.

Irgendwie hat das tatsächlich geklappt und das Blatt wendete sich schneller als gedacht. Mit Hilfe eines zweiten Ofens konnten wir am nächsten Morgen die Temperatur so erhöhen, dass wieder ein angenehmes Raumklima entstand. Später wurden auch die Löcher innovativ mit Korkplatten abgedichtet. Nachdem wir die Jurte gesäubert und mit den vorhandenen Möbeln wohnlich gestaltet hatten, konnten wir gleich Lisas Vater, ihren Bruder mit Lebenspartnerin und Tochter als unsere ersten Jurtengäste empfangen. Nachdem wir ein leckeres Vorweihnachtsmahl mit Durian, Obstsalat, Grünkohlchips, diversen Rohkost-Salaten, Kürbissuppe und alkoholfreiem Punsch verspeist hatten, veranstalteten wir unsere erste Jamsession mit Querflöte und Gitarre. Es wurde sowohl beim Essen als auch bei der Musik improvisiert und Lisas sonst sehr kritische Nichte hat das mit Wohlwollen und einem kleinen Tanz gewürdigt. Anschließend gab es eine kleine Tour über das Gelände sowie einen Waldspaziergang.

Ach ja, hier noch was zu den Jägern. Deren freundliche Anzeige hatte netterweise dazu geführt, dass wir uns mehr mit dem Thema auseinandersetzen mussten. Damit unsere fürsorglichen Wildtierliebhaber sich nicht mehr über die Jurte ärgern müssen, hatten wir uns entschlossen, den Jagdpachtvertrag zu kündigen und unser Grundstück zu befrieden. Wir wollten denen mehr Freizeit mit der Familie gönnen und auch deren Gewissensdruck nehmen, ständig die unschuldigen Bambis und Wildschweinchen auf unserem Grundstück abschießen zu müssen. Auch wenn wir deren Ansichten nicht teilen, hatten wir im Prinzip nichts gegen

die Jägerschaft. Einige von Motos Schülern und Lehrerkollegen sind Jäger. Alles sehr freundliche naturverbundene Menschen, mit denen wir sehr gut zurecht kommen. Aber nach all unserem Engagement für das Wohl der Tiere, angefangen von der Umstellung der Ernährung, Verteilen von Informationsbroschüren sowie Teilnahme an Demos gegen Massentierhaltung und Mitgliedschaften bei Tierschutzvereinen, wäre es für uns moralisch nicht vertretbar gewesen das Töten von Tieren direkt auf unserem Grundstück zu dulden. Deshalb hatten wir mit Hilfe eines darauf spezialisierten Anwaltes der zuständigen Jagdbehörde einen Antrag auf Befriedung von unserer Grundfläche aus ethischen Gründen geschickt. Da die Jagdbehörde anscheinend sehr viel zu tun hatte, mussten wir öfters nach dem Stand der Dinge fragen und lange auf eine Entscheidung warten. Irgendwann erhielten wir eine Absage mit der Begründung, dass eine Befriedung das Allgemeinwohl gefährden könnte. Da der Anwalt und wir die Befürchtungen um mögliche Wildschäden sowie Schweinepestausbreitungen aufgrund des sehr geringen Flächenanteils unseres Grundstückes am ziemlich weitläufigen Gesamtjagdgebiet nicht ganz so ernst nehmen konnten, haben wir Widerspruch eingelegt. Nach einer erneuten Absage haben wir dann Klage erhoben. Hier warten wir derzeit noch auf unseren Gerichtstermin.

Nach all dem Trubel um den Jurtenaufbau, hatten wir uns zum Jahreswechsel eine Auszeit gegönnt und die Tage beim *Gemeinschaften-Festival* in Butzbach verbracht. Diese jährlich stattfindenden Festivals werden von unserem vertrauten Bekannten und Prana-Wanderer Karl-Heinz vom *Ökodorf-Institut* liebevoll organisiert. Wie bei einer Kinderfreizeit wurden wir bei diesem mehrtägigen Gemeinschaftstreffen rundum versorgt, haben viel erlebt und konnten uns optimal erholen. Für unser leibliches Wohl gab es Bio-Vollverpflegung mit leckeren veganen sowie roh-veganen Speisen. Für das seelische Wohlbefinden wurde täglich eine Auswahl an angeleiteten Entspannungsübungen in Kleingruppen angeboten und der Geist wurde immer wieder mit anregenden Vorträgen und Workshops gefüttert. Wir waren umgeben von einer erfrischenden Naturlandschaft und liebevollen Menschen, mit sehr verschiedenen und interessanten Lebenserfahrungen. Innerhalb von nur wenigen Tagen haben wir wieder viele neue Erkenntnisse für unser Familienprojekt gewonnen und eine Überdosis positiver Energie getankt. Wir haben einiges über natürliche Geburten, alternative Schul- und Gemeinschaftskonzepte erfahren und haben u.a. miterlebt, wie ein Baby von früh an ins Töpfchen machen konnte und weitgehend ohne Windeln auskam. Mit *Ho'oponopono* oder auch der *Gewaltfreien Kommunikation* haben wir

Methoden kennengelernt, wie wir Streitigkeiten besser bewältigen und eine harmonische Beziehung zu unseren Mitmenschen fördern können. Unter hervorragenden Musikern durften wir am Silvesterabend unseren eigenen bescheidenen Premierenauftritt als *Lisaconmoto* auf der Bühne mit dem Lied *Creation Happens Every Day* feiern. Nebenbei wurde noch viel gelacht, geweint, gesungen, gequatscht und ausgelassen getanzt. Erstaunlicherweise konnten wir zudem immer ausreichend Schlaf- und Entspannungspausen einlegen.

Bei *Creation Happens Every Day* hatte Moto das Lied *Have you ever seen the rain?* von Creedence Clearwater Revival passend zu unserem langfristigen Vorhaben auf Englisch umgedichtet. Hier die Liederzeilen und Gitarrenakkorde:

Mother Nature gave us hope. She showed a way that we can go.
So wake up! Take off your shoes and start to walk. (C/G/C)
Lighten up and free your mind. You can leave your fears behind.
So get up! Take off your shirt and embrace the sun. (C/G/C)

We get to know, creation happens every day. (F/G/C)
Love makes us grow and will show us the way. (F/G/C)
So have faith in every grain you seed. (F/G/C)

Go and find your native field. A piece of soil is all you need.
So cheer up! Learn to feel the true delight.
Find real joy in all the plants. Build a home with your own hands.
So look up! Your heart will start to breathe again.

We get to know, creation happens every day.
Love makes us grow and will show us the way.
So have faith in every grain you seed.
So have faith in every grain you seed.

Zu Deutsch lässt sich die Botschaft des Liedes wie folgt übersetzen:

Mutter Natur gab uns Hoffnung. Sie zeigte uns einen Weg, den wir gehen können. Also wach auf! Zieh Deine Schuhe aus und fange an zu laufen. Entspanne Dich und befreie Deine Gedanken. Du kannst Deine Sorgen hinter Dir lassen. Also steh auf! Zieh Dein Hemd aus und umarme die Sonne.

Wir werden erleben, dass die Schöpfung täglich geschieht. Liebe lässt uns wachsen und wird uns den Weg weisen. Also habe Vertrauen in jedes Korn, dass Du säst.

Geh und finde Deinen Heimatort. Ein Stück Land ist alles was Du brauchst. Also fasse Mut! Lerne die wahre Wonne zu fühlen. Finde wirkliche Freude in all den Pflanzen. Baue ein Heim mit eigenen Händen. Also Kopf hoch! Dein Herz wird wieder anfangen zu atmen.

Wir werden erleben, dass die Schöpfung täglich geschieht. Liebe lässt uns wachsen und wird uns den Weg weisen. Also habe Vertrauen in jedes Korn, dass Du säst. Also habe Vertrauen in jedes Korn, das Du säst.

Dieses Lied singen wir immer wieder mal bei uns und es motiviert uns bei all unseren Familienprojekten.

Geladen mit positiver Lebensenergie von den Festivaltagen, waren wir dann gut gerüstet für eine intensive Regenerationsmaßnahme direkt zu Beginn des Jahres 2018. Beim hervorragenden Gesundheitslehrer Florian von der *Nakurapie Akademie* durften wir sechs unglaublich heilsame Tage verbringen. Ausgestattet mit qualitativ hochwertigen Revitalisierungs-Apparaturen, vereint mit traditionellem Heilwissen wie etwa einem Shiatsu-Massagestuhl oder einer Infrarot-Sauna, war unsere Übernachtungsstätte allein schon wie ein Erlebnispark für Erwachsene, was keine Langeweile aufkommen ließ. Hinzu wurden wir mit einer Gourmet-Vital-Küche verwöhnt, bei der jeder Teilnehmer, unabhängig von seinen bisherigen Essensgewohnheiten, wohlgenährt und zufrieden sein konnte. In Form von Seminaren durften wir teilweise die Verpflegung selbst zubereiten und haben dadurch praktikable Zubereitungsmethoden sowie eine Vielfalt an naturbelassenen nährstoffreichen Zutaten kennengelernt. Zwischendurch wurden den individuellen Anforderungen angepasste Schneewanderungen in einer märchenhaften Berglandschaft angeboten. Mit maximal 12 Anmeldungen von wirklich netten Menschen aus ganz Deutschland entwickelte sich schnell eine sehr harmonische Gruppenbeziehung. In dieser Wohlfühlatmosphäre wurde dann die Leber-Gallenreinigung vorbereitet sowie bei der Durchführung professionell unterstützt.

Das Ergebnis dieser 6 Tage war für uns ein kleines medizinisches Wunder. Körperlich fühlten wir uns fast wie neugeboren. Auf geistiger Ebene haben wir gefühlt unser Gesundheitswissen verdoppelt. Die vielen Maßnahmen hatten allerlei fein- und grobstoffliche Altlasten aus uns

hinausbefördert und die unterschiedlichsten Selbstheilungskräfte in uns gefördert, so dass unser Wohlbefinden und unsere Leistungsfähigkeit ein neues Level erreichen konnten. Unsere geistige Aufnahmefähigkeit hatte sich verbessert und wir konnten die Informationen in Form von spannenden Gesundheitsvorträgen aufsaugen wie ein Schwamm. So langsam setzte sich bei uns die Erkenntnis durch, dass wir uns um unsere Gesundheit keine Sorgen machen müssen. Für jede Erkrankung gibt es eine natürliche Erklärung und wirksame Heilungsmaßnahmen die ohne Medikamente sowie deren Nebenwirkungen auskommen.

Aus dieser Zeit sind auch folgende Rezepte, darunter einige neue Inspirationen von Florian sowie seinen Mitarbeitern und ein paar Dauerbrenner, deren Rezepte wir von Freunden erhalten haben:

Dreierlei frisch Gepresstes als Start in den Tag
Ein Shot mit Ingwer, Kurkuma und Orange.
Ein Shot mit Sellerie, Fenchel und Gurke.
Ein Granatapfelshot.

Beerenjoghurt mit Müsliflocken nach Florian von der Nakurapie Akademie
Gefrorene Beeren (Blau-, Him- oder Erd-) am Vorabend in den Mixer geben zum Auftauen. Ca. 2 Esslöffel Mandelpürree dazu geben. Außerdem Kokosblütennektar und Vanille nach Geschmack. Mixen. In eine Schüssel füllen und mit Müsliflocken nach Wahl toppen (eher ohne Nüsse; Getreide in gekeimter Form).

Matcha-Latte reloaded
Gefiltertes oder Quellwasser auf ca. 80°C erwärmen (300 ml), mit Mandelpürree (ca. 2 EL), Matcha (½ TL), Kokosblütennektar (1 Schuss) und Vanille (großzügige Messerspitze) mixen.

Knospe-Salat
Grünkohl in feinste Streifen geschnitten, Apfel und Topinambur in mundgerechte Stücke geschnitten, Walnüsse (eingeweicht und getrocknet),

Dressing: EFA-Oil-Blend nach Brendan Brazier:
8:1:1 Hanf-:Lein-:Kürbiskernöl für ein ausgewogenes Omega 3/6-Verhältnis, Balsamico oder Apfelessig oder Zitronensaft, Kurkuma, Pfeffer, Algen (fürs Jod), Tamari.

Sven-Nachtisch
Erdmandeln (1 Tasse) im Mixer zu Mehl verarbeiten (Achtung laut und nur mit Hochleistungsmixer möglich) und in eine Schüssel füllen. Gekeimten Buchweizen (1 ½ Tassen) mit Kokosöl (1 EL), Kakaopulver (1EL) und Datteln (5 Medjoul) vermixen und mit dem Erdmandelmehl vermischen.

Schiffchen nach dem Tausendsascha
Hokkaidokürbis fein reiben (Küchenmaschine), Rosinen, gekeimte Kürbiskerne und Dressing (siehe Knospe-Salat) untermischen, in Chinakohlblättern servieren.

Süßkartoffelpommes mit Mandelmayo
Süßkartoffeln in Pommesgröße zurechtschneiden, mit Paprika, Pfeffer, Chili, evtl. Tomatenmark würzen. In etwas geschmolzenem Kokosöl verrühren. Ca. 15 min. backen.
Für die Mandelmayo: Saft einer halben Zitrone, 1 EL helles Mandelmus, etwas Wasser, ½ TL Kurkuma, ½ TL Paprikagewürz, 1 TL Senf, Salz und Pfeffer mixen, 100 ml Raps- oder Mariendistelöl allmählich untermixen.

Gut erholt und voller Tatendrang freuten wir uns auf Lisas 34. Geburtstagsfeier in unserer Jurte, zu der wir all unsere Freunde eingeladen hatten. Bevor wir die Jurte wieder abbauen mussten, wollten wir dort noch etwas Besonderes veranstalten. Aber das Leben ist wie es ist. C'est la vie, c'est le rire, Sellerie! Um gesund zu bleiben, sollte man in jeder Lage auch selbst mitlachen können. Wahrscheinlich hatten die zuvor beschriebenen heilsamen Ferientage den primären Zweck gehabt, uns mental so zu stärken, dass wir noch besser mit Rückschlägen zurechtkommen und das Beste daraus machen. Lisas einziger Wunsch zum Geburtstag war es, die Nacht vorher in der Jurte zu übernachten, damit sie durch die offene Dachkuppel optimal von ihrer Sternenkonstellation energetisiert wird. Nun ja, ein Orkan war mit dieser Idee nicht ganz einverstanden und hatte während unserer Abwesenheit die Jurte mehr oder weniger sauber zusammengelegt.

Unsere mongolische Kuschelstätte so vorzufinden, war wahrlich der unwitzigste Moment in unserem kurzen Selbstversorger-Dasein. Nachdem wir eine Stunde (oder auch zwei) alle Emotionen hochkommen ließen, uns selbst bemitleideten und wieder nach Frankfurt-Bornheim in unseren kleinen Kabuff gefahren sind, haben wir etwas gegessen und gewartet, bis wir wieder lachen konnten. Erstaunlicherweise konnten wir dann

recht bald sehr gut lachen. Zum einen hat der Jurten-Rückschlag, wie ein Gegentor beim Fußball, die Angriffslust bei uns gesteigert und neue Energien freigesetzt. Zum anderen kam schnell die Erkenntnis, dass uns damit ja für unser Projekt neue Gestaltungsmöglichkeiten in vielerlei Hinsicht gegeben wurden. So wie wenn mehrere Triebe nachwachsen, wenn man die Spitze einer Brennnessel abpflückt. Dementsprechend konnten wir uns wieder frohen Mutes auf Lisas besonderen Tag einstellen. Durch den spontanen Wechsel der Party-Location vom Grundstück zu unserer kuscheligen Wohnung in Frankfurt, mussten wir uns dann auch keine Sorgen mehr machen, dass unsere Gäste nasse Füße bekommen.

Einen Tag nach den Feierlichkeiten wurde die zusammengebrochene Jurte mit tatkräftiger Unterstützung von Motos Eltern entknotet und in ihre Einzelteile geordnet. Nach der ersten Diagnose sah es noch so aus, dass eine Wiederverwendung keinen Sinn machen würde. Es waren mehrere Brüche im Innenbereich zu verzeichnen und auch die Abdeckplanen hatten durch die Witterung einiges abbekommen. Aber nachdem die Einzelteile ins Trockene gebracht waren, stieg wieder die Zuversicht, dass die Jurte ihr Comeback feiern kann. Dass dieses Comeback etwas länger dauern würde, damit hatten wir nicht gerechnet. Nachdem wir uns in der Folgezeit ausgiebig mit dem Umwelt- sowie dem landwirtschaftlichen Bauamt auseinandergesetzt und sogar eine Gesprächsrunde mit dem Bürgermeister hatten, mussten wir einsehen, dass der Wiederaufbau der Jurte vorerst nicht möglich war. Wir mussten sogar den Bauwagen, der sich vor unserer Zeit bereits auf dem Grundstück befand, entfernen. Mit dem gespendeten Wagen konnten wir zumindest einer christlichen Jugendorganisation eine nachweihnachtliche Freude bereiten.

Juristisch gesehen benötigen genehmigungsfreie Bauten wie die Jurte oder der Bauwagen doch eine Genehmigung vom Umweltamt, wenn das Grundstück sich im Außenbereich, sprich außerhalb einer geschlossenen Ortschaft, befindet. Zu jener Zeit war die Lobby noch zu klein, um für unser durchaus Umweltschutz förderndes landwirtschaftliches Vorhaben eine Sondererlaubnis von den entsprechenden Ämtern zu erhalten. So mussten wir uns für unser Projekt etwas Neues einfallen lassen. Aber bevor es dazu kam und wir weitermachen konnten, wurde uns ganz unverhofft ein ganz anderes Projekt in die Wiege gelegt.

9-Monats-Erlebnispfad

Nachdem wir bei unserer großen Abenteuer-Reise zum Permakultur-Waldgarten mit Jurte vor einer Totalsperrung landeten und nicht mehr weiter wussten, beschlossen wir eine Rast einzulegen und Tee zu trinken. Und siehe da, bei diesem Zwischenstopp öffnete sich ganz unerwartet ein neuer Weg für uns. Ein Weg den wir schon immer gehen wollten, aber wofür wir anscheinend erst zu diesem Zeitpunkt wirklich bereit waren. Hier begann unsere Zeit der Elternschaft.

Die Leber- und Gallenreinigung zu Beginn des Jahres 2018 hatte den positiven Nebeneffekt, dass unsere Zeugungsfähigkeit das volle Potential entwickeln konnte. Wir bemerkten schnell den Unterschied. Mit einer Urinprobe waren wir auf einmal etwas mehr als ein Zwei-Personen-Haushalt. Ein kleines, aber stetig wachsendes Projekt namens „Baby" stand plötzlich ganz oben auf unsere To-Do-Liste. Es folgt eine Zusammenfassung unserer Erlebnisse in der Zeit zwischen der Zeugung und der Geburt.

Gleich nachdem unser neuer Erdling es sich in Lisas Bauch gemütlich gemacht hatte, haben wir uns auf den Weg gemacht und uns eine Hebamme gesucht, die uns eine Hausgeburt ermöglichen würde. Die ausschließlich positiven Erlebnisberichte von Freunden und Bekannten sowie die beeindruckenden fundierten wissenschaftlichen Untersuchungsergebnisse und Statistiken zu diesem Thema, die wir in zahlreichen Büchern (*Naturgeburt* von Andrea und Michael Delias, *Alleingeburt* von Sarah Schmid, *Hausgeburt* von Frauke Lippens etc.) und auch Filmen (*Birth Story: Ina May Gaskin and the Farm Midwives* [2012], *Der erste Schrei* [2007]) erfahren durften, haben uns überzeugt, dass eine Hausgeburt mit den entsprechenden Vorkehrungen für uns das Richtige ist. Um unseren neuen Erdenbesucher adäquat empfangen und gut verstehen zu können, hatten wir angefangen, entsprechende mentale und körperliche Vorbereitungsmaßnahmen zu treffen.

Unsere große Bildungs- und Erlebnistour zur Geburtsvorbereitung starteten wir im April mit einer wunderschönen Reise an die Cote d'Azur zu Motos Bruder und seiner Familie, wo wir unseren ersten Hochzeitstag feierten und den Frühlingsbeginn in all seiner Blüte erleben durften. Der 1. April war auch der Tag, an dem wir zum ersten Mal andere an unserem Glück teilhaben ließen. Daraufhin wurden wir prompt mit Stoffwindeln versorgt, die bald zum Einsatz kommen sollten. Auf dem Heimweg waren wir noch in Paris, haben an der Seine Salsa getanzt und waren auf einer

pflanzlich-orientierten Messe, wo wir uns mit vielen veganen Leckereien überwiegend aus der französischen Küche (Schokocroissant, Camembert, Käsefondue etc.) verwöhnten. Zurück in Frankfurt haben wir uns bei einer Gesundheits-Mitmachmesse eine seelische Massage gegönnt. Hier ist uns insbesondere der Vortrag vom Motivations-Coach Fred Herbst positiv in Erinnerung geblieben, der unter anderem mit seinem Spruch frei nach Pippi Langstrumpf: „Das haben wir noch nie gemacht, also wird es wunderbar!" uns noch mehr Selbstvertrauen in unser Handeln vermitteln konnte. Ende April feierten wir den Geburtstag unseres treuen Freundes Andi in Fulda im Rahmen eines Rohkost-Potlucks sowie einer Wanderung auf die Wasserkuppe und gönnten uns dort einen Sprung in den erfrischenden Guckaisee.

Anfang Mai waren wir auf einer Rohkost-Messe in Mühlheim an der Ruhr. Hier deckten wir uns mit allerlei roh-veganen Köstlichkeiten ein und informierten uns über die neuesten Entwicklungen in der Rohkost-Bewegung. Nebenbei erhielten Lisa und unser Kind eine geistige Aufrichtung durch einen Heiler. Anschließend fuhren wir nach Telgte, um die runden Geburtstage von Lisas Tante Anke und Onkel Willi zu feiern. Einfach wunderbar und motivierend, ein so lange glücklich verheiratetes Paar gemeinsam beim Feiern zu erleben!

Bei einem Gesundheitskongress hatten wir uns über die neuesten wissenschaftlichen Erkenntnisse aus der alternativen Medizin kundgemacht. Es war immer wieder erstaunlich zu sehen, welche einfachen Methoden und natürlichen Mittel eine effektive und anhaltende Gesundung bewirken können. Die Grundidee aller alternativen Heilungsmethoden ist recht simpel und einleuchtend. Der Körper hat die Fähigkeit sich selber zu heilen. Die nötigen Voraussetzungen hierfür sind Entspannung und ein innerer Reinigungsprozess. Hierfür gibt es mittlerweile sehr viele Möglichkeiten fernab von Operationen und Medikamenten. Ein sehr beeindruckendes Erlebnis beim Kongress war der Vortrag von Dr. Karl J. Probst, einem 70-jährigen Arzt, der mit vollem Esprit und vielen lustigen Anekdoten seine wertvollen Erfahrungen für ein gesundes und glückliches Altern präsentierte. Dr. Probst gehört mit Helmut Wandmaker und Franz Konz zu den Pionieren der deutschen Rohkostbewegung. Als Naturheilarzt und Vitalcoach hat er über 40 Jahre Erfahrung in natürlicher Behandlung schwerer chronischer Erkrankungen. Er hat unter anderem das Bestseller-Buch *Warum nur die Natur uns heilen kann* geschrieben.

Dann hat unser Bauchbewohner den sensationellen Pokalsieg von *Eintracht Frankfurt* über den sonst so übermächtigen *FC Bayern München*

mitfühlen können. Moto hatte sich seinen Kindheitstraum erfüllt, indem er das Finale live im Stadion mit seinen besten Kumpels aus Jugendzeiten erleben durfte. Am selben Wochenende verbrachten wir auch eine sehr schöne Zeit mit Lisas Bruder in Berlin, mit dem wir sehr interessante und inspirierende Gespräche führen konnten.

Ein Seminar zum Thema *Sehen ohne Augen* Ende Mai hatte uns wieder bewusst gemacht, wie wichtig es ist auf die eigene Intuition zu achten und diese immer wieder durch Anwendung zu trainieren. Gerade bei Kindern, die bereits über sehr ausgeprägte intuitive Fähigkeiten verfügen, helfen die im Seminar vermittelten einfachen und kurzweiligen Spiele, diese sinnvoll zu erhalten und auszuweiten.

Ein sehr schönes und berührendes Ereignis war auch eine Taufe im Juni. Im kleinen Kreis, aber mit viel Herz und Fürsorge hatten unsere Freunde Benjamas und Jakob eine wunderbare weltliche Zeremonie für ihren Schützling Noam arrangiert. Mit sehr schönen Beiträgen von der Familie und Freunden sowie einem leckeren vegetarischen und veganen Buffet bei strahlendem Sonnenschein durften wir eine emotionale Feier erleben. Eine Art Event-Hopping betrieben wir dann zum zeitgleich stattfindenden Familienwochenende mit Lisas engerer Verwandtschaft väterlicherseits. Ein sehr entspanntes Beisammensein, das wir sehr genossen haben.

Wir haben uns zwischendurch auch Zeit genommen, um für den Weltfrieden zu beten und mehr Farbe ins Leben zu bekommen: Wir hatten einen Heidenspaß bei einem *Just-Love-Festival* auf einer Ackerwiese zu zelten, mit einem Haufen von entspannten Yogis im Kreis *Om* zu chanten und das bunte Holi-Fest zu erleben.

Eine sehr beglückende und unterhaltsame Taufe erlebten wir am gleichen Wochenende mit dem Wonneproppen Julius von Lisas Kindergarten- und Schulfreundin Melanie sowie ihrem Mann. Es war zudem ein fröhliches Treffen mit vielen alten Schulkameradinnen von Lisa.

Im Juli gab es ein Wiedersehen mit den liebevollen sowie engagierten Seminarleitern Evelyn und Axel vom *Sehen ohne Augen*-Seminar in Pforzheim bei ihrem alljährlichen Come-Together-Fest. Dieses Event haben wir auch genutzt um unsere Freunde Anna, Matze und Johanna in ihrem idyllischen Haus auf einem Hügel in einem Vorort von Pforzheim zu besuchen. Einen weiteren Fernbesuch erlaubten wir uns gleich im Anschluss bei Lisas ehemaliger Studienkollegin Stephanie, Moses und Noah in Konstanz. Wir wurden jeweils sehr herzlich empfangen und konnten sehr erholsame Tage genießen.

Auch ein weiteres Familientreffen in Bad Sobernheim im gleichen Monat war sehr angenehm und erfrischend. Mit einem ausgiebigen Gang

über den Barfußpfad konnten wir wieder eine sehr gute Erdung finden und unsere Energiekanäle öffnen.

An den „freien" Sommerferientagen erkundeten wir oft die Badeseen und Naturschwimmbäder in der Umgebung und unser kleines Fruchtwasserwesen hatte ganz viel Spaß im Nassen. Besonders genossen haben wir die Aufenthalte am Kahler See bei Motos Eltern mit vorzüglicher japanischer Verköstigung durch Motos Mutter.

Bei unserer zweiten Rohkost-Sommercamp-Teilnahme im Odenwald konnten wir von den Eltern, die bereits glückliche und gesunde Kinder im trauten Heim auf die Welt gebracht hatten, wertvolle Ratschläge erhalten. Hier wurde wieder viel musiziert, getanzt und Erfahrungen ausgetauscht. Corinna von *Futuroh*, eine Spezialistin der Gourmet-Rohkost, verwöhnte uns zudem täglich mit leckeren Rohkost-Gerichten.

Ende Juli/Anfang August konnten wir bei einem Segeltörn auf dem Ijsselmeer mit alten Schul- und Fußballkameraden bei angenehmem Wellengang und frischer Meeresluft neue Energie tanken. Hier kam auch unsere Ente seit langem Mal wieder zu einem Langstreckeneinsatz und konnte uns sicher zum Ausgangshafen sowie zurück nach Hause chauffieren.

Eine große berufliche Veränderung erlebte Moto gleich nach den Sommerferien. Ganz unverhofft hatte sich der Wunsch nach einer neuen beruflichen Herausforderung mit einem Schulwechsel näher zu unserem Grundstück realisiert. Die neue Schule in Hanau mit spannenden Entwicklungsfeldern, ein sehr unterstützendes Kollegium sowie ein Radweg entlang des Mains haben den Einstieg besonders einfach gemacht.

Bei Lisa fanden die beruflichen Veränderungen schon etwas früher und schrittweise statt. Nach und nach hatte sie sich für eine unbestimmte Zeit von ihren Querflöten-Schülerinnen und -Schülern verabschiedet, die sie mit vielen rührenden Dankeskarten und liebevollen Geschenken bedachten und sie so behutsam in den Mutterschutz schickten.

Eine wundervolle Hochzeitsfeier mit köstlichem veganen Buffet durften wir in Bad Vilbel bei Jasmin und Aaron erleben. Hier wurden wir u.a. mit einer Akrobatik-Show sowie Live-Musik sehr kurzweilig unterhalten und haben ein sehr glückliches Paar bewundert.

Im September wurde der 60ste von Lisas Stiefmutter Doro ausgiebig und in einem sehr herzlichen Rahmen gefeiert. Es wurde wieder viel gelacht und gesungen. Bei einer speziell für diesen Event engagierten mobilen Pizzabäckerei haben wir uns dann auch seit langem mal wieder eine lecker-gebackene vegane Pizza gegönnt.

Bei einem auf Rohkost spezialisierten Gesundheitsberater aus Frankfurt haben wir zusätzliche hilfreiche Tipps in Bezug auf die Ernährung für

eine sanfte Geburt geholt. Faszinierend und motivierend waren auch die Seminare zu *Hypnobirthing* und zu *Elimination Communication* (zu Deutsch missverständlich übersetzt als *Windelfrei*). Hier haben wir gelernt, dass der Geburtsprozess bei völliger Gelassenheit etwas Entspanntes sein kann und mit etwas Übung sowie mit dem Erlernen der Babysprache es wesentlich kosten- und zeitersparender ist, das Baby abzuhalten als Windeln wechseln zu müssen.

Die „Umzugsparty" am Ende des Monats war auch ein sehr spannendes und freudiges Ereignis für uns. Recht spontan und zu einem Moment, in dem wir es nicht mehr erwartet hatten, wurde unser Wunsch nach einer größeren Wohnung in einer ruhigeren Gegend in der Nähe von Natur sowie unseren Eltern erfüllt. Wir danken hiermit nochmal ganz lieb allen Beteiligten für ihre tatkräftige Hilfe beim Renovieren und Kisten schleppen. Dank Euch konnten wir ein sehr angenehmes und zügiges Umziehen in unser neues Zuhause realisieren, wo wir bereits nach zwei Monaten schon gefühlt mehr Zeit auf dem Balkon verbracht haben als auf dem Balkon unserer alten Wohnung in Frankfurt-Bornheim (Das waren für Moto 17 Jahre)!

Im Oktober waren wir bei einem Shiatsu-Workshop im Thüringer Wald, wo wir viel meditiert, getanzt, im Wald gewandert sowie Entspannungsübungen durchgeführt haben und uns mittels Meridian-Behandlungen einiges an seelischen Blockaden hinaus massieren ließen. Lisa bekam eine Holzbehandlung und fühlte sich daraufhin gestärkt und voller Kraft und Moto fand mehr Bodenhaftung (Element Erde). Ein besonderes Highlight war der letzte Abend im Wald mit Lagerfeuer, Gitarrenmusik und Übernachtung unter einem sternenklaren Himmel. Bei den erfrischend authentischen Seminarleitern Samira und Axel haben wir nochmal ordentlich Selbstbewusstsein aufgebaut und einen erstaunlichen Energieschub für den Alltag erhalten.

Als letzte Vorbereitungsmaßnahmen haben wir bei Gabi und Herbert von *Songsofjoy* einen Mantra-Gitarrenkurs absolviert und ein paar Willkommenslieder für den Empfang Mitte November eingeübt sowie uns bei einer Öko-Messe über die neuesten Entwicklungen bezüglich Nachhaltigkeit informiert.

Zuhause und bei allen Ereignissen waren wir stets gut mit frischen und meist naturbelassenen Lebensmitteln aus biologischem Anbau versorgt gewesen. Unsere ausschließlich pflanzenbasierte und überwiegend rohköstliche Ernährung (fast immer zucker- und glutenfrei) kombiniert mit regelmäßigen Yogastunden, viel Bewegung (radeln, spazieren, schwimmen, tanzen etc.) und Ruhephasen, lange Aufenthalte in der Natur

sowie in der Sonne haben Lisa eine sehr angenehme Schwangerschaft ermöglicht. Um die wichtigsten Nährwerte auf einem sicheren Niveau zu halten, wurden auch entsprechende Nahrungsergänzungsmittel mit in den Speiseplan aufgenommen. Besonders bekömmlich war das Obst und Gemüse selbst geerntet aus dem Gemeinschaftsgarten des *Bio-vegane Solawi – Guter Grund e.V.* in Frankfurt Seckbach sowie die wöchentlichen Glückskisten-Lieferungen von *Shumei Natural Farm*, bewirtschaftet von japanischen bio-veganen Bauern in Bad Nauheim.

Wir waren unheimlich dankbar für all die schönen Erlebnisse, die Vielzahl an inspirierenden Begegnungen und die vielen Glückwünsche zur Schwangerschaft. Wir waren glücklich, dass sich das kleine Wesen für uns entschieden hatte und sehr froh, dass es in einer Zeit sowie in einem Umfeld geboren wurde, wo vieles sich im positiven Wandel befindet. Die Menschheit ist dabei eine neue Bewusstseinsebene zu erreichen. Mit all dem vielen Sonnenschein, den Glückshormonen und dem ermunternden Zuspruch sowie der Unterstützung von allen Seiten, die wir während all unserer Erlebnisse in der Schwangerschaftsphase empfangen durften, freuten wir uns einfach auf die anstehende sanfte Hausgeburt unseres Kindes. Wir waren zuversichtlich, dass unser kleiner Sonnenschein bei all der Liebe und den Entfaltungsmöglichkeiten, die auch wir schon miterleben durften, eine friedvolle und glückliche Kindheit voller Freude und Entdeckungsgeist erleben würde.